与孩子深度交谈

——高质量谈话提升孩子的七大能力——

[美] 丽贝卡·罗兰 著
Rebecca Rolland, EdD
谭新木 王蕾 译

致菲利普、索菲和保罗

目　录
CONTENTS

前　言　与孩子交谈事关重大　/ I

第 1 章　什么是内涵丰富的交谈，我们为何错失良机

chapter one

让孩子感到压力的交谈　/ 005
给交谈留出时间与空间　/ 007
出色的交谈者不是天生的，而是打造出来的　/ 008
我学习内涵丰富的交谈的历程　/ 011
交谈是育儿的重要方面　/ 015
关于交谈的重要理论　/ 018
具身交流　/ 020
不要简单禁止社交媒体　/ 021
内涵丰富的谈话涉及哪些方面　/ 022
践行“ABC”原则让交谈获得成功　/ 027
为什么我们会错过内涵丰富交谈的机会　/ 028

第 2 章　促进学习的交谈：激发孩子一生的好奇心

chapter two

交谈随着时间推移而变化　/ 039
学习的最终目标　/ 041
日常谈话如何帮助孩子学习　/ 041

充分利用激情和目标 / 043
实践促进学习的高质量交谈 / 045
深度交谈要遵循的原则 / 046
“三个E”原则是什么 / 047
“三个E”原则在实践中的表现 / 051
孩子们不需要简单答案 / 053
交谈让孩子看到我们相信他们的能力 / 054
日常学习：探索因果关系 / 056
提升孩子的阅读兴趣：“三个E”原则的应用 / 060
变通阅读规则 与学习相贴合 / 062
学习的第二个途径：学会如何学习 / 063
父母也要掌握元认知 / 065
注意自己的态度 / 066

第3章 培养同理心的交谈：培养孩子理解他人的能力

chapter three

同理心不只是锦上添花 / 083
日常生活中的同理心 / 085
同理心是如何发展的 / 087
每个孩子都有一个同理心模型 / 088
为何现在的孩子缺乏同理心 / 091
错误观念怎样限制了我们 / 093
理解同理心的历程 / 095
自我同情的关键 / 096
同理心意味着接受神秘感 / 100
深度交谈让心灵与头脑交融 / 102
识别情绪 / 103

使用“三个 E”原则提高情绪控制力 / 104
反映式倾听：运用“四个 P”原则 / 106
同等接纳积极和消极的情绪 / 109
同理心面临的语言挑战与解决方案 / 111
始终接纳神秘性 / 115

第 4 章 增强自信心与独立性的交谈：鼓励孩子勇于挑战

chapter four

孩子愿意提供帮助，也需要学会帮助 / 124
自信到底是什么 / 126
孩子可以建立自信，也可能建立自我怀疑 / 127
建立恒心：让孩子感觉自己在掌控 / 129
培养信心的交谈 / 130
培养自信的双人舞 / 133
反思技能和挑战：帮助孩子建立内在动机 / 135
我们给出的信号 / 137
信心需要有增长的空间 / 138
建立自信的“三个 E”原则：选择目标和反思目标 / 140
看清混乱之外的问题 / 141
使用“三个 E”原则战胜失败 / 142
善用自我交谈：支持孩子自我指导 / 144

第 5 章 改善人际关系的交谈：培养孩子的社交技能

chapter five

友谊是一种基本需求 / 163
分阶段发展的友谊 / 166

远非完美的友谊 / 167
孩子结交朋友和保持友谊时面临的挑战 / 168
如何通过交谈建立和维系友谊 / 173
社交谈话不一定是艰难的 / 174
交谈如何促进人际关系：建立人际关系的“三个E”原则 / 176
帮助孩子看到社交中的多个方面 / 177
帮助孩子理解社交困境 / 182
社交语用学 / 183
帮助孩子掌握社交中的语言 / 185
带着幽默进行角色扮演 / 186
解决冲突：事后反思 / 188
当冲突演变成霸凌 / 190

第6章 通过游戏进行交谈：提升孩子的快乐和创造力

chapter six

游戏是一种态度 / 205
为什么游戏不可小视 / 207
游戏与创造力的关联 / 209
当我们不再讨论游戏 / 211
纸箱原则 / 212
密集式育儿使游戏被冷落 / 213
游戏使谈话变成战场 / 215
游戏与游戏思维都很重要 / 216
游戏式交谈能激发想象力 / 218
假想游戏的原则：使用“三个E” / 219
游戏的态度可以感染其他人 / 220

注意你自己的游戏态度 / 223
游戏式交谈可以打破争论 / 223
帮助孩子高质量玩耍：将谈话作为“气压计” / 224
围绕游戏的交谈：保持开放心态 / 227
适合所有年龄段的孩子：围绕游戏的习惯交谈 / 228
培养科学思维：玩“相信游戏” / 230

第7章 培养开放心态的交谈：做全球公民

chapter seven

差异究竟意味着什么 / 241
“孩子看不到差异”的谬论 / 244
熟悉原则 / 246
偏见与好奇 / 248
理解差异性：我自己的道路 / 249
打破刻板印象的“三个E”原则 / 252
谈论反映偏见的措辞 / 253
培养全球公民的力量 / 255
不宽容带来的风险 / 256
讨论差异使孩子敞开心扉 / 257
孩子从我们身上了解差异 / 259
不能断章取义 / 261
建立开放性：从你的态度开始 / 263
讨论性别和相关偏好，使用“三个E”原则 / 266
建立理解：鼓励现实生活中的见面 / 266
增强意识：讨论先天优势 / 268

第 8 章　塑造性情的交谈：挖掘孩子最好的一面

chapter eight

深度交谈因人而异：交谈的无方之方　/ 282
性情究竟是什么　/ 283
性情投下的长影　/ 285
性情差异很早就会体现　/ 287
更复杂的图景　/ 289
关于性情的交谈有助于孩子认可自己　/ 290
学校和孩子性情之间的契合度　/ 292
不同的性情意味着不同的教养方式　/ 295
“性情谈话”面临的困难　/ 298
环境塑造性格　/ 300
交谈对塑造性情有什么作用　/ 302
保持开放，抛开负面联想　/ 304
讨论性情问题的四个步骤　/ 304
四招消除不匹配　/ 305
如何与敏感孩子交谈　/ 306
“有温度的”谈话：交流习惯　/ 309
引导孩子讨论：勾勒性情轮廓　/ 313

结语　内涵丰富的交谈具有永恒的价值　/ 319

前　言

与孩子交谈事关重大

我把两个孩子安顿好睡觉，把家里收拾干净，然后问丈夫菲利普："我知道我们今天干了一堆活，但我们都谈了些什么？"

"我不知道，"菲利普用他一贯直截了当的语气回答说，"我猜是聊了些寻常小事吧。真的，我不记得了。"

我们刚结束繁忙的一周。像往常的周末一样，我们在波士顿的公寓里为下周做日程安排。我们必须在周一之前把一切都安排好。只不过，尽管想法很好，我们还是常常会忘记一些事。要应付的事情实在太多了。像许多家庭一样，我们在忙碌中过了一周又一周，周末也是如此。我们几乎没有时间来安排轻重缓急，也没有时间来反思……而且，我意识到，我们几乎没有时间彼此交谈，或与孩子们交谈。

要是考虑到我赖以谋生的工作和我的热忱所在，没能与家人好好交谈就显得格外讽刺了。十多年来，作为一名语言病理学家、讲师和研究员，我工作的核心就是了解和支持儿童的语言和识字能力发展。我在哈佛教育研究生院任教，在哈佛医学院授课。这些年来，我的工作对象是各个年龄段的孩子，从蹒跚学步的幼童一直到研究生院的学生。出于工作需要，我在各个场合接触到很多不同的孩子和家庭，包括极端贫困的幼儿园、蒙台梭利学校、医院诊所，以及其他许多地方。我与孩子一对一地交谈，也在小组活动中和教室里与他们见面，评估他们的语言和阅读水平，帮他们提高听、说、读、写技能。我是一名学术学习专家，教过有诵读困难的孩子、患有不同程度自闭症的孩子，和在阅读方面非常吃力的孩子。我喜欢了解这些孩子的成长，密切跟踪他们的发展，与他们的父母交谈，制定能够帮助他们的策略。

因此，我问菲利普的那个问题虽然看起来无足轻重，但对我来说却很重要。后来几天，这个问题一直萦绕在我的脑海中。在忙忙碌碌中，我们到底谈了些什么？

在与其他父母交谈时，我意识到我家的情况并非孤例。大家几乎都在忙个不停，找不到时间认真交谈。一位朋友说："我们几乎赶不上晚饭。然后很快就到了讲睡前故事和就寝的时间。"另一位朋友解释说："我们知道儿子希望我们在吃饭时关注他，但当他安静时，我们则会用这段时间查收电子邮件。"家庭生活的疯狂节奏似乎让我们只能进行肤浅的交谈。我认识的许多父母都属于"三明治一代"：抚养孩子的同时要上班，还要照顾老人。还有一些人上夜班，或者经常出差，或者通勤时间很长。要把与孩子相处的时间变得有意义使他们倍感压力。还有一些人被学校、体育活动安排或大学申请截止日期等各种要求弄得精疲力竭。这甚至还不包括自我照顾的要求。

何时开始交谈

当我更深入地思考我们的家庭对话时，我意识到，在过去的几周甚至几个月里，我和5岁的女儿索菲进行了许多专注而有启发性的交谈，只是我的大脑并没有对这些对话特别在意。几年前，有一次我带索菲去波士顿美术馆。她在古埃及展厅昏暗的走廊上跑来跑去，盯着每一个石棺看，问了一个又一个问题。最后，她坐到一条长凳上，在黑暗而安静的大厅里默默坐着。

过了很长时间，索菲问道："木乃伊去哪儿了？"

"啊？你说什么？"我坐在她身边。她不停摆动着双腿。

"你说木乃伊不再在这儿了。你说他们的尸体在这儿，但他们不在这儿。那么他们去了哪里？"

“嗯，问得好。”我认为自己注重精神，但并不信仰宗教，所以对这个问题肯定无法回答。所以我拐弯抹角地说：“埃及人认为他们会去另一个世界旅行。这就是为什么人们如此费心地将它们制成木乃伊。”

“好吧，”她有点不耐烦地说，“但他们的哪一部分离开了？他们的尸体可还在这里。”

“是的……但他们已经死了。”

“当然，”她停顿了一下，然后连珠炮似的问道，“但他们去了哪里？在他们出生之前，他们在哪里？”她迎着我注视的目光：“你出生前在哪里？”

“哇……这真是一个难题。”我试图争取时间，“我不记得了。你记得吗？”

“不记得了。”她瞥了我一眼，摇了摇头。

“如果非让你猜不可呢？”

“我是个老人，”她用出人意料的肯定口吻说，“我厌倦了自己这么老，所以我又变成了一个婴儿。”

“我看得出来。”我搂着她说。

“我饿死了，”她摇摇晃晃地站起来，转了几圈，“我们去吃午饭吧。”

在回家的路上，我忍不住惊叹索菲的洞察力，并惊叹她轻轻松松就获得了这种能力。不知何故，在她这个年纪，她偶然发现了转世的概念或者类似的概念。我想知道，她为什么能恰好在那个时候提起这件事呢？我回想起来，她在看了几本万圣节绘本后就着迷于木乃伊。几乎从刚能说话的时候起，她就开始问有关的问题：它们是不是真的，是否会咬人，等等。今天这个更深层次的问题不是凭空冒出来的，而是从刚开始时非常简单的问题一点一点地构建起来的。

但作为交谈另一方的我呢？令我惊讶的是，索菲交谈时似乎比我更加专注、更有兴趣，而这正是因为我没有答案。在过去的几周和几个月里，我尽可能地回答了她几十个问题。而这一次，我承认我不知道答案，没有假装自己是专家。相反，我只是提供了一个交谈的机会，表达了自己的意愿。我后来意识到，如果你敞开心扉，这类交谈的机会随处可见。它不关乎完美，不关乎专业知识，甚至不关乎提出正确的问题。它也绝对不关乎确切知道要说什么。它更关乎保持好奇地等待的态度：用交谈打开一扇窗户，让你的孩子自由发挥。

平心而论，这次和索菲的谈话很不寻常，3 年后我对此仍然记忆犹新。这个事实证明，如果我们不刻意去挖掘交流的机会，这样的对话将会多么罕见。但这类交谈不一定非得不同寻常。诚然，有一个安静的时间和地点交谈，会让我更容易关注索菲并回答她的问题。但与孩子的交谈并不需要特殊场合。你甚至不需要离开家，一本书，甚至麦片盒背面的图片，就可以引发一次精彩的交谈。

但我想知道的是，我们应该如何将交谈作为优先事项来安排？在我们的每周日程安排中增加“有质量的交谈”吗？我认识的人里没有谁有精力或时间这样做，当然也没有人想背负说到做不到的负罪感。我必须以不同的方式来思考我们在家里的交谈，我想其他父母可能也愿意去做这样的思考。如果我们不把与孩子交谈看成待办事项，也不看成是需要担心的额外事情，而是把它看作一个机会，情况会怎么样呢？

事实上，你可以提高你们交谈的质量，而且有好的科学方法帮助你提高。机会就摆在那里，任何时间、任何地点、任何人都可以做到。本书旨在探索为什么这些更深层次的、真实的交谈会经常被忽略，更重要的是，我们如何能进行更多这样的交谈，帮助我们在自己获得享受的同时，培养出充满好奇和激情的孩子。

通过做出一些调整和培养关键习惯，你便可以进行更多这样的精彩交谈。它们不会成为额外要记住的事情，也不会给你带来更多的压力或工作，而是会给你的生活增添迷人的乐趣。你可以将它们融进你的生活中，让事情变得有趣，最重要的是，帮助你的孩子和整个家庭飞速成长。

在继续展开之前，我要做一个简短的术语说明：在本书中，为简单起见，我只讲到了父母。但是，谢天谢地，孩子们还得到了很多其他人的爱、抚养和照顾。例如：祖父母、堂兄弟姐妹、阿姨、邻居、养父母和寄宿家庭的家长，还有老师、日托管理员、营地顾问、校长、保姆，等等。培养孩子确实需要“举全村之力”，交谈也是如此。如果你发现自己经常和孩子们互动，那这本书可以提供帮助。而且，当我提到孩子时，我会在整本书中交替使用“他”和“她”。

精彩的交谈

你上一次和孩子进行精彩的交谈是什么时候？

我所说的精彩交谈并非指哲学讨论，而是让你们着迷或惊讶的交流，给你们留下疑惑和好奇的对话。精彩的交谈意味着，帮助你们加深对彼此的了解，变得更加亲密，或者解决观点分歧。精彩的交谈意味着，双方都全心投入，享受你一言我一语的互动，相互吸取对方的思想观点。精彩的交谈意味着，它让你开怀大笑，或者即便对话平淡无奇容易忘记，但后来在孩子的提醒下又重新想起，并且孩子表示从谈话中学到了东西或获得了洞察力。精彩的交谈也可以意味着，你们放松身心并享受彼此无言的陪伴。

我所说的精彩交谈还意味着，你们在谈话时没提到未完成的作业、地板上乱扔的衣服、第二天上学和体育活动安排、谁去接送谁，或任何其他日常的后勤细节。意味着，你们在谈话时没有急于出门去练习游泳，或者检查你 6 年级的孩子是否带了小提琴，检查你是否已经通过电子邮件发送了家长许可签字，或者检查你的孩子是否穿了鞋。精彩交谈意味着，你在谈话时不去问一些程序性的问题，如：生日派对过得怎么样？游戏约会尽兴吗？数学考试顺利吗？棒球比赛赢了吗？

如果你能回想起一次精彩的交谈，那就试着想起更多吧。记住这些对话细节。最近的一次精彩交谈距离今天多久了？与普通的日常交谈相比，精彩的交谈多长时间会有一次？

如果你在做这个回忆练习时困难重重，不要难过。想不起来的绝非只有你一人。我们大多数人每天都和孩子聊天。如果孩子发牢骚或者兴奋地喋喋不休，我们会倾听，努力保持耐心，尽力而为。但是我们的交谈往往是琐碎或平凡的，我们也会分心走神。我们专注于表达观点，但较少关注自己说话的方式，比较少关注孩子如何听我们说话。因此，我们未能抓住机会根据孩子认知水平进行交谈，并且也无法随时加以调整；灵活调整必不可少，因为孩子的认知有时是逐步提高的，有时又会有令人惊叹的飞跃。事实上，如果花时间倾听，我们会发现面前就有很多机会，不单是让孩子们遵循指令或得到正确答案，还可以帮助他们拓展自己：在已有认知上建立富有想象力的联系，以新的方式换位思考，或者对他们自己认为已经知道的事情提出质疑。这种拓展会带来令人惊讶的效果，孩子们会感觉受到了挑战，会感到好奇或着迷，最后还常常令我们放声大笑。

不过，我们总是怀着最好的意图，专注于确保孩子在短期内取得成功。太多的交谈都围绕着接送安排和活动计划，或者围绕着家庭作业、生日派对、体育比赛结果和学习成绩。这类交谈都着眼于今日事今日毕，并为明天做好准备。它们都着眼于不要搞砸事情，顺利完成任务。我们几乎没有时间停下来讨论，并为此推迟做晚饭、做作业和打扫卫生。

然而，如果不能进行更深入的交谈，我们就错过了与孩子真正建立关系并帮助他们取得成功的机会，无论从现在还是长远来看都是如此。成功和表现不是一回事。真正的成功不仅在于赢得足球比赛，在考试中取得好成绩，还在于培养同理心和创造力等技能；这些技能不仅使孩子在当下受益，而且惠及长远。的确，如果想养育茁壮成长的孩子、建立持久的联结，我们最需要的便是进行交谈。更重要的是，这类交谈往往是孩子们渴望的，哪怕他们不会明说。每个年龄段的孩子都希望得到倾听和理解。

为什么交谈很重要

与你的孩子进行一次精彩的交谈可以带来双重好处。首先，它能帮助你们在当下建立起联结，任何别的办法几乎都无法做到这一点；其次，它能培养孩子的实用技能，促进他们的学习和长期幸福。参见下图，了解这一双重好处是怎样实现的。

第一个好处体现在当下的每一天。精彩的谈话不像西蓝花——对孩子们有好处，但味道令人不愉快。恰恰相反，理想情况下，精彩的谈话令人感到愉悦且饶有趣味，甚至能发人深省，更不用说假以时日还会帮你们建立更密切的联系。

在当下，用孩子可以感到被理解的方式来倾听和交谈，这会让你和孩子建立起亲密的纽带。当孩子感到受尊重时，他便更有可能尊重你。他会提出更深层次的问题，表现出更多的好奇心，因为他觉得你和他在一起。他会更愿意倾听你的观点，哪怕他并不赞同。之后，你们都能更好地了解对方想法的由来，尤其是当你们看待事情的方式不一致时。当你建立了这种交流模式，让孩子学会如何以积极回应的方式倾听和交谈时，他就更有可能学到这些技能，也更有可能敞开心扉，将真正的激情、兴趣、担忧和恐惧告诉你。这能让你更好地理解孩子的愿望和需求，并“恰到好处”地满足他。你可能无法给他想要的一切，但你能够理解他的希望和渴求。

在你们亲密关系的坚实基础上，他与人交往时将会更加轻松。他也会倾向于更少通过行动宣泄情绪，也更少感到焦虑、难过、茫然，或者易怒和压抑。总之精彩的交谈可以让你们的关系变得更顺畅、更快乐、更牢固。

第二个好处关系着孩子的长远发展。当你们进行深度交谈时，你可以提升孩子的语言技能，帮助她拓展最初的想法，提出更深层次的问题，并实现最令人惊讶的创造性飞跃。这类交谈会积累她的词汇量，但远不止于此。把感觉和想法清楚表达出来，会使语言更加精确：通过交谈，她可以使自己的想法变得清晰，哪怕她还在学习如何表达自己。有来有回的对话让她温和地面对新的想法和观点，并学会理解它们。交谈以一种最深刻的方式让她描绘出自己的精神和情感图景。她了解到自己最骄傲和最脆弱的地方，了解到自己的闪光之处和不愿面对的方面，以及她对自己的技能最自信和最不自信的地方。有了这种更强烈的自我意识，她就有了融入外部世界的基础，并从战略上建立起她所需要的知识和技能。她也能更好地与他人共情，因为她看到每个人都在成长当中；看到无论是成人还是儿童，都有自己独特的天赋。

作为一名语言病理学家，我在工作中发现，语言是通向许多技能的大门，而这些技能恰恰是孩子茁壮成长所需要的。你在接下来的章节中将会看到，通过交谈，你的孩子将在七个关键领域培养技能和能力。她将学会如何学习，她将学到如何拥有深刻的同理心，变得更加自信和独立，建立更加紧密的社交关系，变得更加有趣和富有创造力，乐于接受人与人之间的差异，更加了解自己和他人的脾气秉性。这些技能一旦培养起来，将使她更富同情心、更加体贴和理解他人。她茁壮成长，成为更好的思考者、学习者和更好的朋友。她可以轻松与人相处，接纳自己和他人的个性，并以满足每个人需求的方式进行协调。她这样做也会在你们之间建立纽带。解决争论、理解不同意见，甚至注意到对方的消极想法并作出适当回应，在这个过程中，你们的联结得到加强。这无关于

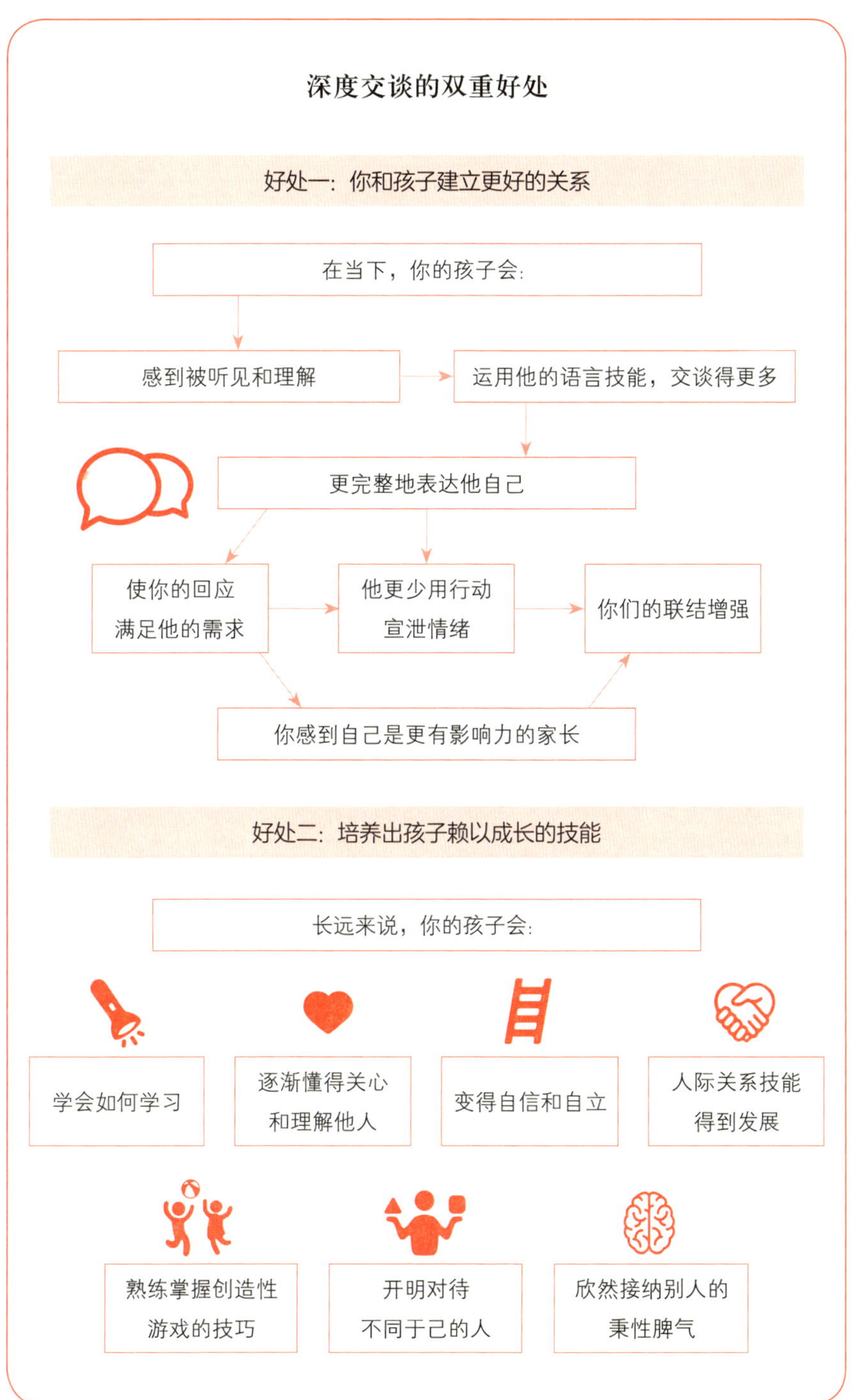
深度交谈的双重好处
好处一：你和孩子建立更好的关系
在当下，你的孩子会：
感到被听见和理解
运用他的语言技能，交谈得更多
更完整地表达他自己
使你的回应满足他的需求
他更少用行动宣泄情绪
你们的联结增强
你感到自己是更有影响力的家长
好处二：培养出孩子赖以成长的技能
长远来说，你的孩子会：
学会如何学习
逐渐懂得关心和理解他人
变得自信和自立
人际关系技能得到发展
熟练掌握创造性游戏的技巧
开明对待不同于己的人
欣然接纳别人的秉性脾气

完美或永恒的幸福，而是通过对话来了解彼此，并欣赏彼此——随着时间的推移，你的家庭互动会产生积极的变化。

精彩的对话是什么样子

最好的事情是，你可以尽早开始这类对话。从孩子能说话的时候，甚至是开口说话之前起，直到他成年，你可以使用一些交谈的原则并培养交谈习惯。你可能不会使用相同的词语或语调，甚至不会讨论相同的话题，但这些基本原则贯穿于孩子的各个年龄段。

如果这一切听起来令人生畏或乏味，请三思。通常情况下，这类交谈可以是即时的、有趣的、流畅的。它们让交谈双方欣然接纳彼此的独特性和个人风格，展现自己的个性。不要想着来一次大讨论，甚至是一系列的大讨论，多想想如何充分利用日常生活中的互动机会，把孩子们关心的事情当作交谈的开端。

但具体该怎么做呢？在写这本书的过程中，我采访了数十名研究人员和科学家，如语言学家、心理学家和神经科学家，并与无数的家长、同事、熟人和朋友交谈，了解他们的日常经历。令我深受鼓舞的是，我看到了许多精彩的交谈正在展开，而且往往是在不经意间进行的。很多时候，这些交谈都源自恼人、尴尬或沮丧的时刻，源自你最不想触及的地方。例如，我的一个朋友在一一核对必需品清单后，终于费力地给她 6 岁的女儿萨莎穿好了衣服，准备去郊游。这个过程花了很长时间，萨莎不断地在每件事上改变主意。后来，在朋友开车送萨莎上学的路上，萨莎一直在发牢骚。我的朋友问她:“如果去月球旅行，你会带哪 6 样东西？”萨莎回答了，然后反问妈妈:“如果你坐潜艇旅行，你会带什么？”她们在笑声中到了学校，并有了一些颇有创意的想法，这次上学不像往常一样以沮丧告终。萨莎告别妈妈去参加学校的郊游，她很高兴而不是感到压力，并且感到她与妈妈之间的关系更紧密了。

再以我的朋友黛比为例，在她的养女6岁时，她们曾有过一次讨论。女儿坐在黛比夫妇身边说："我感到很孤独，我是家里唯一一个红头发的。"黛比回答说："亲爱的，我是唯一一个戴眼镜的。"她的丈夫补充道："我是唯一秃顶的。"女儿被逗笑了说："我的弟弟是唯一一个真正讨厌的！"

从表面上看，这些对话可能容易让人记不住，甚至显得很搞笑。但它们的力量就在于简单：没有事先策划，也没有照搬剧本。相反，家长注意到了孩子此刻的需求，并让交谈流畅进行了下去。在第一个对话中，萨莎的母亲打破了一个陈旧的惯例，请萨莎展开她的想象力。在第二个例子中，黛比鼓励她的女儿看到这个家庭中的每个人——无论是领养还是亲生——都是独一无二的。考虑到女儿的年龄，黛比把重点放在了女儿能看到的具体方面。她给女儿留下了表达对弟弟不满的空间，而不必担心自己会受到指责。幽默的分享把他们联系在一起，使黛比的女儿意识到，即使与众不同也没关系。事实上，与众不同很正常。这也可以使她意识到，她的感觉不一定非得是完美的。

这并不是说被收养和戴眼镜完全是一码事，或者说强烈的担忧情绪可以简单化解。事实上，黛比告诉我，这只是她们进行的一系列"收养对话"中的一次，其中许多对话要严肃得多。但这也意味着，你可以轻松面对严肃而重要的话题。

当然，交谈并非总能如愿。有时，你或孩子都匆匆忙忙，或者你们没有心情。但这样的交谈没有你想象的那么高不可攀。它们不需要花很长时间。这与讨论哲学或使用难懂的词语无关。这不是在讲课或阐述你的观点。它更多地与互动有关，你鼓励孩子的参与并说出你的想法。你会留下迂回曲折的空间，让孩子给你惊喜，然后在几天或几周内再次回到这些问题和想法上来。你其实只是在交谈中充当了参谋。

当然，孩子与周围的人会有很多互动和关系，每一种互动和关系都会在次要或重要的方面改变他。父母不是唯一能影响孩子的人。然而，当孩子知道我们就在这里，并且知道他们可以回到我们身边进行反思时，他们就能够更好地驾驭其他关系。一项研究发现，从创伤中恢复过来的儿童，都至少与一位关爱他的成年人维持着牢固和稳定的关系。这并非偶然。美国国家儿童发展科学委员会进行的这项开创性研究，指出了“你来我往”式交谈所具有的影响力。所谓“你来我往”式交谈，就是指成人与儿童的交谈是双向的，既有来言，也有去语。这种交谈在培养儿童的适应力，甚至重塑他们的大脑方面，作用尤为突出。为使孩子们适应即将面临的挑战，他们需要有积极的体验，要相信自己，还需要我们做向导和导师。在孩子成长的路上，父母要保持对他们的关注，帮助他们应对低谷，一起庆祝高峰。

深度交谈的力量

作为一名研究人员、讲师和母亲，我逐渐认识到，深度交谈对于培养茁壮成长和成功的孩子有多么强大的力量。我意识到，我们可以在与婴儿的互动中早早开始这种对话。更重要的是，正如我在临床工作和与父母的谈话中所看到的那样，深度交谈唾手可得。它可以随意获取，你并不需要任何高级学位、培训或工具就可以有效利用它。只需要一点点思考、几个关键的习惯和一小段时间。

为什么交谈能起到这么大的作用？这是因为词汇不仅仅是字典里的词条。如果谈话只是止于给人或事贴标签，那将是极其乏味的。如果一个人说“蓝色的门”，而你回答“打开窗户”，那么你们就永远不会有对话。孩子们也不会。即使对幼儿来说，很多早期使用的词（“嗨”“再见”“请”等）都是关于人际关系处理的。我在哈佛的同事、著名语言学家凯瑟琳·斯诺（Catherine Snow）提出，词汇是概念、想法和感觉，是孩子能够接触世界并与人们建立联系的工具。孩子说话越积极，得到的反馈就越多，他们的工具箱就越丰富。

把事情用话语表达出来，其好处远远不止于掌握词汇。孩子口头阐释他们的学习策略，可以更好地解决问题，表现出更多的自信。讨论和识别情绪有助于孩子们表现出更多的同理心。那些把自己的情绪压力说出来的孩子，可以更好地运用技能应对压力。而那些学会了从多个角度描述自己的人（例如，作为兄弟、朋友和棒球运动员），可以展现出更多的创造力。深度交谈可以带来更大的幸福感。进行更多深入交谈的大学生，往往比较少这样做的大学生更快乐。同时，交谈是双向的。这既与孩子们听到的谈话内容有关，也与谈话的方式和参与程度有关。

聚精会神的交谈是一个重要的途径，也是一种与生俱来的需求。从婴儿期开始，孩子们就渴望交流，这种渴望几乎和他们对食物的渴求程度一样。即使是 6 周大的婴儿，也会进行有来有回的交流，当我们说话时，他们会用眼神来回应。这些在开口说话前进行的交流会帮助孩子注意到我们的感受，感知外部世界是安全还是危险。在潜意识里，孩子在与我们的情绪相匹配。当与婴儿互动时，我们的心率甚至也会同步。

反过来说，孩子如果缺少高质量的交谈，将会受到负面影响。由于沟通链断裂或受损，孩子便在建立联系方面困难重重，有时甚至连最基本的都难以做到。如果受到孤立，他们可能会变得孤独，并在这样的恶性循环中进一步损害语言技能的发展。但即使是正常发育中的孩子，也没有这样一个完美的语言之旅。所有的孩子在获得强大语言技能的道路上，都会遇到无数细微和重大的沟通障碍。他们都需要定期锻炼“语言肌肉”，磨炼倾听能力。对于他们，以及作为父母的我们来说，交谈是沟通的关键。

本书的目标

在本书中，你会发现一种看待养育的新方式：将养育视为一系列的交谈。你会发现一种新的艺术——实际上是一种艺术与科学的结合，能够让你掌握与孩子们交谈的各种方式。我提供了一个深度交谈的模型，我称之为内涵丰富的交谈：通过对话帮助孩子茁壮成长，它比任何课外课程、团队或辅导都更能帮助孩子。如果你能很好地利用这种对话，你就能培养出富有同情心、创造力、好奇心，以及能掌控自己的幸福的孩子。本书在孩子发展的七个关键领域揭示了深度交谈的力量。通过掌握这些技能，你将培养孩子在学习、同理心、自信和独立、人际关系、游戏、开放看待差异，以及塑造性情方面的技能。根据儿童发育的科学理论，以及对数十名研究人员、家长和护理人员的采访，我选出了这几个方面作为本书的重点。这些方面对孩子的发展至关重要，而且容易改变；孩子进行的交谈和他们听到的交谈都会对这七个方面产生影响。

本书将科学与策略结合在一起，我将探讨什么策略可以增强你与孩子交谈的效果，以及为什么可以增强，涵盖了从蹒跚学步的幼儿到青少年的各年龄段。这并不涉及彻底的变革，只涉及如何利用每个家庭的独特优势。当进行反思时，你可能会发现你已经有了很多行之有效的习惯。相较于具体该谈论什么，它更多地涉及的是如何进行精彩的对话。在本书中，我鼓励你们巩固优势，意识到问题所在，并做出微小的改变来解决困难的部分。为提供帮助，我将介绍交谈习惯（conversational habits），或者简单可行的日常做法，这些都可以打开通往宏大想法的大门。这些日常做法都以科学研究为基础，我和同事朋友在生活中对它们进行了实际测试。它们易于上手、快捷方便而且无须成本。这些方法能够促进孩子的发展，帮助你的家人感到更加快乐、亲密，更能理解他人，压力也会相应减少。

虽然你可能天生善于交际，或者能轻易掌握这些技能，但也总是存在可以提升的空间。如果你为人父母、需要照看孩子、与孩子一起做事或教育孩子，你将从交谈中受益。在整本书中，我还将讨论当父母没有时间养成这些习惯时会发生什么。在这个充斥着喋喋不休和肤浅对话的时代，我们的孩子比以往任何时候都更需要这些交流。同时，我们每个人都需要一种适合自身情况和孩子情况的方法。不必设想要精心编排一部交响乐，多想想如何谱写爵士乐。每个家庭都与其他任何家庭不同，没有一种唯一正确的交流方式。唯一“正确”的方式就是能帮助你和你的家人建立联系、更好地反思和为成长助力的方式。

在探讨这些问题的时候，我鼓励你对我所建议的策略保持开放的心态，并尝试其中那些看起来有趣的策略。正如哈佛心理学家罗伯特·基根（Robert Kegan）对他的学生说的，我们可以考虑“租下”这些想法，而不是买下它们。就像衣服一样，试穿一下，看看是否合身。我完全能预计到，有些策略对你没有用处，或者效果不佳，这很正常。事实上，这是件好事。如果我——或者其他任何人——可以制定谈话方式，那么我们就错过了重点所在。把我的建议当作出发点，而不是用来照搬的剧本。最重要的是注意你自己的家庭动态，观察哪些策略有帮助，哪些策略有负面影响，并做出相应的微小改变。

我们已经投入了大量的时间和热情来照顾孩子。我们付出了所有的耐心和爱，即使已经筋疲力尽。但为人父母很难。无论你是单身母亲还是有个大家庭，无论你有一个孩子还是 4 个孩子，无论你在抚养学龄前儿童还是即将进入青春期的孩子，你都会面对大量需要关注的事情和许许多多的要求。看到孩子们的成长，你会获得满足感，会感到喜悦，但与之相随的是你每天都会面临无数的压力，并且面临着一项长期挑战，那就是培养茁壮成长的孩子，使其成为有出息的成年人。

本书旨在为你提供一个可以帮助你的强大工具，这个工具往往没有得到足够的重视，也没有被充分利用。我希望它能使你们的生活更丰富，让你们更紧密地联系在一起，还可以让你在孩子成长的路上体会更多的乐趣。

第 1 章

什么是内涵丰富的交谈，我们为何错失良机

What Rich Talk Is, and Why We're Missing Out

真正的交谈是请求对方敞开心扉。

——大卫·惠特，诗人

这是十一月的一个星期二,一个雨天的早晨，也是学校拍毕业合影的日子。住在美国东北部小镇的中产家庭爱德华一家，正在准备上班、上学。两个十几岁的男孩被手机闹钟吵醒。“这就该起床了？”弟弟托德咕哝了一声。因为担心数学考试，他睡得很晚。早餐时，他和哥哥查尔斯登录了社交媒体账户，为他们棒球队的胜利点了个赞。查尔斯说:“确实了不起。”托德表示赞同，刚说完他就倒吸了一口气，想起了作业没做完。

在父母开车送他们上学的路上，两个男孩都瘫坐在后座，半睡半醒。白天，他们的父母都在办公室工作:男孩的母亲简是医院管理人员，她的丈夫比尔是营销专家。在学校里，男孩们上完科学课又赶去上社会研究课，两门课都在集中准备考试。在课间，他们给朋友发短信，浏览视频，但实际上没有与任何人见面。

晚餐时，家人聊起查尔斯申请大学的事。“我真不敢相信只剩下一个月了。”简一边翻阅一堆申请表一边说。很快，男孩们请父母允许他们离开餐桌去做自己的事。

总而言之，对于两个孩子都上顶尖公立学校的家庭来说，这是普通的一天。他们不怎么说话，也没有争吵，大部分谈话都是短暂的，甚至他们浏览媒体也是观看定制的点播节目。每个孩子都各自看各自的，没有共同的体验，也没有彼此让步的必要。

从很多方面来看，这家人是幸运的：他们都很健康，比尔和简有高薪的工作，两个男孩的成绩也不错。然而，正如简某天晚上告诉我的那样，她感觉到有什么不对劲。他们很忙，但彼此看起来几乎没有联系，甚至在彼此的生活中也不存在。她当然没感受到很多喜悦之情。不过，她说服自己这是正常的。毕竟，她是在抚养青春期的男孩，这个年龄段的孩子并不善谈。

过了不久，她接到了几通电话。首先是来自学校辅导员的，辅导员说查尔斯很难过，查尔斯想让简知道，但又觉得不能告诉她。几天后，托德的足球教练打来电话，说托德对他的队友很残忍。当她和托德面谈时，托德道了歉，说他因为上学而感到压力，而且刚刚和女友分手。

简对这一系列事情感到震惊。如果查尔斯感到难过，不是应该来找她吗？她难道不应该早些看出来托德具有攻击性的迹象吗？她甚至不知道托德有女朋友。比尔听到这些消息时，也同样目瞪口呆。

“我原以为我们的日子过得还不错，”简在事后不久告诉我，“直到我们遇到问题，我才不这样想了。”当她反思时，她意识到，他们一家很少一起讨论愿望和计划，也很少思考那些让他们担心或兴奋的事情。大家常常都不会停下手头的事情，来讲讲各自的一天是怎么过的。尽管他们一直在网上与人联系，但经常一天又一天地彼此擦肩而过，过着各自的生活。他们每天按部就班地过着日子，但生活却没有按照预期好起来，而且彼此越来越疏离。

我提起简的故事，并不是因为它多么不同寻常或极端。她的故事与我多年来听到的很多别人的故事在某些方面有相似之处。我们认为我们正在勉力坚持，跨越生活道路上大大小小的坎坷，没有时间去注意或调查道路上的裂缝。如果我们的生活还过得去，我们就往往不会围绕麻烦的问题进行交流，而且也不会就积极的方面进行讨论。我们倾向于强调外在的成功——奖杯、奖金或好成绩——但当孩子学到新的东西、创造性地解决一个问题、以一种令人惊喜的方式同情他人，甚至很好地解决一场争论的时候，我们并没有去强调他们的出色表现。

让孩子感到压力的交谈

虽然孩子的耳边充斥着喋喋不休的话，但并不意味着这是在进行有意义的交流。我们没有鼓励孩子表达更深刻的想法或感受，或鼓励他们倾听我们的想法或感受。即便拥有各种数字化的联结方式，孩子们仍然越来越孤立、脆弱、完美主义，而且常常感到焦虑、恐惧或抑郁。事实上，正如我在专业工作研究以及在与同事的谈话中看到的，压力和对自己的表现感到担忧，已经成为一种流行病。根据美国国家心理健康研究所的数据，近三分之一的青少年会经历焦虑症。在大学生中，许多人都是高度的完美主义者，他们的一些行为方式会损害心理健康。

面对强调成功高于一切的谈话，许多孩子最终都会走向自我批评。当经常听到别人有多成功时——而不是这些人是如何做到的——孩子往往会觉得自己只能受环境摆布。当孩子认为学习是一场“谁能最快得到正确答案”的游戏时，他们的创造力、同理心和开放性，都达不到应当达到的水平。当事情容易时，孩子似乎在茁壮成长；但当遇到障碍，他们就会裹足不前。还有一些孩子将“花哨的词语意味着你听起来更聪明”的信息内化。这样的孩子词汇量的确很大，但表达或理解情感的能力却很差，这使他们与家人和朋友的关系变得疏远。另一些孩子担心让父母失望，声称没有一个人能理解他们，尽管他们的父母表示非常渴望与他们沟通。和我交谈过的许多家长都想和孩子更亲近，但这种亲密感又让人感到很难获得，因为父母面临帮助孩子完成作业的压力，或者因为无法满足“亲子宝贵时光”的要求而感到内疚。

在我自己的工作中，我经常看到孩子们有多么渴望交谈，他们希望通过交谈来厘清思想和情绪，让他们真正的自我被人听到和看到，并与他人建立联结。我也看到孩子们在缺乏这样的机会时所经历的痛苦。当孩子听到家长大多数时候都在唠叨或施压、管理或指导时，他们往往不愿找家长交流。于是，我们便错失了更深入地探讨问题，以探寻孩子和我们自己兴趣所在的机会，错失了享受我们本可以享受的交谈时间。

如果不加留意，你可能都注意不到你与孩子缺乏更深入的交谈。但你可能会看到后果。一项历时 30 年、对超过 14000 名学生的大型调查发现，大学生的同情心和社区感不如前几代人，这种下降现象大部分发生在 2000 年之后。许多孩子，甚至是很小的孩子，都害怕进行可以培养创造性思维的智力冒险。多年来，我看到一些孩子因为过分关注成功而难以进行头脑风暴或合作，一些孩子难以理解朋友的感受，还有一些因为害怕犯错而不敢冒险。“我不能，我不想弄错。”当我让孩子们猜测答案，甚至只是做出估计时，我听到他们如此回答。这些孩子中的许多人也很难向他人学习。当他们把学习视为一场获取答案的竞赛时，他们的交谈话题就只有“谁最好”这个问题。他们倾向于关注比较自己与周围人的表现。如果一开始没有成功，他们往往就会犹豫，不愿去坚持、反思或者再试一次。

在某种程度上，这应当归咎于孩子成长时的外部环境。我们生活的社会重视闲聊胜过实质，重视快速更新胜于发现细微差别，并以狭隘的眼光看待成就。为帮助孩子取得成功，我们被鼓动去关注那些浮华的东西，通过最新的“构建你的大脑”项目、代码训练营或辅导课来提高孩子的技能。为了做这些，我们没有把足够多的注意力放在日常交谈上，这些交谈被生活的琐碎淹没了。谈话帮助我们建立联系和纽带，但我们谈话却往往并不是为了这个目的；相反，我们经常通过谈话东拉西扯，而这使我们身陷语言的沙漠。我们比以往任何时候都拥有更多的词汇，但让我们更亲近、更愉悦或更满足的词汇却更加匮乏。

在研究交流的过程中，我听到了一个响亮而清晰的声音：家长和孩子迫切需要对“将童年变成竞争”的程序进行重新设定。孩子不需要鼓励就能做得更多、更快。相反，父母需要后退一步，注意自己的言辞，需要更加专注于对孩子的发展和福祉真正重要的事情。

给交谈留出时间与空间

遇到珍妮时，我在一所为有语言和识字障碍的孩子创办的高中工作。珍妮是一名患有严重焦虑症的 9 年级学生，经常因为在课堂上感到紧张而跑出教室。教她的老师都手足无措，每次都必须有人在学校里四处找她。其他孩子和老师们自然会为此感到烦躁，而珍妮自己则错过了学习的机会。更糟糕的是，她的安全令人担忧，因为没人知道她去了哪里。但有一位老师上课时，珍妮会留在教室里，甚至会在课后逗留。这位说话温和的老师名叫帕梅拉，她在课余兼职教瑜伽。当我问她为什么珍妮会这样时，她笑了。

“我给她时间和空间，”她说，“随她选择说话还是保持安静，怎么样都行。”

事实证明，其他大多数老师都对珍妮的表现深感沮丧，常常训导她，但这样做只会让珍妮更加慌乱。而帕梅拉一开始就不一样。她每天都会关注珍妮，等待珍妮开口。每次当珍妮磕磕巴巴描述自己的感受时，帕梅拉都帮助她找到她当时的确切感受，以及她为什么会如此。不管珍妮是兴奋还是悲伤，帕梅拉都一视同仁地听着。在珍妮焦虑的时候，帕梅拉建议她做深呼吸，并告诉她减轻恐慌的方法。最后，珍妮开始学着控制自己的焦虑，也开始渐渐能掌控自己的感受。通过她们的交谈，珍妮对自己有了更好的了解，认识到哪些策略能让自己平静下来，并随时能够对自己当下的需要进行评估。

那时，我只是觉得帕梅拉很安静、温和、善解人意。她也的确如此。但她并不总是那样。一天，我听到她用笑话逗几个学生开心，但与另一个每天对家庭作业发牢骚的男孩谈话时，她听起来出人意料地严格。

回头来看，我慢慢意识到帕梅拉真正的天赋所在：她是一个“变形金刚”，能够根据她了解到的每个学生的需要来改变自己的交谈方式。帕梅拉不是简单的温和或严格，而是反应灵敏，这就是她的力量：能够根据她对每个孩子的观察来调整自己的语气和说话方式。她学会了进行深度交谈的艺术，也就是先创造空间和时间，对孩子的微妙信号保持敏感。她注意到珍妮在说什么，以及她是怎么说的。对待其他孩子，帕梅拉也是如此。

同样重要的是，帕梅拉注意到了自己对每一次互动的感受。作为一个天生内向的人，她发现，与珍妮交谈要比对付那些用行动来表达情感的孩子更容易。但帕梅拉的个性有很多方面，她允许自己将它们表现出来。有时，她会表现出“大嗓门”或更有趣的一面。她会思考哪些交谈能够让她充满活力，哪些交谈会让她沮丧，然后寻找更多能让她活力充沛的交谈。在共情学生的同时，帕梅拉也与自己共情。不可避免地，她偶尔也会犯错或说一些不该说的话，她的学生也会。但她的目标是建立联系，而不是达到完美——这是她的交谈能够实现的。

出色的交谈者不是天生的，而是打造出来的

后来我意识到，帕梅拉并不是独一无二的。多年来，我遇到了来自不同背景的父母、老师和照看孩子的人，其中有许多具有类似技能的人，这让我深受鼓舞。“每当孩子们和她说话时，孩子们总是在笑。”我听说过这样一位母亲，她每周都在家里为孩子举办玩伴聚会。我也听说过这样一位校长：“所有的孩子都去找他谈话——特别是当他们感到不安的时候。”我还想起了索菲 6 岁时去看过的牙医。这位牙医也是一个母亲，有个小女儿。我们告诉索菲说，她可能需要拔牙。但一走进诊所，索菲就开始尖叫。牙医平静地做了自我介绍，然后问起索菲最喜欢

的卡通片。在讨论了几分钟《汪汪队立大功》（*PAW Patrol*）和《愿望精灵小姐妹》（*Shimmer and Shine*）之后，索菲逐渐放松了下来——尤其是当牙医说她的女儿喜欢同样的节目时。当索菲问起洁牙工具时，牙医做出了详尽的回答，她似乎察觉到索菲具有爱好分析的天性，喜欢探究事物的工作原理。

几分钟后，谈话又回到了眼下的事情上，索菲去做了 X 光检查。但她回来时下巴紧绷。

“你不能拔我的牙，”她直截了当地说，“我不会让你拔的。”

“我不会强迫你的。”牙医回答。我叹了口气，担心我们得无功而返了。牙医拿出 X 光片递给苏菲。“看，”她指着一个地方说，“你那颗牙齿下面感染了。看到了吗？你可能感觉不到，但如果拖下去，感染可能会变得更严重。”

“我看到了。”索菲睁大了眼睛，俯下身子。

“我给你一个选择，”牙医把 X 光片收起来，“我们可以现在就把它拔出来，一了百了，也可以等着看情况。如果你选择等着，那可能会让牙更疼。”索菲叹了口气，静静地坐着，陷入沉思。然后，她的眼睛放出微光。

“好吧，好吧，”她张大了嘴，“拔吧。”

没有任何强迫或做作的鼓励，牙医找到了索菲当时需要听到的话。一向务实的索菲想听到实情，牙医给她提供了实情，并让她看了 X 光片。这样做是用一种具体的方式满足了她对信息的渴望，同时让她知道，我们并没有试图伤害她。索菲希望自己能有所选择，至少事情在她的部分控制之下。牙医在让她选择的时候，给她提供了这种控制感，同时强烈暗示“等着看情况”的方法不是最好的。

但在当时，我觉得牙医的做法有点极端。毕竟，这是一个事关健康和安全的问题。更好的做法难道不是告诉索菲“牙医必须拔掉它”并且面对不可避免的烦恼吗？难道不是只需让她服从吗？后来我对此进行了反思。强迫索菲会让她感觉不好。她会感到无能为力，甚至可能会感到更大的压力。那下次她需要做牙科手术时怎么办呢？如果我们说这没什么大不了的，她也就没有理由相信我们了。更重要的是，如果这种强迫的方式成为一种模式，它可能会侵蚀我们的长期关系。这不仅与牙医有关，还与我们之间的关系有关。相反，一场简单的对话变成了一次精彩的交谈。它回应了索菲的需要以及给了她一种控制感。这是让她坐在驾驶座上，选择去做无论如何都要做的事。

对一些孩子来说，这种方法可能行不通。但牙医先和索菲交谈过了，这使她们之间建立了联系。牙医已经觉察到了索菲的个性和风格。给她看 X 光片时，牙医看到了索菲的专注，然后才给她提供了这个选择。

用一种应答的方式，将事情一步一步地向前推进，这使牙医成了一名出色的交谈者。她的出色之处不在于她使用了某个措辞或策略，也不在于她套用了某个剧本或处方，而在于她具备一种能力，能感知到孩子的需要，并据此调整自己的反应，然后核实确认——然后再重复这个边做边了解的过程。

在局外人看来，这些出色的交谈者似乎有一种天赋，而不是后天塑造的。但事实上，进行这类交谈需要一套特定的技能。这项技能可以练习、掌握，并且可以根据家庭或学校中每个孩子的特点因人制宜。衡量这类交谈的真正标准，不是交谈了多长时间，也不是谈话内容听起来多么令人印象深刻；相反，这与此后发生的事情有关。你感觉和孩子的亲疏远近如何？你和孩子表达了你们的需要，或想要表达的东西吗？他们——或者你们——结束交谈时是否具备了更多的同理心，有了满意的决定或者新的视野？

在日常生活中，我们有很多种交谈，它们都是有价值的。我们需要讨论谁来洗衣服或者图书馆的书丢哪去了。甚至是寒暄，“你好吗？”“今天过得怎么样？”这些对话也可以让我们得到安慰，帮助我们与他人建立联系，甚至提高我们的认知技能、幸福感和心理健康。这些社交细节可以帮助我们提升同理心以及设身处地的能力，因为我们在交谈时会猜想对方的想法和感受。但如果就此止步，我们就错过了交谈可以带来的更多好处。本书就是介绍如何让出色的交谈自然发生：优先考虑它们，并给它们留出空间。

我学习内涵丰富的交谈的历程

对我来说，这些想法的获得经历了一个探索和发现的过程。作为一名语言病理学家，我在马萨诸塞州波士顿的麻省综合医院健康职业学院接受过培训，培训强调了口头和书面语言——听、说、读、写——是如何紧密联系的。我看到有很多在写作方面有困难的孩子很难产生新的想法。我还看到，那些能够把自己的想法说出来的孩子，往往也能更容易地将它们用文字表述出来。

在遇见珍妮和帕梅拉的那所学校工作时，我将这些牢记在心。我开始了解到老师和孩子之间的互动有多么重要，这既有助于他们感受到彼此的联系，也有助于孩子们的学习。不是只有阅读和写作对孩子的学习和发展至关重要，课堂上的日常交谈也很关键。

很快，我决定研究这些互动。我申请参加了哈佛大学的一个教育博士项目，开始关注“课堂气氛”这个概念。具体来说就是师生关系的哪些方面会使课堂气氛变得积极，激发学生的动力？这种积极气氛是否会影响学生的学习效果或动机？

似乎没有人知道答案，因此，我决定回顾我能找到的所有研究资料。我关注的是年龄较大的孩子和关于课堂气氛的两个方面：课堂强调的目标，以及老师给予的支持力度。大多数研究将课堂目标分为两类：掌握和表现。以“掌握”为目标，孩子们会把犯错误视为他们正在学习的证据，把失败视为成功的必要步骤，乐于尝试新事物。学习本身就是目的，有错误是正常的。而以“表现”为目标时，孩子们会专注于得到正确的答案，避免错误。通常，他们会将彼此置于相互竞争的境地，看看谁能完成得最快、最好。

孩子们建立什么样的目标，取决于他们听到的谈话。老师所鼓励的反应以及老师与孩子们交谈时传递的微妙信息，都会发挥部分作用，孩子的父母和朋友的评价也会发挥部分作用。我很快发现，课堂上的对话很重要。相比于认为课堂强调“表现”的孩子，那些认为课堂强调“掌握”的孩子所得的分数更高，在标准化考试中的成绩更好，也更关心学习。事实上，孩子们越是觉得他们的课堂强调“表现”，他们的学业成绩就越差。当孩子觉得“必须”得到正确答案时，他们的表现就不那么好了。目标与结果相关度最大的是6年级的学生。我推断，这是因为许多刚上中学的孩子非常关注别人的看法。如果他们担心自己“不够好”，那么强调“表现”的教学氛围可能会让这些担忧变得更为强烈。

教师的支持对孩子的学习和心理也很重要。当孩子认为老师更支持他们时，他们在标准化考试中的表现就会更好，同时也会有更强的自我效能感，学习动力更强，感觉能够实现自己的目标，更善于与人交往、关心他人。老师的支持仿佛丝丝小雨，润物细无声，渗透到孩子对自己的感受中。

我带着新的问题和敬畏感结束了这项研究。我们通常认为，学习只与学业有关，而感受并没有那么重要，但孩子对教学氛围的感受与投入程度和学习效果密切相关。学习远不止课程，日常的往来互动对学习效果起着关键性作用。

带着这个想法，我开始研究大脑更具可塑性的学龄前儿童，并将镜头转向他们生活中的成年人。如果日常交谈如此重要，我们该如何加强它？孩子们将如何受益？

我推断，我们与孩子们交谈的方式非常重要，尤其是在压力很大的时候。但是，在压力大的情况下，谈话会怎样改变呢？为找到答案，我开始研究和采访一所学校里的老师，这所学校招收的是极度贫困的学前儿童。我当时是整个团队的一员，正在给这所学校的老师开展为期一年的培训，以帮助这些教师调节情绪和管理压力。在这所学校里，许多孩子和家长都长期面临着压力，老师们也是如此，教师的全职工作常常使得他们处于贫困线以下。在一个学年里，我观察和采访这些老师，他们对自己所教学生的感受以及给予学生的温柔甚至爱意，令我印象深刻。当我意识到教师所面临的巨大压力，以及他们为保持情绪平静而付出了巨大努力时，我感到自惭形秽。我发现，教师们对压力的良好管理程度影响了他们的说话方式，从而改变了学生们的行为。在这项工作中，我认识到贫困等深层因素对儿童学习、发展和茁壮成长的深远影响。对于这种贫困的循环，家长和教师没有任何责任。

但是父母这方面如何呢？令人惊讶的是，孩子们在学校的时间平均不到清醒时间的 15%。在家里听到和参与的谈话为孩子日后的生活奠定了基础。我开始思考：建立在交谈基础上的“家庭氛围”是如何对孩子产生同样影响的，甚至比“学校氛围”的影响更大。

还在读研究生时，我开始作为一名口头和书面语言专家进行工作，成为波士顿一家医院的跨学科团队成员。团队中有心理学家、神经心理学家、数学专家和其他领域的专家，我们为患有语言和学习障碍的孩子做诊断，并向家长、老师和学校提出建议。这项工作精确而深入。在诊所里，一个孩子在一天的大部分时间里，要轮流接受不同专家的诊断。之后，我们花一个小时或更多的时间集体讨论每个孩子的案例。通过合作，我们致力于找到该儿童的学习模式，并提出建议以帮助她学习以及长远的成长。多年的工作使我深入了解了孩子的学习和成长之旅有多么复杂，并且要全方位来看待孩子的重要性。我开始将理解孩子的过程视为侦探一样的工作。

这项侦探工作从浏览孩子的档案开始。接下来，从我们见面的那一刻起，我就尽我所能地观察孩子说话和互动的方式。我总是从社交谈吐开始：例如，询问她感觉累不累或是否清醒，她是否已为即将到来的假期做好了计划，或者她计划在当天晚些时候做什么。这不是漫无目的的闲聊，而是了解她如何与陌生人互动的关键步骤。后来，当注意到孩子的某个强项或面临某项挑战时，我就会在脑海中产生疑问：那么她在其他哪个方面可能相对较弱或较强？当我找到一些答案后，又会产生新的疑问。倾听同事的看法会让我产生新的见解，偶尔也会颠覆我的理解。例如，神经科医生可能会指出，某个孩子存在注意力障碍，影响了倾听或参与的能力。在整个过程中，我保持开放的头脑，仔细倾听，努力让我对孩子的印象不断深化。

这些经验对家长来说很重要。正如我所看到的，要帮助孩子茁壮成长，只了解孩子的优势和困难是不够的。了解孩子如何看待自己面临的挑战和优势同样重要：了解她在哪些方面感到自豪或尴尬，哪里是痛处或羞耻点。孩子看到的痛点并不总是和我们看到的一致。这并不是说，一个孩子觉得自己的数学很糟糕，他的老师也会这么认为；或者她觉得自己没有朋友，她就真的没有朋友。而是说，她对自己强项与弱项的感觉，比她的实际成绩或分数更重要。这些会影响她在家里和课堂上的行为，影响她的人际关系，影响她对自己的感觉。从长远来看，决定她成败的是这些感觉，而不是任何一次考试的分数。

例如，我曾帮助过一个名叫迈克尔的孩子，他认为自己的阅读很糟糕。部分原因是，他不想在课堂上大声朗读，并且他告诉我，他“不是一个善于读书的孩子”。事实证明，他当时的阅读能力符合他的年级水平。只是在迈克尔所在的班级中，有很多孩子都有着不同寻常的高水平表现，阅读能力也高于年级水平。了解这种情况有助于迈克尔重塑自我意识：他可能不是一个能力超强的阅读者，但他可以读得很好，不需要为跟不上其他同学而感到压力。他可以在学校的图书馆借阅任何他喜欢的书，而不必担心读这些书会显得“愚蠢”。

只有通过交谈，我们才能更深入地了解这些感受和想法。随着时间的推移，这有助于孩子们形成更加清晰的自我意识：使言行符合自己的价值观，目标更加明确，同情他人和自己。

从孩子的观念出发，与他们进行有来有往的交流，可以帮助孩子更好地理解自己。例如，孩子可能会开始意识到为什么自己会有消极的想法；他可以将那些阻止他尝试新事物的观念推倒重塑；可以学习了解自己取得了哪些成绩、面临哪些挑战，以及想达到什么目标。随着时间的推移，所有这些都会改变他的学习，与他人的关系，甚至改变他的人生轨迹。所有这些变化都是从最微小的瞬间开始的。

这段经历非常宝贵，但也引发了我更多的问题。尤其在我的第一个孩子索菲出生后，我开始思考：我们有什么具体的交谈“步骤”可以提供上述帮助？我们的交谈怎样成为学习和交流的入口？哪些策略可以丰富我们的互动，让我们自己和孩子都参与进来？

交谈是育儿的重要方面

受到这些问题的启发，无论走到哪里，我都在关注父母和孩子之间的交谈。有时，我听到他们谈话进展顺利。父母和孩子（大部分时候）都很享受彼此的陪伴，孩子把父母视为榜样、对话伙伴和参谋。但我看到的画面常常没有如此明亮。我发现，很多孩子都感受不到自己与父母是紧密相连的，感受不到自己是被接受的。面对家庭和学校的需求，许多孩子只能勉强应付。一些孩子陷入了焦虑或沮丧，另一些则陷入了完美主义，还有一些分心走神、没有动力、感到被孤立，或者感到精疲力竭。这就是语言和识字能力有障碍的孩子面对的情况；对那些技能中等或中等以上的孩子来说，情况也没有多大改善。

具有讽刺意味的是，那些最关心孩子成长的父母，似乎也最难以用令双方满意的方式与孩子相处。我发现许多情况都与珍妮弗·辛尼（Jennifer Senior）2014年出版的《孩子的到来如何改变你的生活》（*All Joy and No Fun*）中描述的例子相似：家庭作业成了“新的家庭晚餐”，通常要耗费好几个小时，而且常常以争吵收场。即使是那些不过分强调成绩的父母，也经常说他们会分心，因为太忙碌而没有时间去完成“亲子宝贵时光”的要求，并因此感到内疚。他们感到与孩子的关系疏远了，然后又为这种疏远而感到焦虑，由此陷入恶性循环。

但我们能做什么呢？为获得更多的了解，我深入研究了一堆育儿书籍。大部分书籍的主要关注点是行为：我们应该允许哪些行为？不允许哪些行为？我们控制的力度应该有多大？1980年，阿黛尔·法伯（Adele Faber）和伊莱恩·玛兹丽施（Elaine Mazlish）出版了《如何说孩子才会听 怎么听孩子才肯说》（*How To Talk So Kids Will Listen & Listen So Kids Will Talk*）。这本书成了一本主流畅销书，为亲子交谈提供了一个非常有用的起点。作者建议，不要排斥孩子的负面感受，而是要发现并认可这种感受。注意孩子的合作行为并加以鼓励。说话时只陈述你所看到的，例如，可以说：“地板上有很多水”，而不要说：“你为什么又把地毯弄脏了？”赋予孩子选择权。明智地表扬孩子，以鼓励他再次尝试。

我向许多家长推荐了这本书，但我知道交谈还有更多的作用。本书从一位具有演讲和语言专业背景的母亲角度出发，以法伯和玛兹丽施的方法为基础，做出了一些改进。我以她们的许多基本原则为出发点，她们在一些方面有着很强的洞察力，如表达对孩子的尊重，帮助孩子接受自己的感受，撕下他们身上的“角色”标签，像“发牢骚”或“磨蹭”。和上面两位作者一样，我的目标也是帮助父母通过有效沟通与孩子们建立联系。但在借鉴她们的方法的同时，我提供了一种更为自然的方法，更加注重交谈中的彼此互动。我提出了一个框架，使父母和孩子可以在随着时间不断演变的交谈中共同成长。它与死板的处方或剧本完全相反。我以自己临床医生的工作经验为出发点，向你展示孩子如何能够通过各个阶段适合他们的交谈而成长。我会邀请你踏上我的为人父母之旅，也会向你展示我遇到的其他家长的旅程。在这个过程中，我强调了我们凭直觉就能知道的事情：孩子是多么复杂和多面，通过倾听和交谈的方式去了解他们，同时也让他们了解我们，这既是一件令人快乐的事，也是一项挑战。

在本书中，我会把孩子和你的关系带到一个新的层次。我会向你展示如何将交谈作为一种工具，不仅能帮助孩子和你密切合作，还可以激励他们。我将深入探讨持续对话的力量，它始于时刻了解孩子当下的所需和你的所为。在交谈中不可能有生硬的程式，也不可能有“应该这样说，不应该那样说”的规定。你们的互动有自己的个性和独特性。在谈话中，孩子的今日之需，也可能并非她的明日之需。孩子的兄弟姐妹也是如此。他们可能会有截然不同的对话需求，这取决于他们的个性、刚度过的这一天的情形，甚至取决于他们是和同伴在一起还是独自一人。感知这些需求，并调整你的反应，的确是一门艺术而不是精确的科学。但还是有一些策略可以提供帮助。

本书提供的是掌握这门艺术的框架。其起点是用富有同情心的眼光审视家人之间的谈话和倾听的习惯，从已经做得很好的方面开始。它给你提供了可以用于任何交谈的方法。同时它也表明，在与孩子交谈时，我们都有自己的强项和缺点——尤其是当我们匆忙、沮丧、疲惫或感到有压力时。我会以我自己的生活为例，向你们展示我有时候为自己的交谈感到自豪，但有时候也会彷徨无计；或者，我所做的与希望得到的结果刚好相反。我会谈到彷徨无计的重要性，不知道答案和知道答案同样重要。坦然面对自己的无能似乎会让我们感到难堪，但这会启发孩子让他们在面临挑战时也感到自在坦然，使他们愿意进行更多的尝试。

在本书中，我举出了一些我见过和共事过的父母的例子，以及一些语言发展科学研究支持的观点。我还向大家展示了交谈如何作为强有力的工具将我们深深地联系起来，改变了我们与孩子之间的关系——如果我们能适时放手，深入倾听，把自己的盘算抛在脑后的话。

当然，这些出色的交谈不可能每次都能实现。有时候，我们难以抽出时间。但当我们真的这样去做时，哪怕是很短的时间，也能改变我们对孩子的看法，以及他们对我们的看法。交谈可以极大地加强我们与孩子的关系，使亲子之间更加开放，更能互相理解。在恰到好处的谈话中，我们都会深受启发。此外，打下这个基础，以后遇到困难时我们就会感觉没有那么艰难，那时你的孩子更有可能向你寻求支持和安慰，而不是找你争吵。

关于交谈的重要理论

为理解这类交谈的重要性，让我们来认识两位一个多世纪以来一直影响着交谈理论的关键人物。第一位是 20 世纪的瑞士心理学家让·皮亚杰（Jean Piaget）。他的“阶段理论”认为，孩子的思维随着年龄的增长不断发展，但这并不是一个稳步上升的过程。相反，当孩子参与到他们所处的环境中，并在成长中不断探索时，他们的洞察力会出现参差不齐的飞跃。孩子通过试错来学习，因为他们不断获得新的经验，然后努力去理解经验。而你的角色是提供新的材料和机会让孩子去探索，同时偶尔澄清他们的想法。这正是谈话的切入点。交谈是一个不断给出反馈和获得反馈的契机。通过密切关注孩子在说什么，以及他们是如何说的，你可以了解他们是如何思考的。他们的错误在哪里？对什么感到兴奋或难过？什么让他们感到心痒难耐？尤其是了解他们的动机或参与感如何。根据这些了解，你的回答才更有可能触及孩子真正的担忧或问题，而不是你自认为他们有的担忧或问题。这是帮助孩子更好地学习的关键——同样重要的是，这是让孩子感到自己的心声真正被倾听的关键。

与此同时，另一位心理学家也大力强调交谈。与皮亚杰同年出生的前苏联心理学家列夫·维果茨基（Lev Vygotsky），则采取了一种更具互动性的方法。他认为，知识是通过人与人之间的互动建立起来的。通过搭建脚手架，即由成人或大一点孩子提供反馈，孩子可以获得远超出他自己所能获得的洞察力。维果茨基的“最近发展区”指出，一个孩子自己能做到的，和能在你的帮助下做到的，这两者之间存在缺口。维果茨基精确指出了这个缺口所在。当你瞄准这个最佳点时，孩子已经准备好充分吸收你要说或教的内容了。你的互动是帮助孩子拓展的关键。随着时间推移，在你的帮助下，孩子的发展区越来越大，也有能力独自做更多的事。在这种情况下，孩子可以学会更多，也将学会如何学习。他容纳情绪的能力越来越强，他的想法也变得更加微妙和详尽。

下面的图表展示了这一拓展是怎样发挥作用的：

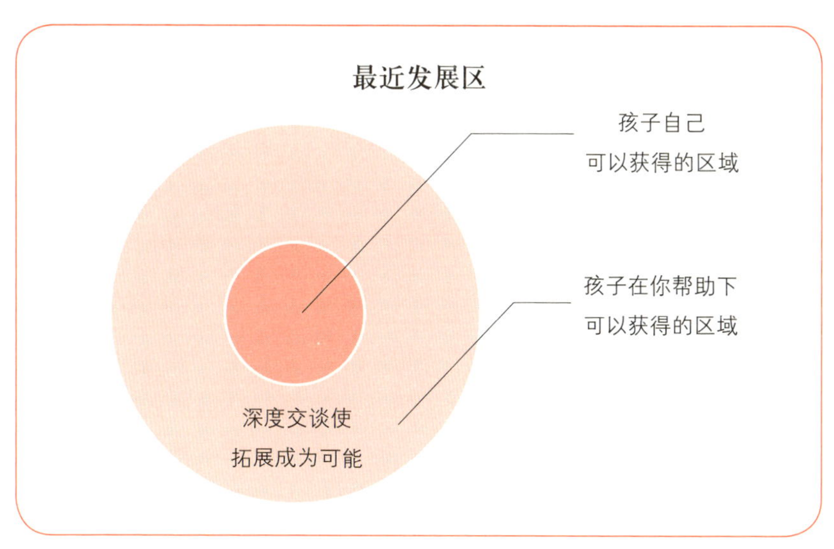

正如维果茨基所说，能帮助孩子充分发挥潜力的是搭建起脚手架，即成人或年长孩子的支持和指导。但是拓展幅度不应该太大，以免超过

孩子的能力范围；也不应该过小而形不成挑战。相信你的直觉。这与你在儿童发展书籍中读到的内容无关，甚至也与本书无关！

本书倾向于维果茨基的方向。的确，孩子们很活跃，通过探索他们的世界来学习。但是，几十年来的研究表明，你的互动对帮助孩子充分发挥潜力来说同样重要。要把深度交谈作为给孩子提供拓展的最佳契机，因为它能让你在任何时候都了解孩子们的需求。

具身交流

本书聚焦于“具身的面对面交流”（Embodied face-to-face communication）。这种交流在加强亲子关系和培养孩子的长期技能方面尤其有效。在这些交谈中，你和孩子实实在在地面对彼此，你们的身体和精神都完全在场。你注意到了孩子的肢体语言、面部表情和其他非语言暗示，并鼓励你的孩子也这样做。你们都在认真参与，既注意到别人说的话，也注意到他们说话的方式。

具身交流调用了全部五种感官。结合每个人所说的内容和说话的方式，以及皱眉、微笑和停顿等动作，有助于孩子们更深入地了解和参与谈话。当你和孩子坐得很近时，你们往往会模仿对方的动作和表情，这形成了强大的社交凝聚力。这是同理心的基础，因为它为你的孩子提供了一个了解你观点的出发点。观察你的面部表情可以使孩子获得一些能够传递你的感觉和想法的暗示，这是一种超越语言的方式。在具身交流中，你在提问或讲故事时传递了温暖。你的孩子会学到这些并与你互动。

简单的问候，比如“你好吗？”“我很好”不是完整的交谈。讲座或授课也一样：你们在交流，但不是真正的交谈。因为这些问题几乎没有给孩子留下参与的空间，或者让讨论发生意想不到的转变。相反，如果你和孩子交谈，而不是对他说话——你滔滔不绝地说个不停，哪怕是他感兴趣的事情——他便更有可能参与到谈话中并且集中注意力，因此也更有可能学到东西。

你能通过电子邮件、视频聊天或电话进行交谈吗？当然可以。在这种对话中，对话者没有亲临现场，因此被称为间接交谈。在间接交谈中，你们不是面对面，而可能是通过打电话、短信、视频或电子邮件聊天。我并不是在抨击这种交谈——它可以是一种很好的沟通和保持联系的方式——但它无法提供面对面交谈所能获得的感官信息和反馈。这类间接交谈很重要，有时甚至是必要的，但还不够。

不要简单禁止社交媒体

这并不是说间接交谈是“坏的”，而具身交流是“好的”。这更不是为了羞辱你，或者说你不应该用间接的方式说话。在准备晚餐的同时处理多个任务或回复电子邮件，并不代表这是不良的育儿方式。有时，这只不过是家庭和工作生活的需要。专注于和孩子们交谈，然后休息一下看看社交媒体，可以让你两全其美。如果你要赶工作，或者要安排孩子的玩伴聚会，或者有亲人邀请你视频，那么你通常不可能把手机丢在一边，这样做也是不明智的。

尤其是现在，间接交谈有了一席之地。有时它是一种比具身交流更有效的方式。如果你需要订机票或联系客服，打电话或发电子邮件比亲自去代理点效率更高。在你的家庭中，当你需要去接某人，或者只是和不在家的孩子打招呼时，发短信和打电话通常是最好的方式，可以让你非常容易地知道每个人在哪里。如果你没有和孩子住在一起，或者你的伴侣或亲戚没办法经常见到他，视频聊天会是一个很好的选择。

社交媒体也是如此。毫无疑问，无论是分享搞笑视频还是计划一个惊喜派对，适当地使用社交媒体确实能帮助孩子和父母以积极的方式建立联系。禁止使用社交媒体并不现实，反而会使它成为禁果。尽管如此，社交媒体——以及一般的间接交流——仍有很大的局限性，我们将在接下来的章节中探讨。当我们表示“线上线下其实都一样”或“让我们把所有东西都放到网上”时，我们实际上错过了具身交流的真正力量，它的力量在于让我们的谈话更加丰富和微妙。亲身在场，而不是用电子设备相连，能够让我们更充分地倾听孩子的声音，也更充分地展现自我。当能这样做的时候，我们应尽量这样做。

那么，怎样才能充分利用这类交谈呢？关注我所说的“内涵丰富的谈话”：即运用基于科学研究的原则，使高质量的对话成为日常。

内涵丰富的谈话涉及哪些方面

哪些“步骤”能让谈话变得精彩？我对此进行了研究，其中包括与专业研究人员的讨论，以及对孩子们进行的采访。这个过程中我反复听到一些关键的主题。我也得到了语言学、儿童心理学甚至人工智能领域研究人员的启发。综合学术术语和父母的见解，我逐步认识到，内涵丰富的谈话有三个主要元素，我将它们缩写为 ABC。

A: 适应性（Adaptive）

根据从孩子身上听到和看到的情况，调整你在交谈时的用词和语气。这种适应包含两个部分：你在当下改变，以及在谈话后反思。长远来说，后者会使你的交谈更具针对性。你注意到孩子现在需要什么，而不是昨天或去年，也不是她的姐妹需要什么。你鼓励她也对你做同样的事。有了这种适应性，你就为满足孩子的确切需求做好了准备。确切需求不是孩子“应该”需要什么，而是结合她的年龄、成长阶段或学校年级，考虑她现在真正需要什么。这是达到最近发展区的关键——提供恰到好处的挑战和拓展。通过你的示范，孩子们将体会到深入联系的感觉，为建立与他人的深层联系奠定基础。孩子会听到你是如何理解他们说的话的，这将提高孩子从不同角度看问题的能力，并逐渐学会运用这种能力。

具备适应性还能帮助你决定在何时给予孩子哪些支持和指导，以及如何给予。也许你 3 岁的孩子比同龄的大多数孩子都更擅长言辞，会乐意听你为他读一本复杂的书。也许你 11 岁的孩子仍然无法读懂面部表情，但他将从关于"表情不同的人感受会有怎样不同"的交谈中受益。在这两种情况下，认识到孩子的个性可以让你以最符合他或她愿望和需求的方式做出回应。

这些需求乍一看可能没有意义，或者很容易被忽略。假设你平时很安静的 5 岁孩子为了一张剪纸而歇斯底里地闹腾，就像我的一个朋友曾经遇到的那样。显然，这个孩子从未受过伤，也从未见过血。让她吃惊的不是疼痛，而是看到手指上的红色。

"这只是一张剪纸。"你可能会这样说。的确如此，但这并不意味着她不难过，也不意味着她不需要一点安慰，以及知道这不是世界末日。这就是适应的力量。它让你在孩子的每个年龄段和成长阶段都密切而细致地关注孩子的发展，调整策略进行回应。适应性也让你更加灵活。你不会过分担忧"应该"做什么，而是专注于当下需要什么。你说话时所做的事情也是一样：你可能会弯腰抚摸孩子的头发，或者觉察到孩子想一个人待着，从而退后一些。重要的不是你具体做了什么，而是你怎样观察：注意孩子的暗示和你做出反应的方式。

B: 有来有往（Back-and-forth）

运用这一原则，你们双方都在预期、参与和轮流说话——如果这是一个小组交谈，那么所有人都会这样做。这意味着每个人都无须争夺发言权。有时，最小的信号可以提供最大的机会。你可以通过“嗯”或“哦，真的”等来表明你在倾听，表明孩子说的话引起了你的兴趣，你希望她继续说下去。你可能会在日常散步中指出你注意到的某个东西，然后等待她发表看法。或者你给出你的意见，然后征求她的意见。心理学家罗伯塔·米奇尼克·戈林科夫（Roberta Michnick Golinkoff）和凯西·赫胥－帕赛克（Kathy Hirsh–Pasek）是《未来能力教养》（*Becoming Brilliant*）一书的作者，她们将这类有来有往的谈话称为“交谈二重奏”。这种谈话的最佳状态感觉就像跳舞。谈话是开放式的，你无须事先决定在哪里结束。你在谈话中要为孩子留下能够改变你观点的空间，也为你留下能够改变她观点的空间。

很多时候，这些有来有往的互动都是视情况而定的。你的反应取决于孩子的反应，而她的反应又取决于你的反应。当两件事取决于彼此的时候，它们就被捆绑在了一起。比如说，你想买一辆新车，但没有钱。你买这辆车的能力取决于你能否以好的价格卖掉那辆旧的。在谈话中做出适时反应，表明你此时的情感和精神都在场。你很专注，回应积极，即使你没有把孩子想要的东西给她。假设你的孩子说:“我们没有含糖麦片了。”你可能会根据你的感受说“我们吃完了”或“我明天去商店”或“我不想买‘幸运星’牌麦片”，或任何别的回答。关键不在于你是否去买麦片，而是表明你听到孩子说了什么，并以任何对你有意义的方式进行了回答。

这种有来有往的互动给了你们满足对话需求的机会。没有它，你可能会误会孩子的意思，或者让她感到失落。假设你的孩子问了一个问题，你给出了一个很长的解释，然后说:“好吧，希望你能理解。”虽然你的答案完美无缺，但她没有得到机会去澄清自己的问题或者自己很困惑。相反，如果你先说一点点，然后确认一下，或者先问她是怎么想的，你就可以通过谈话了解到孩子需要什么，孩子也可以从谈话中学到许多。你们都在积极倾听，并乐于接受新观点。这种学习是双向的。

C: 孩子驱动（Child–driven）

到底应该谈什么？大多数情况下，答案就在你面前。“孩子驱动”原则意味着你要从对孩子最重要的事情谈起。这可能意味着他提出了一个想法或问题，但也可能意味着你注意到他对某些事情感到兴奋、担心或费劲，甚至意味着你注意到他正在发展的一些新技能。通常，你不需要去费力探寻你的孩子关心什么。他可能会请你谈谈他新搭的乐高、电子游戏设备或舞蹈动作。在其他时候，你可能需要集中注意力才会发现。孩子低潮时候的表现也许可以让你更轻易地发现。假如他每周足球训练回来都脾气暴躁，尽管他进了很多球，但也许他在嫉妒队友进了更多的球，也许是他筋疲力尽，或者已经不再享受比赛了。从“孩子驱动”的原则出发，你可以找时间对他说出你的猜想，或者问他感觉如何，不要假设他一定感觉很好。从他的视角出发，可以使你适应他的认知水平，了解他的精力如何。这样孩子会更感兴趣，也更有可能与你建立联系。在你获得机会更好地了解他的同时，他也在建立自我意识。

从早期开始，“孩子驱动”原则就是要做出及时和适当的反应。即使他还没到开口说话的年龄，你也可以根据他看起来感兴趣、受到吸引或感到害怕的事情来进行谈话。你的宝宝看着什么东西，就可以跟随他的目光，指向或描述他看到的东西。当他发出叽里咕噜的声音，你可以说听起来他很开心。他尖叫的时候，你要看出他需要什么，同时注意到他有多么难过。你“接收到”孩子的想法和感觉，意味着你的反应要建立在注意孩子行为和感觉的基础上。

在孩子出生后最初几个月里，你的反应关系到孩子以后的幸福感、社交技能和语言技能。一项研究表明，如果 6 个月大的婴儿的想法和感觉能更多地被母亲“接收到”，那么婴儿在 4 岁半时会拥有更高水平的幸福感和社交技能，更少出现行为问题，并发展出更好的语言技能。

即使是婴儿也有想要得到抚慰、保持清洁和干燥的需要。随着感官的增强，婴儿越来越喜欢探索自己的世界。她看得越清晰、听得越清楚，就越想探索。当你观察她时，你会在想象中用语言表达她的喜悦和挫折感。你思考她的感受和想法，然后大声说出你的想法。这种能力被称为“心智化”，是谈话中强有力的组成部分，尤其是在孩子学会说话之前。

心智化意味着认识到即使是小孩子也能思考和感觉。哭声和咕哝声不是随机的。孩子的头脑与你的头脑相互独立，让你感到不愉快的经历可能会让她感到愉快，反之亦然。当你说出她未表达的感情时——当你“猜对了”或接近猜对时——她会感到被倾听和理解。她受到了安慰，感觉到你想帮助她、满足她。这之后，她知道你会专心倾听，因此也更愿意开口，并在交谈时更诚实，表达自己的脆弱。

内涵丰富的交谈所包含的“ABC”原则很重要，它们使你和孩子成为一个团队。即使你们不同意彼此的想法，也不至于会产生相反的目的。相反，你乐于倾听孩子的言论和感受，鼓励她保持开放的态度。你温和地挑战孩子的信念和假定，并使她愿意对这些信念和假定提出质疑，而不是让她觉得你是在评判她。这会让她在思维成长和人际关系的相处中更具独立性。她不仅能学会如何理解事实，还能学会如何以符合自己风格和需要的方式学习。她会感受到你的感受并探究原因。在你感到烦躁的时候，她也会学着做出回应。在她对自己有了更多了解的同时，她也逐渐理解了他人的细微心理。

践行“ABC”原则让交谈获得成功

掌握交谈所需的“ABC”原则后，你就走上了顺畅的交谈之路。你们的互动会让彼此在当下感觉良好。你可能已经澄清了某个误解，消除了你或孩子的一个挫折，解决了一场争论，获得了一些见解，甚至只是享受彼此的陪伴，让对方发笑。前进的路上可能会有颠簸，但总的来说，你们的谈话令人愉快，不必费心费力，也没有强加于人。更重要的是，这段对话促使你们两人都向前迈进：走向更深入的理解，获得一种新的同理心，或者更深刻地意识到你们各自的愿望和需求。你们感觉更亲密。你想再来一次，你的孩子可能也这么想。你们会感觉彼此像两根和谐的琴弦。下图是这个原则的摘要。

这不意味着你要多说一点，再多说一点；而是意味着停顿和沉默同样重要，为交谈留下空间，为大脑处理信息和反思留出时间。在家庭这个安全空间里，孩子学会犯错误并修复错误：这都是他们以后要用到的技能。随着孩子的成长，他们已经做好准备，把你看作一个伙伴、导师和向导：一个他们可以倾诉、反思和讲笑话的人。有了这个基础，孩子不太可能随着时间推移而变得缺乏自信。他们能够更好地解决冲突，表现出同理心，并自己思考解决问题。

这也不意味着父母得一切围绕孩子，当然更不意味着忽视你与其他成年人的交谈。有多个可以交谈的对象会使人们的生活更加丰富，也使你作为父母而保持理智，同时给你的孩子树立榜样。孩子可以了解到，并不是每个人都以同样的方式思考或说话。这是件好事。正如奥本大学语言病理学家梅根－布雷特·汉密尔顿（Megan–Brette Hamilton）教授所言：“每个人用不同的方式讲同一种语言。”听到多种不同的说话方式，能使孩子们学会欣赏差异。当孩子不是每一次谈话的中心时，他也知道如何倾听或找事情做。重要的是，孩子会明白他不是唯一一个有欲望和需求的人。

为内涵丰富的交谈腾出空间，会使你的家庭和社会都从中受益。把内涵丰富的交谈作为一种日常习惯，你就为世人提供了一种模式：它强调信任、在场、关心他人和表现同理心；强调抓住机会深入了解，并在必要时改变你的想法。你带着完全的自我投入其中，并鼓励你的孩子也这样做。

那么，我们为什么没有充分利用这个摆在我们面前、每天都可以使用的工具呢？

为什么我们会错过内涵丰富交谈的机会

内涵丰富的交谈需要建立在一个最基本的法则上：与孩子的交谈要能同时吸引双方。进行高质量的交谈，是一条非常简单、甚至显而易见地能帮助孩子学习并开发其潜力的途径。既然如此，为什么我们很难抓住这个机会呢？

主要有以下三个原因：

1. 传统学校教育中以成绩为导向的观念，已经渗透到我们的家庭生活中。

2. 密集式育儿的理念强调我们需要一直“保持状态”。

3. 父母和孩子使用科技手段的方式不同，尤其是你们在一起的时候。

让我们逐一分析这些原因。

首先，我们的社会太过推崇成绩和进步，超过了对儿童整体福祉的关注。衡量数学和阅读技能与进步的测试，使关于学习的话题变得玄奥甚至隐晦难懂。测试的内容多以老师的考虑为先，孩子们因此学会了去重点关注这些内容。交谈双方更关注如何制定策略去寻找正确答案，而不是创造性或批判性地思考问题。当孩子持续把注意力集中在可以用选择、填空去回答的问题上时，更深层次的讨论自然会退居次要地位。讨论的目标集中在找到一种正确方式，而不是发现更多可能性。我们不重视头脑风暴或不寻常的想法——尽管善用头脑风暴是发展创造力的关键。

诚然，交谈并不像受到推崇的成绩和考试分数那样，可以用标准去衡量是否成功。从事一项活动——理想情况下是一项系统性的活动——会让你更容易感觉到你是在推动孩子进步。拿游泳课来说，5 节课后，教练说：“她仰泳做得很好，但需要掌握踢腿动作。”周六结束后，这个任务完成。你离开游泳池，很高兴你的孩子取得了明显的进步。交谈与此不同，它没有留下明显的痕迹，也没有对照单或步骤列表。正因为如此，它就像你脸上的鼻子一样，除非你自我意识强——或爱慕虚荣——否则你可能从未想起过它。

在无须帮助的情况下，绝大多数人的鼻子都能正常工作。但交谈不一样。我们默认的“交谈模式”是让我们做成某件事，比如确保孩子们吃晚饭或做家庭作业；但是，在理想情况下，高质量的对话却可以发挥更大的作用。

这并不是说要注意从你或孩子嘴里说出的每一个字，或者要仔细计划你说的每一句话。恰恰相反，作为父母，这种“全力以赴、无时不在”的强烈关注，会让内涵丰富的交谈更难进行。正如2018年《纽约时报》一篇文章的标题所述，在这种模式下，养育子女已经成为一种“永不停歇”的追求。我们希望孩子在现在和将来都能充分发挥他们的潜力，但我们进行的往往是单向谈话。我们指导和管理孩子，成为孩子的司机、导师、玩伴和教练，尽最大努力去满足孩子的需求。

想参与孩子的成长很自然。但当父母的参与或干涉太多时，会很容易忘记孩子实际的即时兴趣和目标。我们不太注意孩子说话的方式以及他们的言外之意。相反，我们往往会继续展望下一个目标和活动，下一个衡量成功的标准——无论是测试还是足球训练，或者仅仅是一次顺利的玩伴聚会。我们忘了留心正在发生的事情，而把注意力集中在应该发生的事情上。

当我们把自己视为讲师和管理者，而不是对话伙伴时，我们的交谈往往就失去了适应性。我们常常忽略孩子想告诉我们的事情。我们常常带着自己的议程匆忙开始交谈：我们想表达的观点或想要传达的信息，却并没有注意到我们无意中在做与目标相反的事情。我们忘了减速。

你可以在大多日常生活中看到这一点。想象一下，你刚下班回来，与正在蹒跚学步的孩子打招呼。他正在玩一辆玩具火车，火车在轨道上跑，结果撞到了墙上。“你今天过得怎么样？”你问。他回答说：“看，火车的电池没电了。”而你又问：“你们的老师今天都在吗？杰森还生病吗？”他回答说：“我需要小电池。”这是一次再自然不过的谈话。你专注于自己的议程，想知道他一天的细节——也许你在暗自怀疑是否为他选择了合适的学校——但他深深地关注着他眼前的现实。

此时此刻，你可能不会注意到有什么事情出了错。但如果你继续这样的谈话，你们俩可能都会感到沮丧。他会开始嘟嘟囔囔或猛然拉你。

你可能会生气，希望他安静下来。他兴趣的火花熄灭了，而你错过了与他接触的机会。通过这些细小的日常方式，断开你们联结的循环出现了。而这种循环本可以避免。

我们许多人都想全方位地育儿，即使我们承担不起这项使命。我采访了康奈尔大学博士后帕特里克·石冢（Patrick Ishizuka），他在 2019 年发现，有四分之三来自各个收入阶层的父母都喜欢全方位的育儿方式。他认为，这种理想已经变得普遍。要让理想成为现实，压力也就随之而来。

“包揽一切”的心态，以及对不这样做就会受到评判的恐惧，会降低谈话的质量。我们往往会自我评判和自责。我们的注意力分散了。我们不断给自己施加压力，从而错失了交谈的真正好处。如果我们试图使自己的交谈变得“完美”，我们就会不得要领。交谈本应该让我们的压力变得更小，而不是更大。

相比之下，我们默认的谈话模式，往往让人感觉交谈是一项劳动密集型的工作。在安排多项活动、唠叨家庭作业、指导孩子的时候，我们经常关注的是后勤和事务性的谈话，即专注于“完成事情”的谈话。这种谈话强调传授经验或强调观点，它消解了我们要进行更有意义的彼此互动时所需的慢节奏。我们的交谈不仅缺失了高质量的交谈中的适应性，还缺失了有来有往的互动：要么你没有全心投入，要么孩子没有投入。你错失了让谈话流畅进行的机会，或者错过了给予孩子反馈拓展他的想法的机会。假设你的孩子正在大声玩字谜游戏。当他说“L 代表美洲驼，J 代表……”时，你可能会加入游戏，说“软心豆粒糖”或“果汁”，等待他说出“果酱”或“跳跃的大猩猩”，你也可能会说“哦，我不知道……我们去拿你的鞋吧”。

第二种回答并没有错。如果你正忙于某事，这是最有意义的回答。但至少在一些情况下，为第一种回答留下空间是很重要的。

同样重要的是，当我们专注于成功时，便可能会错失“孩子驱动”这个元素。我们往往注重孩子年幼时就擅长的东西，或者他的闪光点。而对于孩子刚刚开始尝试的事情，或者那些他喜欢但做得一般的事情，甚至对他性格中展现出的新方面，我们都没有给予足够多的鼓励。比如，孩子刚开始踢足球，而他的朋友们已经踢了很多年了；虽然他觉得足球很有趣，但他踢得并不是很好。如果我们过分强调保持顶尖水平——或是达到顶尖水平——孩子就可能会因为灰心而无法继续尝试。再比如，孩子很害羞，但一直在努力结识新朋友，如果我们着力强调他姐姐的社交能力比他好，那他很可能会停止尝试或说“我不想交朋友”，从而导致他更快退缩。结果便是孩子失去了成长所需的关键部分：在每个年龄段和成长阶段，孩子都需要被看作一个完整的人，需要让性格和技能慢慢发展。

即使在玩耍的时候，我们也常常错过以孩子关心的事情为话头的交谈机会。比如你看到孩子在玩乐高积木，他可能正幻想着建一座城堡和一条护城河，而你指着搭好的一组乐高问道：“那是什么？是蓝色还是橙色？”你的话让孩子忘记了他自己正在思考的问题，比如城堡要建多高，或者他的玩具会浮起来还是沉下去。他的思路被打断了。

对年龄较大的孩子来说也是如此，只是方式不同。假设你的孩子正兴奋地谈论电子游戏，而你却在关注学业，这时就很容易忽略孩子在说什么，或者把注意力转向他是否做了功课。虽然你希望他完成家庭作业，但你不会花时间去注意他为什么喜欢游戏，或者这些兴趣可能会怎样迁移。也许他喜欢的是游戏中的冒险部分，这可能引导他开始进行户外冒险活动。或者，这可能是他与朋友的联系方式，游戏会让他在现实生活中与朋友更常会面。找到这些联系，并帮助你的孩子找到它们，是丰富孩子世界的关键。

然后是手机和电脑以及其他电子设备的问题。这些东西会给我们的交谈带来帮助还是限制？我们很容易就说，孩子总是在玩手机，很少抬起头来与人面对面交谈。但实际情况可能更复杂。确实，当孩子们醒着的时候，大部分时间都在用电子设备，没有太多时间进行面对面的交谈。2019 年，有调查显示，青少年平均每天花在手机上的时间超过 7 个小时，8 岁到 12 岁的孩子花的时间接近 7 个小时。这样的技术使用会改变孩子们的思维方式和观点。例如，研究发现，当青少年进行“向上的社会比较”——在社交媒体中与看起来更快乐或更富裕的朋友进行比较，他们患抑郁症的概率更高。

更重要的是，科技设备的普遍使用改变了我们当下的互动方式——无论是孩子们在平板电脑上玩游戏，还是我们查收电子邮件，习惯性地打开手机可能会关闭交谈之门。重要的不是你说什么或不说什么，而是你的注意力在哪里。眼睛盯着你的手机，表明你还没有完全投入对话。一开始，你可能只是短时离开一下，或者只是需要查看一下新闻，但这可能会演变成一种习惯。作为回应，你的孩子可能会抱怨或大声喧哗以引起你的注意。如果孩子年纪够大，他们可能会转向自己的设备，消失在视频和图文的虫洞之中。

尤其是一开始，孩子们可能会批评你没有集中注意力。5 岁的索菲在给我看她发明的舞蹈之前，要求我“请关掉手机！”其他孩子可能会变得易怒、爱发牢骚。不过在一段时间后，边说话边看屏幕会让人觉得很正常，所以不会有人再提及。但这种半心半意的谈话无法深入，我们无法注意到孩子的微妙暗示，也无法鼓励他们注意我们的暗示。有太多的事情没有被听到，太多的事情没有说出来。

一项研究发现，当学步儿童的父母盯着手机时，学步儿童对所处环境的探索会减少，即使当父母把手机收起来后，学步儿童与父母之间的再次互动也不会很成功。研究还发现，这对那些习惯性使用手机的父母的影响最大。随着时间推移，当孩子们感觉到他们不会得到积极回应时，往往会停止尝试。父母与孩子的互动质量因此下降，孩子说话的意愿也会随之下降。

当下，我们身处的社会是一片语言沙漠。我们的交流有很多，新闻、短信和社交媒体不断冲击我们的视听；但深刻的交流，那些让我们深深地联系在一起、感觉有意义的交流却少得可怜。在这片语言沙漠中，重要的是我们要有意识地关注与孩子交谈的质量。你可以将高质量对话作为目的，也可以将它作为抵制当前趋势的手段。这种趋势就是，人们使用更多的词汇、发送更多的短信和推文，却忽视更加深入的交谈。即便你很忙，我们也有办法利用一小部分时间培养孩子可以付诸行动的习惯。如果我们集中注意力，进行高质量谈话的机会随处可得。我们家庭的积极氛围取决于它，我们孩子的幸福、学习和福祉也取决于它，因此我们应该尽快行动起来。

第 2 章

促进学习的交谈：激发孩子一生的好奇心

Conversations for Learning: Sparking Your Child's Lifelong Curiosity

支配我们对孩子关爱之心的，不应该是我们让他学习知识的愿望，而应该是我们为使他的智慧之光永远闪烁所做的努力。

——玛丽亚·蒙台梭利

索菲 4 岁生日后的某个下午，菲利普和我与索菲的幼儿园老师有一次约见。我坐在小朋友的座位上扭来扭去。一个小时前，我刚在我工作的学校里会见过家长。而现在，我则是作为家长来见老师。

“她不敢犯错误。”第一位老师告诉我。她头发灰白，口气柔和：“这是许多孩子的典型特征。她很独立，是个完美主义者。”

“她把自己的错误归咎于别人。”第二位老师说，“这样一来，她的友情会受到伤害。我们谈论了很多关于责任的事情。我想强调的是，希望她能在家庭中负起责任。”

“我看看我们能做些什么。”我倒吸一口气，因为我也注意到了索菲的这个倾向。

在那天的忙忙碌碌中，这次的谈话慢慢模糊了。当天晚上，我走路回家时突然遇上倾盆大雨，到家时浑身湿透，很不舒服。

“你湿透了，”索菲皱了皱眉毛，“你没带伞吗？”

“我没有看天气预报。”我承认。

“你应该看的。”

脱掉袜子，我想发脾气。这时我脑子冒出了一个想法。“这是我今天的错误。”我说，“你今天的错误是什么？”

“我的什么？”

“你的错误，”我迎着她的目光，“你今天做了什么错事或傻事？”

“我不会犯错。”她怒气冲冲地走开了。不一会儿到了晚餐时间。

“你的错误，”她眨着眼睛问道，“告诉我们吧。”

“我忘锁自行车了，”菲利普说，“我把它放在外面了。”

“车子被偷了？”

“没有，我很幸运，”他叹了口气，“但下一次，我会带上锁。你呢？”

“我不在雨中骑车，”她微微一笑，“我什么错都没有。”

我换了话题。但在第二天的晚餐时，索菲继续问道：“说说你们的错误！”

菲利普说他有一封邮件发得太早，然后不得不打电话说明情况。

“你没有检查你的工作？”她跳了起来。

“我当时很忙。但明天，我会留出时间检查。”

“轮到我了。”索菲说，然后讲起她在操场上不小心撞到了一个男孩。那个男孩哭了，但她没有道歉。

“你没有做解释？”我问。

“这不是我的错。”

“你不必说对不起我推了你，但你觉得他会怎么想？”

“也许他会想我是有意的。”她皱着眉头，“我下次再解释。”

这次谈话是一个小小的启示。在谈话中允许她承认错误，但不能让错误吞噬她。索菲开始意识到，错误对我们所有人来说都很常见，反思可以帮我们为下一次制定策略。这种认识是索菲在我们的交谈中产生的，而不是通过我的教诲获得的。经过反复思考，她用自己的语言表达了自己的想法。与其他方式相比，这样的思考和交谈能让孩子更深入地学习。用自己的语言表达想法会使这些想法更加牢固，并使孩子能够拥有所学的知识。这就好比从头开始建造一辆玩具汽车，而不是抽象地学习汽车的工作原理。

扫码免费领取
“饭桌交谈”五问
帮助孩子坦然反思错误

交谈随着时间推移而变化

后来几周，索菲说出了自己的一些错误：有些日子傻里傻气，有些日子情绪恶劣。我们也是。又有几周过去，我们开始看到索菲的态度在转变。老师们说，她开始承担更多责任了，也结交了更多朋友。

回想这些对话，我想起了心理学家卡罗尔·德韦克（Carol Dweck）所说的“成长型思维”，即相信智力不是固定不变的。有了成长型思维，孩子会相信努力可以帮助他们进步。这并不是说天赋不存在，或者说孩子在某些方面没有天生的能力。天赋当然有，但是努力工作，加上我们以及老师和朋友的指导，会对孩子有所帮助。德韦克在她讨论心态的书中谈到了“还没有”这个词的用法，比如“我还没有学会乘法……”。技能是可以发展的，而错误只是表明你还有成长的空间。

“成长型思维”非常重要。德韦克发现，孩子甚至在 3 岁半的时候就可以形成固定型思维。他们开始相信错误会展示你是什么样的人。我曾听到 3 岁的保罗说：“嗯，我就是不擅长乐高积木。”看着索菲建造了一个更复杂的结构，保罗发现自己缺乏这个才能。但这些想法可以通过交谈来改变，这对所有年龄段的孩子来说都行得通。得克萨斯大学教授大卫·耶格尔（David Yeager）发现，拥有固定型思维的青少年可以通过对话将固定型思维转变为成长型思维，从而提升自身的动力，甚至提高成绩。耶格尔发现，在他对 18000 多名 9 年级学生的调查中，参加成长型思维研讨会的学生后来会主动寻求更多的挑战。通过这种方式，交谈导向了行动，孩子们拓展了自己，并对犯错误保持开放的态度。

我们应该如何帮助孩子保持这种开放性态度？德韦克最近的工作提供了重要的见解。她发现，即使我们具备了成长型思维，但我们对孩子的失败或错误做出的反应可能表明：我们认为孩子的能力是固定的。如果我们急急忙忙去安慰一个孩子，比如说：“好吧，如果你不擅长，那没关系。”孩子会得到这样的信息：她无法改变现状。与之相反，德韦克建议，我们应该关注孩子是如何解决问题的。如果孩子犯了错误，那就向他表示，可以将错误视为一个信号，问问那个错误教会了孩子什么。

我在索菲身上也看到，围绕“错误”进行交谈对学习来说至关重要，它会让孩子觉得犯错是正常的。用充满同情的态度看待错误，我们就为孩子创造了找出犯错原因的空间，这有助于他们为下一次制定策略。同时，我们还帮助孩子建立了同理心。当索菲谈到意外推了一个孩子时，她获得了对这个孩子感受的洞察。如此一来，孩子们既能获得同理心，又能对自己的不完美感到坦然。当我们讲出我们的错误时，孩子会逐渐认识到，他们和我们都永远在学习的进程中。这种自我同情的基础使孩子能够保持好奇心和专注力。同样重要的是，这些对话有助于孩子找出成长旅程中的亮点，看到自己在哪些方面做得对。

尽管如此，围绕“错误”的对话只是无数促进学习的对话之一。它与你说的内容无关，而与说话的方式有关。事实上，各种各样的日常话题都能让孩子看到他们在学习过程中所处的位置，并更多地了解自己和世界。高质量的谈话有助于孩子注意到自己的错误观点，并采取措施改变它们。这些对话也让父母深入了解孩子的想法，引领孩子到更高的层次。当父母支持孩子做他们感兴趣的事情时，孩子就会追寻正在萌芽的激情。理想情况下，他们会学习将这种激情融入日常生活。

公平地说，信念的改变绝非易事，无法一蹴而就。但这种改变确实发生在微小的瞬间，并且在交流中随着时间推移而变化。要做到这一点，帮助孩子们接受错误只是一个开始。本章揭示了交谈促进学习的两种主要方式：首先，交谈可以激发终身的好奇心，鼓励孩子探索自己的想法并进行智力冒险；其次，孩子可以通过交谈学会如何学习。反思你的思考方式，这种技能被称为元认知，也是战略性学习的关键。与其尝试做更多的事情——积累更多的事实，花更多的时间学习——不如让孩子思考如何才能学得更好。这有助于他们在学校取得成功，更重要的是，可以使他们成为终身学习者，对知识保持渴望，对自己的能力保持乐观。

学习的最终目标

学习的最终目标是什么？并不是获得全优，更不是进入顶尖大学——尽管我们在想到学校教育时经常会把这一使命联系起来。学习的目标甚至不是找一份高薪工作，它更多是为了给孩子提供所需的工具，去追寻自己的兴趣所在。事实上，学习远不止分数。儿童心理和情绪健康的关键便是学会有效学习。随着孩子的成长，这种学习会让他们找到自己喜欢的工作和爱好：沉迷于书籍，想象新世界，进行发明、创造和设计。正如《让天赋自由》(*The Element*)一书的作者肯·罗宾逊(Ken Robinson)所说："与真正的激情联系在一起，这对我们的幸福至关重要。"当孩子们发现他们的激情并与之联系在一起时，他们也会更有动力。随着时间推移，孩子们将学会坚持面对挑战直至成功。

但如果把成功仅仅定义为良好的表现呢？我们会因此忽略一些重要技能，比如批判性思维和创造力。更糟糕的是，这会让孩子缺乏探索新想法所需的心理灵活性和信心，在解决难题时难以坚持足够长的时间。相反，当我们从更广阔的角度看待成功，我们会帮助孩子关注他们在乎的事情，使他们更有动力继续探索，也能更从容地面对挑战。当孩子参与到真实活动中时——当他们看到其中的意义时——学习往往是顺其自然的事。

日常谈话如何帮助孩子学习

我和索菲关于"错误"的交谈过去几周后，我去参观了"火车公园"。这是波士顿的一个游乐场，可以俯瞰本地列车和特快列车的交叉口。一位父亲和他年幼的儿子站在一起，透过篱笆看火车。

“猜猜下一辆会是什么颜色的火车。”男孩说。

“也许是绿色的。”

“我觉得是橙色的。”他们两人等着。不久，一列绿色的火车飞驰而过。

“你是怎么知道的？”儿子跳上跳下，“你猜到了吗？”

“不完全是，”父亲转向他，“我意识到有一个规律。”

“什么是规律？”

“就是一个事物接着另一个事物出现，并且重复。就像这里，”他指着男孩的条纹短裤，“看，绿，蓝，绿，蓝。就像这样。”

“或者像天空一样，”男孩仰起头，“云，蓝天，云。”

“正是这样，”父亲笑了，“火车也是这样，所以每个方向的列车轮流出现。”

“它们想要公平。”男孩说。

这对父子转过头去看更多的火车。我又听到了附近另一对母女的谈话：一位母亲，一个和刚才的男孩年龄差不多的女孩。听到响亮的喇叭声，女孩往后跳了一些。

“那是紫色的火车吗？”她兴奋地瞪着眼睛问道，“这是最快的。我听到了，我认为速度越快的火车，声音就越不一样。”

“让我们复习你的字母表吧，”她母亲回答道，“D 之后是什么？”

“不过，我不知道为什么它们听起来不一样。”

“E，F，G，”她母亲听起来很生气，“后面呢？”

谈话很快就结束了。10 分钟后，这位妈妈说她们得回家了。

这两场对话听起来似乎很相像，但它们的区别再大不过了。在第一个例子中，父亲结合儿子的兴趣，为他打开了一扇通向世界的窗户。受到儿子所提问题的启发，他引出了规律的概念：这是一个有趣的概念，也是初等数学的基础。他把这个想法与儿子的短裤联系在一起，儿子也很轻易地看出了这一点。鉴于孩子的年龄和成长阶段，这样的做法十分重要。在你来我往的自然互动中，这位父亲为儿子提供了一个参与和补充的机会，使学习变得有意义。

虽然第二场对话无所谓“坏”或“错”，但没有做到上述任何事情。母亲和女儿都没有听对方说话。她们各自的兴趣使她们的目的互不相同。这个女孩想学东西——只是当时她的妈妈并不想教。如果这位母亲停下来倾听女孩的话，注意到她的问题其实相当深奥，那么这本可成为一次有趣的谈话。为什么快速运动的物体和缓慢运动的物体发出的声音听起来不同？这个问题远比字母表吸引人，而且会引发更多的问题和思考。为什么当物体离得更近或更远时，声调会变得更高或更低，比如救护车警报器？这能让我们了解到声音和耳朵的什么特点？

我们可能无法回答所有这些问题——甚至一个答案都没有，但这正是重点所在。没有答案意味着我们可以和孩子一起踏上征程：探索，问更多的问题，甚至我们自己也能学到一些东西。解决这些问题，会使孩子对学习的意义有更深刻的理解。是的，字母表很重要，但学习远不止记忆事实，它更多地与态度有关：正是因为问题很难，才会提出这些问题；我们需要花时间去寻找答案，并且不满足于我们听到的第一个答案。

充分利用激情和目标

我们并不能经常看到可以让孩子真正学习的机会，尤其是当我们执着于让孩子以某种特定的方式学习时。过分关注作业或任务的细节，我们可能会忽略学习的最终目标或孩子们关心的事情。在学校的压力之下，父母很容易忽视孩子的兴趣，着眼于完成任务和家庭作业。是的，家庭作业需要完成——即便如此，通常还是会有空间来运用更具创造性的方法。

索菲长大一些有了家庭作业后，这个想法触动了我。2 年级时，索菲的老师开始要求学生每晚阅读 20 分钟。当时，阅读对索菲来说并不容易。一天晚上，索菲躺在床上，翻着《彩虹魔法》(*Rainbow Magic*)和《亨利和玛吉》(*Henry and Mudge*)，大发牢骚。

“我想帮忙把保罗放上床睡觉，”她说，“你为什么不让呢？”

通常，我会试图说服她继续阅读，但此时我有了一些新想法：可以发挥孩子精力旺盛的特点。在任何时候，看清楚是什么在驱动着孩子，我们可以利用这种驱动力，让学习变得更顺畅，并激发长期的动力。

“保罗喜欢有人读书给他听，”我拿出一摞书，“如果你想让他上床睡觉，我建议你从这儿做起。”

“你觉得这样可以吗？”她高兴起来。

“你没看见他在请求吗？”幸运的是，确实如此。

索菲拿着书，走到保罗跟前，然后坐下，打开《好奇的乔治和小狗》(*Curious George and the Puppies*)。保罗依偎在她身边。30分钟过去，读完 4 本书后，我不得不说服索菲停下来。

如果坚持认为学习必须以某种特定方式进行，我们就会浪费太多时间。如果我唠叨着让索菲读书，她可能不会喜欢她所读的东西，最终也会感到沮丧，第二天也没心情再读。相反，着眼于索菲想照顾弟弟的目标，我和索菲都达到了目的，并且我们双方都很愉快。阅读成了联结的方式，而不是枯燥乏味的任务，她甚至马上看到了好处，读书能够让保罗平静下来，这也使他们两人联结在一起。这一切都与谈话的方式有关。

对照高质量交谈的 ABC 原则，我的这次对话体现了：A. 适应性，我注意到了索菲此刻想要的东西——她的驱动力——并根据她的兴趣改变了对话方向；B. 有来有往，给她提供一个主意，然后看她怎么想；C. 孩子驱动，在头脑里将索菲的视角和我的视角置于同等地位。

在大人的引导下，让孩子选择学习或实践的方式与内容，往往会给孩子提供更多的机会。他们掌握更好的技能后，便会提出更多有趣的问题，带来更多的练习，如此往复。哪怕只是更熟练地阅读，也会让孩子读更多的书，因为孩子会感觉阅读更容易、更有趣。当孩子在阅读中不用结结巴巴地读单个单词时，他们的头脑就有了更多的空间来关注正在阅读的内容。牢记这一原则，你可以帮助孩子决定他们关心什么以及要解决什么问题——当然，限制和界限依然存在；作业必须完成——尽管如此，为孩子们创造空间，让他们做出自己的学习决定，是支持他们长远发展的关键步骤。

实践促进学习的高质量交谈

高质量交谈能给孩子提供什么样的支持呢？为了解更多信息，我找到一所听闻许久的学校：亚特兰大演讲学校。该校之所以闻名，是因为它极为重视日常对话，帮助有学习困难的孩子取得了巨大进步，并且重返公立学校。学校的办校理念源自世界知名的读写学者、加州大学洛杉矶分校的教授玛丽安・沃尔夫博士（Dr. Maryanne Wolf）的工作。几个月前，我和沃尔夫讨论了她最近所做的事，即探索怎样面对数字世界的挑战，帮助孩子深入阅读。她告诉我，学校的重心不是操练或讲座，而是基于孩子们热爱的内容展开日常谈话。

出于好奇，我给演讲学校的首席执行官科默・耶茨（Comer Yates）打了电话。耶茨热情地邀请我到校参观。于是我前往亚特兰大，参观了学校的几个教室和一个全校参与的“图书品鉴会”，这里还有与书籍相关的小吃：灵感源自《哈利・波特》（*Harry Potter*）的甘草棒和以《小屁孩日记》（*Diary of a Whimpy Kid*）为主题的纸杯蛋糕。

后来，我和一群老师坐在一起讨论他们的体验。其中一位老师提到学生学习托马斯·爱迪生经历无数次失败的故事。在这个过程中，爱迪生曾写道，当感觉自己会失败时，他就觉得如同身处山谷之中。但是，他声称，如果坚持下去，他会成功。老师们把这些山谷称为“低谷”，取自赛斯·戈丁（Seth Godin）2009年的著作《低谷》（*The Dip*）。“我现在真的处在低谷。”老师回忆起一位学生在做一道数学题时笑着这样说。使用这个短语会让困难变得可以忍受。随着时间的推移，这种自我对话可以让孩子们在面对棘手的问题时不会不知所措。

在演讲学校，我看到失败和坚持不是抽象的哲学概念；相反，这些孩子理解了爱迪生的教训并将其内化，成为他们思维方式的一部分。当他们面临以前可能放弃的挑战时，这种自我对话可以让他们坚持下去。他们将失败视为不可避免——这是走向精通的过程的一部分——并努力保持对失败的好奇心，探究失败的原因。许多研究表明，积极的自我对话，比如“让我再试一次”，可以帮助孩子以更有效的方式管理自己的感受和行为。当感到困惑时，他们会用自我交谈来解决问题，而不是说“忘了它”，或立即寻求建议。一项研究发现，在数学考试中，那些反复用言语肯定自己勤奋努力的孩子，比不这样做的孩子表现更好；而对那些认为自己不擅长数学的孩子来说，自我交谈的影响更大。这是强有力的证据，表明我们应该帮助孩子注意并加强他们的自我对话。

这次参观中最有价值的收获便是：这些关于学习的对话可以贯穿于日常生活，在让孩子掌控自己学习的同时，使他们对自己感到满意。这与孩子们学会说什么有关，与他们内化的东西有关，与我们迫使他们说的话无关。

深度交谈要遵循的原则

那么，这些关于学习的交谈在我们的生活中如何进行呢？在我对成人和儿童互动研究的启发下，我开始在临床工作中使用“三个 E”原则。它对各个年龄段的孩子发展语言、思维和社交技能都能起到作用。语言、思维和社交技能又是深度交谈的基础，也让每个人参与其中，使你们的谈话流畅进行。你可以把“三个 E”原则想象成放在口袋里的随身策略，在需要的时候把它们拿出来。这三个 E 是：

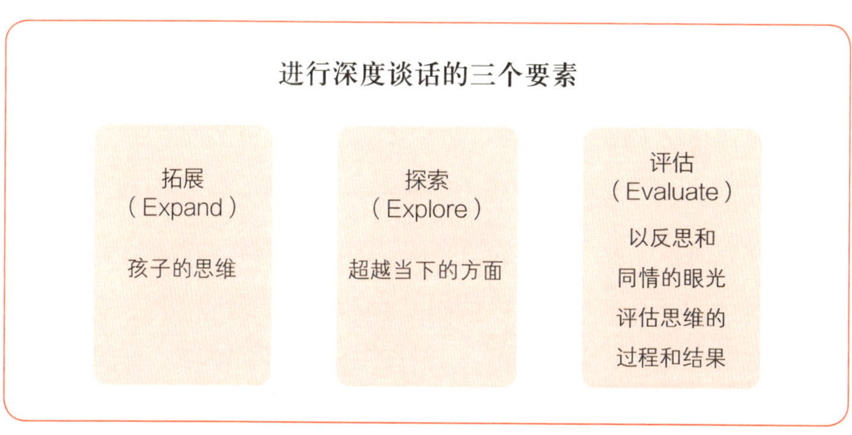

“三个 E”原则是什么

让我们逐一来看这“三个 E”是什么。

1. 拓展（Expand）。你听到了孩子的意见，并加以扩展。你可以添加短语或单词，或者加以澄清。简单的扩展为更复杂的扩展奠定了基础。一项研究发现，母亲在这样的扩展方面做得越多，孩子在 2 岁到 3 岁阶段的语言发展就越快。如果孩子说“大卡车”，母亲接着说“那是一辆大卡车”，母亲就在不改变话题又符合孩子兴趣的情况下迅速拓展了孩子的表达。像许多关于亲子互动的研究一样，这项研究只关注母亲。幸运的是，其他研究也显示了父亲对孩子说话的影响，尤其是在词汇使用方面。例如，一项针对农村地区父亲的研究发现，他们在为 6 个月大的婴儿阅读时使用的词汇水平，与孩子 1 岁到 3 岁时的语言发展相关联。

想象一个孩子说“卡车掉下来了”，母亲回答说“是的，它掉下来是因为你把它推到了墙上，它撞墙了”，母亲的话表明，她和孩子在关注同样的事情。这就是所谓的共同关注（joint attention），它构成了未来几年孩子学习和社交发展的基础。母亲给孩子提供了与他的兴趣相关的反馈，使当下的话题富有意义。她提供了使用更正确、更复杂语言的示范，包括使用让孩子感到新鲜的词汇，这既能让孩子学到知识，又拓展了他能独立做的事情。

作为起始点，我们可以使用能帮助孩子敞开心扉的问题。举个例子，你可以对孩子说：“告诉我更多。”尤其是面对年幼的孩子时，我们往往习惯于提出“贴标签”式的问题或看法：“漂亮的飞机”或“多漂亮的花啊”或“那是什么颜色？”但当你说“告诉我更多”的时候，表现出的是你正在全心投入，并渴望得到一个新的想法。

贴标签确实有助于早期的学习。但过度关注贴标签，会使我们错失孩子进行深刻思考以及让他们发挥丰富想象力的机会。相反，试着简单地说：“哇，太棒了。这是怎么回事？”或者“这里有什么故事吗？”如果你的孩子解释了一点然后停下来，你可以继续问：“然后呢？”这比猜谜游戏更有利于对话：“那是一棵树吗？”尽量不要推定孩子会说什么，而要坐下来观察和倾听，让孩子来做出解释。让他的想法给你惊喜吧！你必须意识到，你所认为的树在孩子看来可能是一只双趾怪物，看起来像房子的东西实际上是一颗太空卫星，或者是有紫色翅膀的鸟的巢。

2. 探索（Explore）。超越孩子身边的环境，讨论过去和未来；想象遥远的风景和陌生的人；并创造性地考虑解决方案。继续以卡车为例，你可以说：“你想让卡车去哪里？”

“外太空。”孩子回答。

“那之后呢？”在孩子比画着回答后，你又问。或者如果玩具卡车一直撞到桌子，你可能会问：“你能想什么办法让它不撞桌子呢？”或者“它还可以走哪条路线？”这些问题有助于孩子抽象地、创造性地思考，考虑新的想法，探索他没有经历过的情景。正如书籍拓展了孩子世界的边界一样，这样的机会也可以给他提供想象、假设和预测的空间。

当你探索拓展时，最好使用脱离语境的语言，即谈论抽象的想法，或者不在你们面前的事物。“房子”是具体的，而“建筑”是脱离语境的。这种脱离语境的语言会增加孩子的词汇量、增强讲故事的能力，提升他们在学校取得成功所需的语言技能。通过研究我们知道，对孩子来说，积累这种语言能力的最佳方式是父母的示范。你可以从讲故事开始。你们可以谈论书里涉及的概念，或者只是以超越此时此地的方式交谈。做到这样交谈的一种方法是，着眼于开放式的问题，即不能用“是”或“否”来简单回答的问题。开放式问题可以简单如“发生了什么？”或者“你觉得他要去哪里？”或者你可以询问动机或感受，例如“当他的朋友离开时，男孩的感觉如何？”或者“你觉得他为什么没哭？”相反，封闭式问题可能是“他搬到另一所学校时高兴吗？”或者“你觉得他会回到老房子吗？”封闭式问题自有用处，尤其是当孩子感到困惑时。但开放式问题是让孩子的想象力绽放光芒的最佳途径。

但是，开始提问的时候要具体，尤其是对年幼的孩子来说。根据你和孩子能看到的东西提问，逐步增加复杂性，再和孩子一起核实：他学到了什么，他是感兴趣还是无聊，是全心投入还是感到困惑。当你阅读时，探索书中的想法，而不只是关注文字。如果你搭建好框架，为孩子的想法提供支持，即使是年幼的孩子也可以更抽象地思考。假设你有一本绘本，讲的是一个孩子养了一只宠物兔子，下雨了，兔子跑了。“哦，不，兔子丢了！”孩子哭着喊。然后彩虹出来，兔子出现了。这是童书中最基本的主题，对吧？但你的谈话不一定非得如此简单。

考虑提出这样一些问题，如："兔子为什么跑掉了？""当动物需要找地方避雨时，它们会去哪里？""人类遇到同样的事时是怎么做的？""什么样的庇护所最能让我们感到安全？""人类和兔子还有什么共同的需求？"

或者去看外面的彩虹。"暴风雨过后会有彩虹。"你说，"我们的房子给我们提供了庇护，就像树木给兔子提供庇护一样。你喜欢我们房子的哪些方面？"

只需通过简短的对话，你就可以从阅读一本简单的绘本转向讨论人类基本需求的问题。而且你用了一种引人入胜的方式，符合孩子的认知水平，没有人为地使用"生硬"的词汇。这就是谈话的美妙之处。它将我们和孩子一起从具体带入抽象。即使某个问题或话题超越了孩子的认知，也要继续支持你的孩子，看看她是否能理解。不要强迫或推动，但要小步地尝试，核实进展，了解你们两人的感受。

这个过程吸引孩子参与其中，同时培养他们的自我意识，让他们对自己知道的东西感到自豪。而你则获得了亲密感，洞察到孩子的思考方式，这有助于你下次提出更好的问题。通常，你会惊讶于孩子思考的深度或联想能力，你也有机会澄清误解。一个月前，我听到一个 5 岁的孩子问："为什么流星雨不会让你淋湿？"他最近看了一场天文展。他的问题让我有机会向他讲清流星雨不像浴室里的淋浴。我们接着讨论了流星雨和淋浴有什么相似之处——它们都涉及大量的东西集中落下，无论是水滴还是流星。

同样的道理也适用于不以书本为基础的对话，以及和大一点的孩子进行对话。试试这个问题：如果……会怎样？例如：如果人类像蚂蚁一样小会怎样？我们将不得不造出更小的房子和汽车，污染可能会减少。探索这类多米诺骨牌式的对话。

3. 评估（Evaluate）。鼓励孩子用批判的眼光思考他们的想法、观念、策略和计划。仍然举玩具卡车的例子，你可能会问"为什么卡车的车轮在你撞它时破了？”或者“嗯……为什么我们不能修好那辆坏了的卡车？”这与答案是否“正确”无关。它与回答诸如“我的思维差距在哪里？”“我漏掉了什么？”“我还需要知道什么？”之类的问题有着更大的关系。

要突出强调每个人——无论是成人还是孩子——在思维上都有差距，我们都在学习的旅程中。为了学好，孩子们需要能自我共情；没有它，孩子们最终可能会变得非常自责。“也许要用加法？”一个 1 年级的学生在思考一道应用题时问我。“不，那太愚蠢了。”我还没来得及肯定她是对的，她就这样说道。和我见过的许多孩子一样，她在很小的时候就养成了自我怀疑的习惯，这会削弱她的自信，最终破坏她的智力发展。

评估并不意味着以消极的方式批评他人。实际上，它是正面的，可以让孩子更客观地考虑思想和感受。把评估问题想象成按下暂停按钮，创造反思的机会。在反思之后，孩子们可以提出更深层次的问题和想法。这是学会学习和使学习更深入的基础。这也是教会孩子如何信任自己的关键，随着时间的推移，这会增强他们的独立性。

“三个 E”原则在实践中的表现

很快，我开始把“三个 E”原则付诸实践。卡罗琳是一名 6 年级的学生，她在进行头脑风暴和表达自己方面遇到了困难。在评估了卡罗琳的阅读理解和写作能力后，我发现她的阅读和写作水平比年级要求水平落后了两个年级。在写作中，她特别难开头，会反复怀疑自己的想法，质疑自己的想法是否够好，或者是否有什么东西可以写，结果她经常什么也写不出来。但一旦她的思维变得流畅，就能不费力气地写完。

在这一年中，当卡罗琳面临困难时，她的感觉开始像滚雪球一样越来越强。一遇到障碍她就开始批评自己："我永远都学不会写作。"她经常告诉我："我想我就是不适合写作，我的思路很糟糕。"

就这样，卡罗琳在写作方面遇到的挑战让她给自己贴上了一个没有能力、也永远不会有能力的标签。在与她合作的过程中，我帮助她提高写作技能，但更想帮助她改变这种看法。

一天下午，我们坐在那里，她正在费力写一篇说服别人的文章。作为一个狂热的动物爱好者，她开头就说应该设一个"宠物日"，让孩子们在那一天把宠物带到学校。"狗是最好的。"她说，显得很兴奋，但很快她又低头抱怨，"我不知道该写什么。"为帮助她思考，我从扩展问题开始。

"你为什么认为应该有宠物日？"我问。

"我就是这样认为。"

"还有别的原因吗？"

"我不确定，"她迎着我的目光，"这个主意听起来很有趣。"

"你觉得孩子们在学校养宠物会有什么感觉？"

"很好。"

"嗯，那你觉得这个主意怎么样？"我感觉到她有很多话要说，"这很有创意。"

她高兴起来："我看了一场表演，孩子们把宠物带到彼此的家里。孩子们在争吵，但后来他们开始友好相处了。"

"你为什么这么想？"我问道，想探索一下。

"宠物能带来美好的感觉，它们甚至被用作治疗手段。"

"太好了。让我们再想想其他原因。"

我们一起努力勾勒出她的想法，然后评估她是否抓住了所有的想法。她说话结结巴巴，但还是坚持说了下去。看到这么简单的提示——加上坦然表示好奇的态度——就能帮助卡罗琳说得更多，我感到十分惊讶。随着时间的推移，卡罗琳开始更充分地表达自己。她越来越自在地把想法写在纸上，也越来越自信。有一天，我惊讶地听到她说："写作其实很有趣。"不久之后，她告诉我："你知道吗？我把我写的读给老师听，她很喜欢。她后来甚至还读给全班同学听。"这个过程改变了卡罗琳对写作的看法，同样重要的是，这让她更积极地看待自己。通过改变看待自己和谈论自己的方式，卡罗琳改变了自己的能力。在一个良性循环中，做得越多，她对自己的感觉也越好。随着她的进步，我们能够进行更多建设性的对话。她变得更愿意学习，自我认知的提高建立在实际技能的提高之上。

孩子们不需要简单答案

后来我又遇到了很多类似卡罗琳的例子，都证实了相关研究的结果，表明讨论思路确实有用。这种技能称为用语言表达（思想），是一种促进学习的关键方法。为提高儿童的阅读和写作技能，阅读项目"视觉化和口语化"的负责人南茜·贝尔（Naci Bell）教孩子们在脑海中制作"电影"，然后大声说出这些"电影"。这种方法有助于孩子们将自己正在阅读的东西或想说的内容视觉化，然后更完整地表达出来。正如几项研究表明的那样，口头表达有助于孩子们理解所学的内容，并更好地记住它们。更重要的是，用语言说出自己想法的孩子，往往会有更积极的态度，能更好地应对障碍。他们往往不需要太多的提示，只需要鼓励和不时地核实。

对待所有年龄段的孩子，都要采取好奇等待的态度。问一个问题，或者提出一个想法，然后退一步等待。让孩子看到，你感觉到他有话要说，你愿意洗耳恭听。注意孩子想知道什么，然后和他一起探索。一位家长朋友杰·科迪（Jae Cody）是明尼苏达州的高中德语教师，她描述了这样的经历:“作为我教学工作的一部分,我带着一群高中生郊游,还带上了我上1年级的孩子。前一天,当我们沿着灌木丛环绕的小路行走时,他碰到了一些覆盆子灌木。他问我这些植物为何如此不友好,让人刺痒。”

于是,杰就问儿子动物是如何保护自己的。儿子说它们会逃跑或是用爪子抓挠。杰回答他,植物不能奔跑或攻击,所以它们使用刺来保护自己。

“这很聪明。”杰的儿子说。

杰本可以说“我不知道”,或者回答“为了保护自己”。实际上,她开启了一场更加广泛的交谈。儿子提出问题,她作出回答,然后再反问一个问题,这促使孩子把话题扩展到“此时此地”之外;就这样,她创造了进行高质量交谈的机会。杰以一种简单、日常的方式拓展最初的问题,帮助儿子与世界建立了更深层的联系。

更重要的是,深度谈话往往会吸引所有年龄段的孩子。思考生物是如何保护自己的,或者武器和荆棘有什么关联,而不是单纯回答“刺是什么”,这不是更有趣吗?孩子也是这样认为的。

我们经常误解小孩子不能深入思考。没错,如果孩子们只听到简单的句子和“是”或“否”的问题,他们就会用简单的方式回答问题。但即使是年幼的孩子也能——而且往往想要——面对复杂的想法和问题,在探索的过程中享受乐趣。这一切都只需你提供一个开头,并表明你相信他们。

交谈让孩子看到我们相信他们的能力

理想情况下,我们的交谈让孩子知道他们能够接受智力挑战。单纯地表现出兴趣和好奇心是开启谈话的有效方式。从表达暗含的赞同开始:“嗯……嗯”或“是吗?”这些口头语可以让孩子看出,你是一个对话伙伴，想知道接下来会发生什么。你提供了思考的时间，同时鼓励孩子讲故事。这可以使孩子的想法清晰地展示出来。

不久前，我家里上演了一幕这样的情形。一天晚上，3 岁的保罗爬上窗台问道："浣熊在哪里？"我们最近才知道，有一只浣熊住在外面的一棵树上。

"你看不见它，"菲利普说，"但它可能醒着。"

"我该睡觉了，"保罗坚持说，"浣熊也是。"

"它在你睡着的时候玩耍，"我说，"在你醒着的时候睡觉。"

"它会累吗？"保罗看起来很好奇。

"是的……但它的时间和你不一样。你认为它什么时候会累？"

"天亮的时候，"他走到窗前，"醒醒，浣熊！早上该起床了。"

通过这段简单的对话，保罗明白了某些动物的一天可能与我们昼夜颠倒。人类的作息并不是普世的。我们本可以用"生硬"的词汇，比如"夜间活动的"（nocturnal），但我们不需要。相反，保罗能够以自己的方式理解这个概念，以后自然会引入"生硬"的词汇。

具体观察也是如此。如果你从孩子注意到或指向的东西开始交谈，就是认可了他的兴趣，并引导他探索。比如孩子问"为什么蚂蚁会排成一行？"你们的讨论可能会转入谈论昆虫和哺乳动物行为之间的差异，或者引发这样的问题：为什么昆虫会跟随领导者？那么人呢？

小小的好奇可以成为通往宏大想法的大门。当孩子扩展已知的东西时，他们会联想到更多的问题，这些问题会引导他们探索更多。这是培养终生学习者的基础，这样的人知道，还有许多有趣的事情可以学习，并且也想去学习。你可以提出难倒自己的问题——那些你不知道答案的问题来帮助孩子。这些更难的问题会让你们更加投入，从而充实你们的互动。对比一下"德国的首都是什么？"与"第一个国家是怎样出现的？"或者对比"星座的名字是什么？"与"为什么大多数星星只能在晚上看到？"第一类问题有明确的答案或者很容易找到答案，但第二类问题的答案并不简单，你需要认真思考。

我并不是反对记忆各国的首都名称，也不是说“难”的问题就比“容易”的问题更好。正如所有事情一样，平衡是其中的关键。我想说的是，我们经常过分强调有明显答案的问题，忽略了更复杂或答案不太明显的问题。要改变这种趋势，请从与孩子一起探索开始，说出你的想法和疑问，强调你的问题是受孩子启发而来的。由此开启谈话，然后退后一步，看看孩子会说什么。孩子们常常会因此很兴奋，因为他们意识到，有些事情成年人也不知道或还没有弄明白。

话虽如此，除了快速反应之外，你不会总是有精力进行完整的交谈。在另外一些场合，当你与另一位成年人交谈时，你的孩子问了一个问题，你可能没有时间回答。这种情况将有助于孩子学会在什么时候不说话。不过，当时机成熟，这些对话是至关重要的。每次进行这类谈话，你都在培养孩子们日后可以养成的习惯。

日常学习：探索因果关系

究其根本，这些习惯能让孩子了解世界。他们从年幼的时候起就有天生的学习动力。当年幼的孩子反复问同一个问题（研究表明，他们每天至少要问 93 个问题）时，可能听起来很烦人，但这是因为“问题”让他们的心头痒痒，因此他们通常只是在挠痒痒。当孩子得不到令人满意的解释时，他们再次发问的可能性是得到满意解答的两倍。孩子的问题经常从一个话题跳到另一个话题，这看起来似乎是随机的。7 岁的索菲曾经问我：“我有三个问题：谁发明了‘停止’这个词？为什么会有星星？当你睡觉时，你的大脑会发生什么？”

研究结论怎么说？

一项研究表明，四五岁的孩子能更好地记住别人在回答他们问题时所提供的信息，而不是在他们没有提问时所得到的信息。在另一个实验中，如果父亲问 2 岁的孩子“五个 W”问题〔即“谁（who），什么（what），在哪里（where），什么时候（when），为什么（why）”〕时，孩子们会使用更复杂的句子和更难的单词。如果父亲多问这类问题，一年之后，孩子的推理能力会变得更强。

我们常常认为自己必须知道答案。虽然很多问题几乎从来都与我们自身无关，我们却强行将这些问题与自己关联起来，当不知道如何正确回答时，我们会感到担忧，或者在无从回答时感到沮丧。其实，更简单、更吸引人的回答就是直说我们不敢肯定——比如“这是我的想法，你是怎么想的？”之后，再解释你为什么这么想。当孩子听到你说出你的思维过程时，他们就学到了思考问题的范式。他们也会对自己并非无所不知而感到安心。

孩子从很小的时候起，就能从解释因果关系、提出因果问题中受益。如“东西如何运作”和“事情为何发生”之类的问题，有助于孩子探索和理解世界，不管他是 2 岁还是 13 岁。

提出“为什么”和“怎样”这类问题，并深思熟虑地回答孩子的问题。以“睡觉时你大脑会发生什么”这个问题为例，你可能会说：“我想它会关机。”但是当你做梦的时候呢？它是否以不同的方式在运作？说出你知道的，例如，也许你听说过梦可以帮助人梳理白天的事情。或者直说你不知道，那就试着在网上搜索“睡眠中的大脑”，或者问问孩子入睡是什么感觉，还记得他做过的梦吗？把你的理解说出来，即使你不确定答案正确。“我认为它不会关机，”你可能会说，“但可能会慢下来？让我们查一下。”

诚实回答问题，并开始与孩子交谈，有助于你与孩子建立联系，让他觉得你不是在控制他，而是对他做出积极回应。从日常互动开始，与其回避问题，不如尝试更深入地探讨。比如，你 4 岁的孩子注意到云朵在聚集，你问：“这些云意味着什么？”他说：“下雨或下雪。”带着他更进一步思考。假设现在温度是 10 华氏度（零下 12 摄氏度），他认为会下雨还是下雪？为什么？他见过外面温暖的时候出现暴风雪吗？在孩子好奇心的浪潮中冲浪。如果可能的话，你自己也要保持好奇心。你的精力和好奇心会滋养孩子，对于大一点的孩子和学龄前儿童来说都是如此。

让我们举两个例子。第一个例子，和一个年幼的孩子一起：

做出小调整：深入探索 1

“阴天，”你 4 岁的孩子说，“会下雨吗？”

不假思索的回答：	促进探索和思考的回答：			
“我不知道。跟奶奶说再见！”	“我觉得会下雨。但我没看天气预报。你觉得会怎样？”	“也许是层云。我们怎样才能看得出来呢？”	“我敢保证要下雨。如果下雨，我们该怎么办？”	“我觉得不会下雨。你希望下雨吗？为什么？”

第二个例子，与大一点的孩子一起：

做出小调整：深入探索 2

“为什么外国的法律和我们的都不一样？”你 12 岁的孩子在回家的路上问道。				
不假思索的回答：	鼓励全心投入和深入学习的回答：			
“嗯，我们不一样。”	“我不确定有哪些法律不同？你知道吗？”	“这个问题让我好奇：为什么国家要制定法律？”	“或许不同的领导人认为重要的事情不同？你认为呢？”	“让我们研究一下，再看看你更喜欢受哪种法律管辖？”

在这两个例子中，家长并非无所不知，也没有完美的答案。相反，家长把问题看作探索的机会，邀请孩子以新的方式拓展自己。这样的交谈教导孩子：每个人都会提出问题，不知道答案可能是一个机会，而不是耻辱。

你可以对不同年龄的孩子提出类似的想法和问题。唯一的区别是，你的抽象程度和用词。就拿重力这样的“大概念”来说吧。即使是一个 3 岁或 4 岁的孩子也可以参与最基本的谈话。比如：“为什么物体总是朝下掉而永远不朝上掉？”大一点的孩子会想：“如果我们的重力变小了会怎样？是否所有的东西都会漂浮起来？还是朝向天空移动？”也可以讨论更微妙的问题，比如，为什么有些物体需要更长的时间才能到达地面。定期检验孩子对交谈中提到的问题的理解程度。除非你向孩子提问，否则你可能会认为孩子没有理解或已经理解——但你无法确定。

提升孩子的阅读兴趣:“三个 E”原则的应用

提出这类问题也能让阅读变得有趣和吸引人——无论主题是什么。这一切都与互动有关，用书籍作为深入交谈的跳板。但我们却不是这么看待阅读的。从小时候开始，我们就试着读尽可能多的书。或许你也听过这样的话：你应该每晚读 20 分钟，或者一周读两本书。在这种心态下，孩子应该安静地倾听。大一点的孩子则经常被告知要关注他们读了多少书，而不是关注他们理解了多少或他们喜欢什么样的书。所有这些都很难让人持续保持动力，所以很多孩子会觉得阅读很有压力或枯燥乏味——尤其是当书的内容不容易读的时候。

“请不要打断我。”我听过父母在给孩子读书时这样说。但在阅读过程中插嘴其实是件好事，它表明孩子正投入其中并跟上了节奏。事实上，正如许多研究发现的，孩子的参与程度对他们的学习最为重要，而不是单纯与读了多少书有关。对话式阅读已经被证明是一种行之有效的增进理解的方法，它意味着围绕一本书进行对话。首先要注意孩子被什么吸引，你对她的看法发表意见（评估），并鼓励她继续说（扩展）。你将她的话重新措辞，进行补充，然后重新开始。事实是，在阅读过程中会打断和提问的孩子，可以学到更多，最终也会更有动力和好奇心。为达到这个目的，要根据孩子不断发展的技能更换问题，注重和孩子的世界相关联的问题，鼓励他们发挥想象力去思考。

比如，《好奇的乔治》（*Curious George*）系列中的一册，猴子乔治坐热气球上升后无法下降。你可以问，“接下来你会怎么做？”或者“他为什么不能下来？”或者进行评估式提问：“乔治得救时，你觉得惊讶吗？”“你觉得最有趣的部分是什么？”

做出小调整：围绕阅读进行交谈

<table>
<tr><td colspan="5">“这只猴子真有趣。”你的孩子在读《好奇的乔治》时说。</td></tr>
<tr><td>不假思索的回答：</td><td colspan="4">促进深入思考和提升参与度的回答：</td></tr>
<tr><td>“是的！下一页。”</td><td>“它确实很好玩。它总开玩笑。你认识这样的人吗？”</td><td>“没错，它喜欢乘气球上天。你有过让你觉得兴奋的旅行吗？”</td><td>“我知道。你最喜欢它的哪一次探险？”</td><td>“确实。你觉得它为什么做那么多有趣的事？”</td></tr>
</table>

这样，你就开启了一次比直接阅读更为丰富的交谈。是的，你读完的书没有那么多，甚至可能一本也没有读完。但你确实把阅读当作了通向讨论想法的大门，这会让你的孩子更加投入。

面对大一点的孩子，可以问问他们喜欢读什么书，或者学校布置要读什么书。选择他们喜欢的主题，搜索相关书籍和杂志。特别是对于不喜欢阅读的孩子来说，介绍与他的爱好相关的杂志是一个不错的开端。每天晚上朗读一本书，或者再买一本同样的书，两人一起读。问：有什么让你感到惊讶？你喜欢什么，不喜欢什么？你认为接下来会发生什么？我们以后应该探讨什么话题？

交谈小贴士

一起读同一本书。给你的孩子大声朗读，也让她给你朗读，或者听有声读物。问她喜欢哪一部分。尤其是有趣的书，让她成为讲故事的人。如果她还不识字，鼓励她用图片复述故事。

变通阅读规则　与学习相贴合

我们想让孩子们读适合他们水平的书，但我却看到，这种方法几乎变成了强制。“别让她读那本书，”我听到老师和家长低声说，“她还没准备好。”

我们不希望阅读令人沮丧，但由于过于严格地遵守规则，我们忘记了尊重每个孩子的观点、兴趣和方法，使一个孩子受到鼓舞的东西可能会对另一个孩子造成挫折。我们应该专注于选择孩子们喜欢的书籍、话题和目标。

“看看是不是太难了。”一天早上，7 岁的索菲在图书馆挑了一本书后，我对她说。我们使用了“五指法则”。这条规则在很多学校都很流行，是这样的：每页有 5 个你看不懂的单词意味着这本书大致适合你；多于 5 个意味着太难了；如果没有你看不懂的单词，那就太容易了，学不了多少东西。事实上，用“简单”的书练习通常很有趣，也可以建立信心。一遍又一遍地读同一本书——虽然对我们来说可能很枯燥——是培养孩子流利阅读能力的最好方法之一。每页有 5 个“太难”的单词会让很多孩子沮丧，导致他们没读多少就放弃。尽管如此，许多老师仍然使用这条规则，就好像它是一成不变的。

“第一段就有 5 个。”索菲冷冷地叹了口气。

“我们再找一本吧。”

“我想要这本。”她坚持说。我觉得很好玩，就答应了。

每天晚上，索菲都把书拿出来。我帮她认识那些难词。

“这不符合你的水平。”我说。

“我不在乎。”

几周来，索菲一直在阅读，每晚的阅读量从未超过两页。

“我们不能找一本更适合你的书吗？”我不止一次地问。

“不。”她坚持说。我也就不再坚持。

有趣的事情开始发生了。我们翻阅的时候，她开始读得不那么磕巴了。她说：“这太傻了，对吗？”她开始不那么需要我了。她感到自豪。“这本书有 100 页！”她喊道，“真是一本难啃的书。”

在读完那本书后，我看到了她的进步带来的影响。这是最好的选择吗？也许不是。但这是她设定的目标。读一本“非常难”的书符合她的个性，符合她想证明自己能做到的愿望。交谈让我随时了解她是否感到沮丧或不知所措。如果是这样，我们便可以后退一步。

这并不是说要扔掉规则，让孩子想读什么就读什么；而是说我们应该把阅读规则——以及关于学习的规则——视为指导方针，根据每个孩子的不同而有所变化。在学校里，不太可能这样做，尽管学校已经在进行小规模灵活分组方面取得了很大进展。但我们确实可以在家里考虑使用这种个性化的方法。

学习的第二个途径：学会如何学习

那次讨论之后不久，索菲开始更多地留意书籍阅读的难易程度。她会打开一本书说：“这本有点难，但我能做到。”又打开另一本：“这一本实在太难了。”她的话促使我和她围绕阅读进行了一次交谈，帮助她做出更准确的判断，同时又让她能继续挑战自我。例如，我可能会说：“那一本确实有些难懂的词，但我认为你能应付。”而不是说：“那一本是写给高中生看的，所以把它放在一边吧。”和我教过的许多孩子一样，这段经历表明了交谈如何帮助孩子学会学习。交谈可以帮助他们思考自己的思考方式，这种技能称为元认知（metacognition），让他们看到自己知道什么和不知道什么；他们在哪些方面需要帮助，以及怎样得到帮助。在过去的 30 年里，关于元认知的研究蓬勃发展。

研究人员认识到，元认知至关重要，它可以帮助孩子在学习中培养韧性并获得成功。

“思考自己的思考方式”不仅有用，而且当孩子学会主动进行这种元认知思考时，效果甚至会更好。当孩子预先思考如何处理一项任务或项目时，他们可以从中学会战略规划，然后监督自己的进程。例如，一个孩子需要做科学实验但没有原料，他可能计划在 5 点之前去商店买原料，因为他知道这家商店周日晚上要关门。到了商店，他看到这里几乎有他所需的所有原料，但只有一种没有。回家后，他会阅读实验要求。他应该造一座火山并预测它是否会爆发。他开始做实验并做出预测，并且在纸上写道，自己做的火山会爆发。

但他随后停下来对自己说:“嗯，我缺少了一种成分，对吧？也许我不应该匆忙下结论。我可能希望它爆发，但也许缺少的是关键成分。”他意识到自己的兴奋可能使他误入歧途。然后，他研究了爆发所需的成分，发现缺少的成分正是关键成分之一。他改变了预测，使之更准确。他测试了一下——火山没有爆发，然后他决定在买到缺失的成分后再试一次。这一过程使这个孩子学到了更多，而且当实验失败时，他也不那么失望了。他对原因有了更好的理解——他知道如何做出改变，以便在下一次获得成功。

当孩子进行元认知思考时，他会关注自己的学习和感受。如果他感到困惑或没有动力，他会停下来做出改变。通过这种方式，他能看到事情的总体情况，也更便于决定下一步，同时知道要将精力放在哪里。这对年龄较大的孩子来说尤其重要，因为他们变得更加独立，需要更深入地学习。

斯坦福大学 2017 年的一项研究，对两组学习统计学的大学生进行了测试。在每次测试之前，一组学生被随机分配来制定学习策略。到课程结束时，这组学生更善于反思，能更有效地使用学习辅助工具，并获得了更好的成绩。研究作者之一帕特里夏·陈（Patricia Chen）解释说，许多学生认为他们比之前准备得更好。那些没有反思的人一直表现不佳。而有反思的人则能够看到自己做错了什么，并且认识到他们需要更多地学习。

父母也要掌握元认知

鼓励孩子进行元认知思考，会推动他们在学习方面取得进步，还能改善他们与父母的关系。元认知思维不仅对孩子有帮助，对父母也有好处。杰里米 10 岁，有一次，我见到他的妈妈布丽安娜，和她一起讨论杰里米的阅读情况。杰里米有诵读困难症，难以理解阅读材料中的词汇和总体内容。虽然他在这两方面都有所进步，但我感觉他已力不从心。他告诉我，每天要练习篮球，因此往往深夜还在赶作业。在咨询中，杰里米经常垂头丧气。老师也讲到了大致相同的情况，担心他睡眠不足。

我向布丽安娜了解杰里米做家庭作业的情况，她抱怨说：“我们一天要做好几个小时，我想帮他做，免得做错。”

“他能做完吗？”我问。

“哦，能做完，”她说，“我监督他做完。”

“你们一起做，你感觉如何？”

“感觉有点过分，”她大笑起来，“我知道他讨厌这样子。最后往往是他筋疲力尽，我生一肚子气。”

我建议她：“不如试试开诚布公？就说他学的数学你不懂。拿你确实不懂的问题问他，看他能否给你讲解并发现自己的错误。”

“他要是完不成，老师不高兴怎么办？”她问道，“要是老师给他打低分怎么办？”

说得在理。不过我知道，孩子若是真的努力了，很少有老师会生气。尽管得低分让人难以接受，但也有好处。我和许多老师谈过，他们经常看到这样的情况：孩子明明在课堂上很吃力，家庭作业却全能做对。这样的话，老师就很难准确发现孩子哪里有理解错误。如果许多孩子都错误理解了同一个概念，大多数老师都会注意到并改变教学方法。我告诉布丽安娜，注意我们自己如何看待学习也会很有帮助。想到孩子可能完不成作业，她是否会感到焦虑或恐慌？她是否将孩子完不成作业看作是自己不完美的体现？回答这些问题，可以让她找到最有效的应对办法。也许最好的方法是退后一步，让杰里米自己去设法解决；也许杰里米的确需要更多帮助，以免他感到沮丧或完全放弃。

留意自己想帮助孩子学习的冲动，可以让你在提供帮助和过度干预之间找到折中之道。此外，还可以向老师反映孩子遇到的困难，或鼓励孩子自己反映。着眼于以前行之有效的策略，尤其是孩子自己可以做到的策略，这样的交流有助于拉近孩子的家庭生活和学校生活之间的距离，也便于老师了解情况，知道怎样去给孩子提供最好的支持。

注意自己的态度

我在与学生家长交谈时发现，要在围绕学习的交谈中找到恰当的平衡可能比较棘手，就现在来说尤其如此。美国自 2010 年引入“共同核心”课程标准以来，我们已经进入了一个新的学习时代。这些标准旨在为所有学生制定一套统一的目标，刚开始有 40 多个州采纳，但后来相继有 20 多个州停止采用。尽管如此，这套标准还是深刻地改变了教学和学习的方式。很多教学方式都与我们小时候的学习方式不同。拿数学来说，现在鼓励孩子们用多种方法解题，甚至自己发明方法，而不是套用公式，如“做分数除法时，要把除数的分子分母颠倒后再与被除数相乘”。

这种新的数学教学法旨在帮助孩子获得更深的理解。它通常与我们在日常生活中使用数学的方式非常相似。假设你拿出一张 20 美元的钞票买东西，花了 1 美元 10 美分。要算剩下的零钱，你会拿出计算器或是在纸上计算吗？可能不会。你可能会进行估算：“大约 19 美元”；也可能会这么计算：“2 美元的话剩 90 美分，然后再加 18 美元”。这种“新数学”就是旨在教授这种思维。它的效果如何仍有待讨论，不过许多家长感到了困惑。

“我难道不应该学会 3 年级的数学吗？”有父母曾经半开玩笑地问我，但这句话显然暗含焦虑。父母、老师或孩子的看护者如果感到焦虑，就会导致他们难以帮助孩子学习。2015 年的一项研究发现，有“数学焦虑症”的父母，他们的孩子在一个学年里学到的数学知识更少。如果父母经常帮助孩子做家庭作业，孩子自己往往也会对数学感到焦虑。这并不是说不要帮忙，而是要记住你的态度，尤其是在你开始感到沮丧和被难住的时候。你会暗示说数学可怕或太难吗？改变这些信息是很重要的，尤其是对女孩来说，我们经常说在数学方面，女孩在低年级时数学能力和男孩一样强，到高中读完时会弱于男孩。放宽心态，着眼于通过交谈交换思路并不断修正想法。鼓励制定策略，比如“我可以试试这样做或那样做”。

要求孩子对正确和错误的答案进行解释，至少偶尔应该这样做。这会巩固他们的思路，并让他们回顾思路是否正确。用一种非评判性的语气问：“有意思，你是怎么做出来的？”或者“我想听听你的想法。”或者“从 1 分到 10 分，你对自己的知识掌握程度打几分？”让大一点的孩子也参与讨论，或者让你的孩子试着教弟弟妹妹。解释自己掌握的内容可以巩固知识，同时让他为自己的技能感到自豪。

更宽泛地说，试试以下这些习惯，让围绕学习进行交谈成为优先事项：

交谈习惯 1　关于“为什么”的谈话——回答因果问题

对于“怎样”和“为什么”的问题，试用以下方法：

承认自己不知道。你不必样样精通，对孩子说“我不确定”会促使你们一起探索。

弄清孩子知道什么。假设你的孩子问“恐龙为什么会死？”你可以说：“因为陨石。”然后开始讨论恐龙灭绝的话题。但首先要搞清楚孩子已经懂了多少。他是说“它们被一块石头砸死了”，还是说“它们被汽车轧死了”，他的回答会改变你的反应。前一种理解只需要稍加调整，而后一种理解需要彻底修改。

引导孩子往正确方向理解。例如：“蒙古不是最大的国家，但它比法国大。”

认真对待孩子的问题，并如实回答。假设你的孩子问“为什么植物是绿色的？”或者“火箭的工作原理是什么？”同样，先弄清孩子对这些问题的了解程度。你可以反问：“你为什么问这个问题？”或者“是什么让你想知道这个问题的答案？”这样做可以为你赢得思考时间，同时也让你了解孩子的思维过程。也许他会想到其他问题，或者意识到自己真正想问的不是这些问题。如果他能把自己的想法说出来，这些想法就会变得细致和精确。

如果没有明显的答案，就一起去寻找。可以问朋友、家人或邻居，或在书里或网上搜索。一起寻找答案，然后提出新问题。想想你是在哪里找到的答案以及为什么。留意意外的发现：也许你从来没有意识到你的邻居懂植物学，或者那幅旧地图上标出了不同植物生长的地方。

- 扩展问题。你问孩子："为什么植物是绿色的？"他回答说："因为有叶绿素"，你就可以追问："为什么叶绿素是绿色的？"追随他的兴趣一直问下去，直到你已经问不出问题或者他觉得"问题解决了"。

- 帮助提出理论假设。我和学生一起开发了一个游戏，叫作"是，不是，可能是"，你可以和孩子试试。比如，你们遇到一个难题，然后找到几个可能的答案：你认为最有可能的（"是"），最不可能的（"不是"），以及介于两者之间的（"可能是"）。让一个人给出答案，另一个则猜答案属于哪种类型，然后轮换。当你们时间充足的时候，可以探讨一下哪个答案是正确的。

- 鼓励提出相关的问题并善用提问。比如就上面"为什么植物是绿色的？"这个问题，我们还可以提出一些相关问题：为什么我们能看到颜色？有紫色的植物吗？有自然界不存在的颜色吗？是什么让颜色看起来不自然？让问题不断演变。当你回答完一些问题又想到新问题时，把它们写下来，并追踪这些问题是如何演变的。向孩子强调，提出更具挑战性的问题是进步的标志，而不是失败。

- 拓展你的研究思路。不要低估就近体验的价值。去附近的一条河流玩耍或许可以帮你了解鲑鱼是如何产卵的；参观电子游戏大厅可以深入了解虚拟现实的驾驶体验；攀岩可以使孩子在尝试一项新运动的同时，学到动量和平衡方面的知识。最重要的是，还可以享受乐趣。

◆ 提供不止一种理论。给出一个简单的答案并就此止步，很容易做到，比如“星星出来是因为它们就在那里”“火车能跑是因为人就是这样设计的”。但即使是年幼的孩子，如果他们能意识到真实的情形比这更为复杂，便会从中受益。在解释完恐龙为什么死亡后，你可以说：“并不是每个人都同意这个说法。有些人认为是一颗小行星导致了它们的灭绝，也有人说是因为气候改变。我不敢肯定，让我们查一查。”问问你的孩子是怎么想的。如果你保持好奇的态度，孩子就会明白，缺乏知识可能是一种机会，而不是威胁。这种观点对她现在和以后都有好处。想象一个成年人正在研制疫苗。要想成功，她需要从她不知道的事情开始，并用这些来推动她的研究。进步意味着提出更精确的问题，而不是找到一个答案，然后把书合上。

◆ 承认你没时间或没心情。不要为自己做不到无时不在而自责。这是一个不可能实现的目标，更是一个错误的理想。孩子需要时间休息、独处，或与亲戚、兄弟姐妹和朋友在一起。试试“添加到收藏夹”的方法，说你确实想回答他或她的问题，但不是现在。把它变成一个游戏：例如“等我来接你的时候，你能记起这一点吗？”或者“你能在晚餐前提出5个问题吗？”这给了你思考的时间，并且可以激发孩子一整天的兴趣。或者试着用打趣的口吻说：“问题回答者不在，请一小时后再回来。在此之前，问问你的兄弟。”试着让孩子与朋友、大人或兄弟姐妹进行问答比赛：谁能问出最难的问题或最愚蠢的问题？让你的孩子进行头脑风暴寻找答案，从最不可思议的答案到最有可能正确的答案，并对他最喜欢的答案进行评分。

如果孩子经常提出问题，你可以把问题写在纸上；如果孩子足够大的话，让他自己写下来。把问题纸放在一个罐子里，有时间的时候再取出一些。如果不可能完全回答某个问题，不要担心，把大问题拆分成小问题。与其直接回答“为什么我们能看到颜色？”不如试着从回答“眼睛是怎么工作的？”开始。

交谈习惯 2　着眼大局的交谈

一个好方法是，利用日常生活习惯，循序渐进地帮助孩子看得更深、更远。假设你 2 岁的孩子有个习惯，晚饭后喜欢朝窗外看。一天晚上，他看到消防员从树上救出一只猫，并问你猫是否安全了。第二天晚上，他又朝窗外看，寻找那只猫。

看到这个情形，你可以试着让他每晚做一个游戏，比如问：“我们会在外面看见些什么？”帮他对想法进行分类，比如“你看到的是动物还是人？你看到的事是正常的还是令人兴奋的？”

又比如，他注意到天黑得比以前早了，或者抱怨现在睡觉太早了，因为外面仍然很亮。以此作为交谈的出发点：讨论冬季的白天如何变短，留心注意日落时间。或者，如果你们出去散步，可以轮流踩在对方的影子上，观察谁的影子更大。让孩子思考什么时候能看到影子，什么时候看不到。到学校接孩子时，也可以问：“跟昨天相比，今天这时候是不是亮了一些？你觉得春天更近了吗？”将想法与身体感觉联系起来：“在冬天，我会起鸡皮疙瘩。你还注意到冬天有哪些迹象？”

干巴巴的事实无助于把我们联结在一起。它们并不特别，只有当我们将这些事实编织成更大的问题，并与我们的生活联系起来时，我们才能看到围绕学习进行的交谈多么有效和有趣。

交谈习惯3　鸟瞰

提高自我意识：享受思考思维过程（元认知）的乐趣。利用游戏和课间休息等时间提供帮助。假设你在打篮球，以下哪种投篮策略最有效：低手投篮，还是站在三米线外？对你的想法进行测试，看看是否正确。讨论结果，开玩笑般地给自己打分："好一些""最好"或"不太好"。

在遇到困难时，围绕元认知的交谈可以帮助孩子管理自己并学会自我调节。比如当孩子感到焦虑时，帮助她进行头脑风暴，找到安慰策略——洗个澡或做深呼吸——然后实际尝试一下，思考这些策略给孩子带来的感觉。关注所有感官：这个毯子更暖和，这是烤面包的味道等。我们每个人的舒适度都不一样。

进行"自我检查"。自我检查可以让孩子获得对学习的自我感知，同时也为你提供了解她的优势与需求的窗口。尝试以下策略：

- 鼓励对思考过程和习惯进行反思。假设孩子在上中学，她不知道自己考试预习得怎么样。可以回顾一下上次考试她花了多长时间学习，考得怎么样。让她指出哪些策略最有帮助。用以前的测试作为模版，鼓励她设计考试练习题，然后进行测试。再比如，她无法开始做某个研究项目，看看问题在哪里：是知道的东西不够多，还是没有选好主题？精确找出问题所在，能够帮她在接下来采取有效的行动。

- 帮助孩子看到自己的强项和弱项。试着问这些问题：哪些事情做起来容易，哪些事情没那么容易？我被卡在哪里了？我能做些什么来帮助自己？前面章节里提到的朋友杰·科迪告诉我，她的大儿子在2年级时学习很费力，但她搞不清原因。有一天，她的儿子突然冒出一句："要写的东西太多，花的时间太长，我觉得很讨厌。"虽然她本就怀疑写作对儿子来说很难，但这句话让她知道，孩子已经意识到了自己的困难所在。然后，她便可以与儿子共情，一起讨论如何最有效地提供支持。否则，她可能永远不会确切知道，或者可能会认为儿子只是没有学习动力。

◆ 帮助孩子认识并克服挑战。为促进自主学习，我经常用开车打比方。我会谈三个要素：

——"路障"使任务或问题变得更困难。

——"减速带"会让你减速。

——"让行信号"会让你停下来进行反思。

◆ 如果你的孩子遇到一项艰巨的任务或一个难题，试着问以下问题：

——路障：你可以问"在情况未改善之前，需要做哪些改变？"也许孩子只是觉得饿了，或者需要做会儿运动休息一下。

——减速带：你可以问"你可以做些什么调整？"也许坐在一个新的地方会更容易集中注意力。

——让行信号：你可以问"什么办法对你有效？你已经试过什么策略？"也许孩子搞不清楚从哪里着手，或许也可以让他打电话给朋友。

然后，一起展望未来：他下一次可以怎样改变策略？

了解彼此是如何学习的，让"元认知"交谈成为家庭必修事务。每周一次或两次，讨论你们的"灵光闪现"时刻。"灵光闪现"是某个事件、某个时刻或者某个念头，让你突然懂得了新东西。也许是你读过的一则新闻故事，或者是你交谈过的一位家人。轮流描述你们的"灵光闪现”时刻以及它如何改变了你们:“我以前认为事情是……但那次灵光闪现让我意识到……现在我的想法/感觉不同了。”你有什么新问题?对方的灵光闪现让你惊讶吗?为什么或者为什么不?

即使是出于最大的好意，我们围绕学习的对话也可能会让孩子们关闭心门。因为我们的关注范围很窄，并且试图给孩子灌输知识和事实；我们采取了一种“消防灭火”式的方法，只在出现问题时才出手相助。但孩子们不需要那么多密集轰炸的词汇或信息。他们已经充满了好奇和疑问，只需要一点点的支持就可以成长。理解世界、培养好奇心远比“考试成功”重要得多。增强孩子们对知识的渴望有助于他们深入学习，并且会随着时间的推移而渴望学到更多。更重要的是，他们渴望学习的不必是某种特定的知识。哪怕孩子是为了取得好成绩而学习，你也可以帮助他们深入提问，关注他们正在萌芽的热情。这绝对不是为了得到全部的正确答案。相反，这一切都是为了让孩子足够放松，愿意去探索。

Tips

交谈策略

根据年龄和阶段特点进行交谈

本书介绍的交谈原则适用于所有年龄段的孩子，但许多家长觉得，如果我能讲讲如何根据孩子不同年龄和成长阶段的特点将这些原则付诸实践，将对他们育儿起到帮助作用。我将在每章之后附上交谈提示当作一般性指南，你可以将这些提示当作灵感来源，根据自己的喜好调整后加以应用。

试试用以下策略来开启交谈：

从幼儿到学龄前

针对刚开始说话的儿童：

◆ 帮她做出预测。把球滚到桌子边上，问：

——你能指出它会落在哪里吗？

——你能让它滚得慢一点吗？能让它滚得快一点吗？

◆ 注意孩子什么时候看起来很惊讶，搞清他为什么惊讶。问：

——你能指出是什么看起来有趣（或可笑，或奇怪）吗？

◆ 注意她所处的周边环境中有哪些事物会吸引她的注意力：一朵云或一缕阳光。指出你觉得它特别或不寻常的地方。问：

——你能告诉我最喜欢它的什么吗？

◆ 拿出孩子画的画，问：

——你能告诉我哪一部分花的时间最长吗？哪一部分最有意思？你最自豪的是哪一部分？

——下次你想用哪些画笔？

——让我们看看你能不能再画一幅更大点的（或者更小点的，或者用粉笔代替画笔）。之后问：你最喜欢哪一幅？能告诉我为什么吗？

在孩子开始说更长的短语或句子时：

◆ 让她预测一下会发生什么，跟你的预测对比。问：

——外面看着有暖和的迹象吗？为什么有或为什么没有？

——你看到了什么迹象？你以前什么时候见过这些迹象？

◆ 讨论两件事情的因果关系。问：

——为什么伸手去拿球会让你从椅子上掉下来？

——为什么这个生日蛋糕让你感到格外兴奋?

小学生

问问孩子缺少哪些信息，她如何找到这些信息。先问她的想法，如：

◆ 我们能不能（用木头搭建一个舞台，开一个我们自己的咖啡馆）？谁可能会帮我们？哪些办法有助于实现这些目标？

鼓励孩子做“科学家”，回答有关当地社区的问题：

◆ 那条河里有多少鲑鱼在产卵？我们需要什么工具才能找到答案？

支持孩子对新闻报道进行批判性思考：

◆ 你如何判断这个故事是否“真实”？新闻的来源是哪里？报道的人是在发表意见还是遵循事实？你是怎么知道的？

中学生

让孩子对看到或听到的新闻的不同版本进行思考和对比：

◆ 这些新闻故事中哪一个版本看起来最符合逻辑？为什么？你看到了哪些逻辑漏洞？

帮助孩子了解她的思考方式和学习方式会给她带来惊喜：

- 那本书的结尾有哪些是你没有想到的？你会怎么结尾？你希望情节应该是怎样的？

支持孩子在不同的观点或论点之间建立联系：

- 你和你的朋友对动物的看法有哪些相似之处？即使你不同意用牵引绳拴住狗。
- 如果你不同意我的大部分论点，那你是否同意部分论点？如果是，原因是什么？
- 听到朋友的意见后，如果你的想法有所改变，那么它是如何改变的？你为什么坚持你的想法？

今天就可以试试：

围绕孩子或你的一个“错误”进行交谈，相互提问：

1. 你今天犯了一个什么错误或出了什么小纰漏？
2. 你是如何纠正的？效果如何？
3. 下次你会尝试用什么策略？

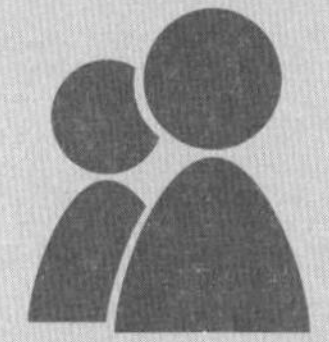

第 3 章

培养同理心的交谈：培养孩子理解他人的能力

Conversations for Empathy: Fostering Your Child's Understanding of Others

同理心就是在自己身上找到他人声音的回声。

——莫辛·哈米德，小说家

我家的公寓里，充满了孩子们的尖叫声、蓝色糖霜和蛋糕的香味。那是 11 月初一个周六的上午，也就是索菲 7 岁生日过后的那个周末，我主办了一个史莱姆（slime，具有可塑性的软泥玩具）制作的派对：这是索菲的主意。她和大多数朋友都痴迷于史莱姆。8 个女孩正忙着将闪光小圆片和小亮片揉进“独角兽史莱姆”中，兴奋之情溢于言表。我整理好比萨和摆完蛋糕后，走近听她们交谈。

“我们能把史莱姆带回家吗？”弗朗西斯坐在地板上问道。

“当然可以，”索菲说，“史莱姆我用不完。”

“太好了，谢谢。”

索菲问她们应该怎样分史莱姆，弗朗西斯建议她们各自拿着手头在做的东西。女孩们同意了，我返身去厨房拿塑料袋。就在此时，我看到一个叫伊丽莎白的女孩举起一个史莱姆做的小球说：“看，我的基本上等于没有。”这是件小事，但我能感觉到她的失望。

女孩们看着她，然后彼此看着：她们的史莱姆确实比她多。一时间，孩子们沉默下来。不一会儿，弗朗西斯弯下身，拿出自己的一点放在桌上。

“我们每人都分点给她，”她建议，“这样就没人会损失太多，她也会和我们一样多。”

其他几个姑娘毫不犹豫同意了，把闪闪发光的灰色史莱姆堆了起来，伊丽莎白拿过去时笑得非常开心。

“谢谢你们，”她说，“我就要这么多。”

不久，她们带着装满史莱姆的分装袋离开了派对。在道别前她们互相拥抱。

这微小的一幕一直萦绕在我的脑海里。起初，我不知道为什么会这样。女孩们似乎没怎么想，这对她们来说没什么大不了的。但后来我意识到，正是她们解决问题时表现出的轻松才让这一刻如此难忘。她们没有费心费力，也没有争论不休。相反，她们表现出了同理心，想到了伊丽莎白所想，感受到了伊丽莎白所感，然后根据她们注意到的做出了反应。

那么，她们是怎样轻松地应对局面的呢？一个原因是，她们在学校里是好朋友。这种共同的基础肯定让事情变得更容易了。但除此之外，她们还学会了感同身受，并根据自己的感受采取行动帮助朋友。这并不是说她们总是有同理心——但在那一刻，她们让自己的同理心闪闪发光。

我们可以通过交谈激发孩子的好奇心，让他们学会如何学习。但学习并不是我们想要孩子们做的全部。我们想让他们能从彼此的视角看问题，建立有意义的联系，并采取有帮助的行动。那该如何去做呢？如果一个孩子能背出字典里的“情感”一词，他可能会赢得一场拼写比赛。但是，如果他在朋友摔倒或有人霸凌他的兄弟时什么也不做，那他所有的知识都无济于事。他需要具备同理心去理解他人的观点，分享感受，并采取有帮助的行动。

那次生日派对上的对话，以及此后我听到的无数其他对话，引发了我的思考。这与我在多年研究和工作中所做的观察，以及我养育两个孩子的经验是一致的。在这些年里，看到这么多孩子对朋友、家人和陌生人表现出令人惊喜的同理心，我感到很振奋。培养孩子的同理心是可能的，我们不需要一直督促他们。孩子可以增强他们同理心的“肌肉”，以更加细致入微的方式理解和感受他人。为了提供帮助，我们需要先弄清楚什么是同理心。

同理心不只是锦上添花

如果你对同理心的概念感到模糊或困惑，那么你并非特例。很多人随意地使用这个词，将之视为我们希望孩子拥有的品质，却从未对它做出定义。还有一些人将同理心与类似的品质（如善良或关心）混为一谈。你也可能听过这样的说法："穿上别人的鞋子（设身处地为别人着想）。"这当然是不错的开始。但这些"鞋子"看起来像什么？一旦"穿上"它们，你要做什么？

我们往往认为，同理心是值得拥有的好东西，是一种与友善或慈善相关的品质；或者把它看作是愉快而甜蜜的，感觉就像在看《罗杰斯先生的邻居》（*Mister Rogers' Neighborhood*，美国热播的儿童电视节目。——译注）。但同理心更令人兴奋，也更具威力。我们可以把同理心想象成向世界敞开心扉，你的心灵通透，没有建起防御的高墙。同理心不是只在别人有负面情绪时才表现出来，你也可以与别人的幸福感产生共鸣。这是作为一个完整的人来感受相互联结、被理解以及被爱的关键。同理心可以让孩子融入社会，避免残忍的言行，同时让他们走出个人的情感束缚。当他们感受到同理心时，他们就会建立更深入、更有意义的联系。

事实上，孩子们有一种天生的共情能力，只是需要加以滋养。它就像一个需要加满的油箱。孩子打磨出同理心后，就能够识别出一个人真正的感受，并以让自己完整被认可的方式表达自己。她开始了解真实的他人，同时，他人也开始了解她。感受和表达同理心的能力在整个童年以及之后都在不断发展。即使是成年人，我们大多数人依然还在努力获得同理心。想想"路怒症"，或者只需想想因为某人在排队付款时花了太长时间你就对他感到恼火的情形。我们经常让自己的愤怒、烦恼或沮丧占据上风，而不是停下来思考为什么其他人要那样行事。我们天生的同理心被切断了。

我们的同理心从何而来？几十年来，科学家们一直认为，同理心与镜像神经元有关。镜像神经元是大脑里的一组突触。当你做一个动作或看到另一个人的动作时，你们两人的镜像神经元都会启动。这个“有样学样”的概念来自对猴子的研究。但我们现在认为，同理心涉及的远不止孤立的大脑神经网络，而是一套相互交织而成的技能，它可能起源于镜像神经元，但利用了更多其他方面的东西。

根据心理学家丹尼尔·戈尔曼（Daniel Goleman）和保罗·埃克曼（Paul Ekman）的定义，同理心包括三个部分：从他人的角度看问题，这种技能称为认知同理心（cognitive empathy）；感受到他人的感受，称为情感同理心（affective empathy）；在前两者的驱使下去帮助别人，这种技能称为表达同情的同理心（compassionate empathy）。

生日派对上的女孩们把这三个元素都用上了：她们从伊丽莎白的角度出发，运用认知同理心认识到她没有那么多史莱姆；她们感受到了伊丽莎白的感受，运用情感同理心感受她的失望；女孩们运用表达同情的同理心采取行动，以一种不会给她们任何人带来不便的方式帮助伊丽莎白。更重要的是，她们自主地运用了这些技能，让每个人都感到联系更紧密、更快乐。要成长为有爱心的人，孩子需要完整的三个部分。因为只有一个或两个部分并不意味着她会采取行动表达关心。研究表明，善于从别人的视角看问题的孩子，很可能实际上对同学更残酷，因为他们知道哪些行为可以造成最大的伤害。

此外，仅仅抽象地理解同理心还不够。孩子们还需要有运用情感知识的技巧，他们需要受到情感驱使去关心他人。有时，这自然而然，但并不总是如此。如果要帮助孩子了解自己的道德行为能力，同时认识到他们同理心的优势所在，并对同理心较弱的部分加以培养，我们和孩子的交谈就至关重要。从根本上来说，我们可以通过交谈，帮助填补孩子同理心方面的空白；通过指导，使他们理解和表达情感，而不是对这些情感不予理睬。我们从孩子出生起就在培养他们的同理心。

幸运的是，从婴儿期开始，我们天生就善于理解他人，并希望与他人建立联结。我们通过间接分享积极情绪和消极情绪找到快乐。设想你正在看一部恐怖电影，心里存着和主人公一样的悬念。但仅仅拥有同理心的基础能力并不意味着孩子能够将它培养起来，我们需要帮助孩子培养同理心，而且我们可以做到。

日常生活中的同理心

在日常生活中，很容易看到孩子在表现同理心时面临的困难。索菲 4 岁左右时，我带她去参加莱拉 4 岁的生日派对。两周前，莱拉的母亲发来邀请，说："请不要带礼物……我们是认真的。"

"不送礼物"的要求十分合理：孩子们已经有足够的玩具了，或者我们应该将重心放在人而不是礼物身上，不是每个派对都需要礼物。然而，当我们去参加聚会时，我看到莱拉站在车道上哭着说："我的礼物呢？"

很快，其他孩子过来问："怎么了？"

她的母亲走过来解释说，他们会把钱捐给慈善机构，但莱拉还是忍不住哭泣。几分钟后，她的母亲把她领进屋子，说："我们会给你找些礼物的……或者，聚会一结束，我们就去买一些。"

莱拉的母亲想教给她同理心。向慈善机构捐款是好意，但莱拉太年幼了，没看过具体的例子，也看不到她礼物的接收者，因此无法理解慈善的概念。对比寄送支票与将罐头食品带到食物银行，后者意味着你们可以更具体地展开关于慈善的讨论。

我们想教给孩子同理心，但对于他们的发展阶段来说，我们容易将目标定得过高或过低。我们希望孩子关心他人，但我们在交谈中可能做出太少或太多假设。这一章将帮助你完善你的交谈，精准定位孩子在发展同理心的道路上所处的位置。这是帮助他们理解同理心的关键。同样重要的是，这也是帮助孩子独立应用他们知识的关键。我们不可能一直在他们左右，这种独立性必不可少。

那么，是什么阻止了我们进行这种更具针对性的交谈呢？一个因素是，我们并非总能注意到日常生活中建立同理心的简单方法。这些方法不必非常花哨。例如，赠送礼物会同时推动同理心的三个部分，也是拓展技能的绝佳机会。你需要从对方立场出发思考别人想要什么，以及对方如何看待你的礼物。一本关于锻炼的书或一件紫色衬衫都可能是很好的礼物，但如果你的朋友对体重很敏感或讨厌紫色，那么这些“礼物”可能适得其反。通过同理心，你会想到一份有意义的礼物，并根据你的想法采取行动。收到一份“恰到好处”的礼物会让你觉得送礼者“懂”你，长远来看，可以巩固你们的关系。

但同理心并不仅与行动或礼物有关，首先要摘掉你的眼罩，逐步了解别人的真实内心。

在莱拉的派对后不久，我给索菲读了《小老虎丹尼尔》（*Daniel Tiger*）系列中的一本。这套书讲述了小老虎丹尼尔和他朋友的故事。在这本书中，我们认识了丹尼尔的新朋友克丽丝，她走路需要拐杖。丹尼尔尽量表现得友好，不停地问克丽丝是否需要帮助。他告诉克丽丝，他们不会玩他喜欢的跑步游戏，因为她跑不快。他认为自己是在关心人，表达善意，但克丽丝告诉他，她要玩这个游戏，只是用一种不同的方式。而且，她不需要帮助；如果她需要，一定会找他。

就像丹尼尔一样，孩子们经常对别人的感受或想法做出假设。他们的用意可能是好的。不过，孩子可能会忘记，每个人都有自己独特的视角，都想让别人了解真正的自己。有鉴于此，同理心不是一般意义上的关心。它要求你进入另一个人的世界，理解她真实的想法和感受，看到她比任何一个群体或类别都复杂得多。这种能力的种子可以在早期播种，但要想全面发展，往往还有很长的路要走。

同理心是如何发展的

同理心并不是孩子到了 6 岁或 13 岁就会突然冒出来。相反，同理心很早就出现了闪烁的微光。从婴儿期开始，许多婴儿听到另一个婴儿哭泣时就会号啕大哭，这是一种“病毒传播式的哭闹”，具有传染性。此时，孩子已经在“分享”别人的痛苦了。换位思考也很早就有所展现，尽管不是一下就表现出来。例如，1 岁到 2 岁的幼儿会表现出为他人痛苦的迹象，尤其是对照顾者和其他婴儿的疼痛。有趣的是，这大约也是幼儿能够更好地想象和使用符号的时候，这一时期他们开始将自己与他人区分开来。到 16 个月时，幼儿通常会开始用一些简单的方式安抚他人，比如拥抱，说他们会“让一切都好起来”。

随着年龄的增长，孩子对情感的理解有所加深，这是同理心的重要基础。许多学龄前儿童已经能够体会到角色的情感。一般来说，在他们能够对情绪进行描述之前，往往会先意识到情绪——看出另一个人很快乐，粗犷的笔画出现在细微的笔触之前。幼儿的情感色彩有限，此时他们只有少数几种情感，例如，愤怒、快乐和悲伤。他们理解和谈论“复杂情绪”——比如快乐中夹杂紧张——的能力要到之后才开始发展。许多 3 岁的孩子可以把感情和欲望联系起来，例如，能预测另一个孩子会因为得到气球而兴奋。从 4 岁到 5 岁，大多数儿童开始能够从别人的角度看待问题。他们认识到，有些人可能会相信并非事实的事情。你为孩子和她的朋友举办了一个惊喜派对，但来参加的孩子们有可能并不知道来这个派对要做什么，看到朋友惊讶的表情，你的孩子可能会这样说：“她还以为我们要去海滩呢。”

从七八岁左右，孩子们更容易辨别自己的感受，并倾向于根据自己的感受下结论。比如说，如果孩子为错过一次户外教学感到难过，那么他会认为他的朋友也会如此。在接下来的几年里，孩子将更擅长根据书中人物的言行，来想象人物的感受。有了这个基础，孩子们就更容易理解文学了。例如，为什么书中的一个角色在才艺表演时躲在后台？这可能是因为他害羞或不想表演，也许是因为他练习得不够。当孩子谈论角色的这些理由时，他们也正在建立自己对他人想法和感受的理解力。

在成长过程中，孩子也学会了问双向的问题，即双方都会问对方同样的问题。如果我问："你周末过得怎么样？"你可能会回答我，然后再反问我："你呢？"我从孩子身上寻找这种能力，尤其是在评估初中及以上的孩子时，因为这表明，孩子们意识到并不是每个人都跟他们一样，同样的道理也适用于孩子理解世界并非以他们为中心。这项技能会随着时间的推移而发展，不过通常会有所起伏。"你们在说我什么？"我听到一个 7 岁的孩子问她的父母，其实父母正在谈论财务问题。这些孩子需要帮助才能意识到，有很多事情与他们无关。

尽管如此，关于儿童发展的知识并不能让你完全理解你的孩子。根据我的经验，同理心的培养更为复杂。这取决于孩子的性情，也取决于他周围的其他人。例如，我看到许多中学生难以做到从别人的立场看问题，而年纪小得多的孩子在这方面却非常出色。我意识到，我们通过孩子的年龄或阶段来了解他的同理心水准是不够的，肯定还有很多其他因素要考虑。

每个孩子都有一个同理心模型

几年前，我在一所小学工作，有天早上我发现操场上积了雪。在这所学校里，我通过与孩子们一对一或小组合作，帮助他们提高阅读理解能力和写作技能。我经常去教室接他们，再把他们送回教室——这是许多学校的常见模式，称为"挑出"。因此，我有机会看到孩子们如何与同学互动，也有机会看到他们重返课堂时的过渡过程。这一天，我带着一群 3 年级学生出去休息，9 岁的男孩达吕斯跑到我前面，把他的朋友罗比拉向操场。罗比神情沮丧。

“这不是很棒吗？在雪中玩耍？”达吕斯问，然后转向他的朋友，“来吧。”

“嗯，好吧。”罗比说，显然没有热情。

“先玩什么——秋千还是攀爬架？”达吕斯问。他跑在前头，猛拉朋友的胳膊。

“我觉得你的朋友不想玩。”我告诉达吕斯。

“他当然想玩。”

很快，达吕斯就跑到操场上了。他发现一片空白的雪地，便把一把雪揉成一团，说：“嘿，我们来打雪仗吧。”

“不，谢谢。”罗比回答，他神情忧郁，然后走向角落。

达吕斯做出更大的雪球，开玩笑地向罗比和其他几个孩子扔去。当其他孩子笑着反击时，罗比只是静静地坐着。我注意到眼泪从他脸上流下来，便走过去。他把头埋在夹克里说，没事。我坐到他身边，让他哭出来，并轻轻地问他是否想谈谈。一分钟后，他从夹克中抬起头说，他一个月后就要搬家，必须转学。他的父母早上刚刚告诉他这个消息。

听了罗比的话，我又一次意识到，将关注情感变化作为展现同理心途径的重要性。显然，达吕斯没有注意到罗比的感受；也可能他注意到了，但这些信号没有改变他的想法。虽然达吕斯可能想通过分散罗比的注意力来让他感觉好一点，但他没有觉察到反映朋友感受的微妙信号，也没有利用它们来改变自己的反应方式。事实上，达吕斯在阅读中也遇到了类似问题：他能很好地读单词，但在推理上，也就是“读出言外之意”方面遇到了困难。

找出言外之意是同理心的关键部分。很少会有人对你直截了当地说“我很兴奋”或“我很难过”。相反，这些感觉体现在肢体语言、语气、面部表情，以及一个人说话的方式上。为更好地发挥同理心，孩子们需要熟悉这些线索，需要控制自己的情绪和了解他人的情绪。这并不意味着变得更加死板。恰恰相反，正是在人们更加开放和灵活地对待情绪的过程中，孩子们学会了接受更广泛的情绪。这让孩子们能够识别感受，知道它们看起来和听起来什么样。他们会将情绪视为受欢迎的客人。耶鲁情商研究中心主任、《陪孩子学会情绪管理》（*Permission to Feel*）一书的作者马克·布兰克特（Marc Brackett）对我说，我们需要培养“情感科学家”，而不是情感法官。你仔细审视一种情绪，注意其背后的原因；你承认并接受它，然后探索如何最好地将其表达出来。你和你的情绪坐在一起，这让你能够处理它们。你不能强迫它们离开。

布雷克特创立了一门课程，叫作“支配者（RULER）”，专注于教授这些技能——不仅教给孩子，还教给父母和老师。课程集中在五个方面：教孩子们识别（Recognize）他们的情绪，理解（Understand）他们的情绪，然后对这些情绪进行标注（Label），也就是给它们起名字。之后，教孩子们向他人表达（Express）自己的情绪，然后用不同的策略来调节（Regulate）或管理情绪。例如，一个孩子对某个项目感到沮丧，要学着如何去认识和理解自己的沮丧之情，并将这种感受告诉他人，也许还会停下来做深呼吸。

虽然我在孩子和老师身上都曾使用并教授过布雷克特的方法，但我发现这个方法有个难点。举例来说，这个方法要求孩子们给自己的感受取名并表达出来。然而，将情绪与语言进行匹配是非常困难的，尤其是对年幼的孩子来说。公开对自己的感受命名还会让孩子表现出脆弱，这在大一些的孩子中表现得尤其明显。如果其他人都感到亢奋和开心，你想成为唯一一个承认自己情绪低落的人吗？相反，如果你将同理心视为一种对话，你可以鼓励孩子说出自己的情绪，同时让她保持安全感。当她情绪消极，或者消极的表现可能会让她尴尬时，这样的对话尤为重要。

这样的交谈之所以要紧，是因为并非所有孩子的同理心都一样。实际上，每个孩子都有不同的共情模式：有些孩子很难知道如何帮助他人，而另一些则很难从朋友的角度看待问题，或是从别人的感受中获取信号。

即使是情感同理心，即“感受”方面的同理心，孩子们的表现也一样。有些孩子很自然地就会注意到别人的感受，能捕捉到面部表情最细微的变化，并会询问：“你没事吧？”有些孩子则移情过度，难以将自己的感受与他人的感受分离开来。我遇到过一些高敏感的孩子，看到朋友哭泣他们也会非常难过甚至一起哭泣。有些孩子则很难读懂面部表情或站在别人的立场看问题；对于患自闭症的孩子来说，这尤其是一个难题。

许多人错误地认为，自闭症儿童对友谊不感兴趣。但实际的情况却是，这些孩子渴望建立关系，只是不知道如何做。他们能感同身受，却难以表达同理心。事实上，相当比例的自闭症患者有述情障碍，即难以理解情绪和指出是哪种情绪。研究员丽贝卡·布鲁尔（Rebecca Brewer）说，有述情障碍的人“可能会感到悲伤、愤怒、焦虑，或者只是过于激动”，但他们不确定是哪种情绪。在普通人群中，约有 10% 的人患有述情障碍；而在自闭症患者中，这一比例高达 50%。

在培养孩子的同理心方面，没有一刀切的做法。相反，随着时间的推移，孩子的同理心有着独特的发展变化模式。最重要的是我们要看到孩子的优势和面临的挑战，认识到这些挑战来自何处；事实上，这些挑战可能比以往任何时候都更常见。

为何现在的孩子缺乏同理心

我们当下的社会过分关注成绩和成功，使孩子们更难深入地考虑他人。这是一种“每个人都为自己着想”的心态，孩子被裹在自己的情感之茧中，没有空间去认识别人的感受——甚至是他们自己的感受。当孩子过分专注于要做得正确时，头脑便没有空间去注意感受，他们也会因为担心受到评判而无法伸出援助之手。

这是所有年龄段的孩子，甚至是刚成年的人都面临的问题。与10年前的学生相比，2010年的大多数大学生同理心水平都有所下降。下降最多的是“带有同理心的关注”，即对受苦者的担忧和设身处地的能力。而这并不是在责怪孩子：他们只是对自己的环境做出反应。绝大多数情况下，我们的环境没有把理解和关心他人当作优先项，甚至不会把面对面交流放在优先地位。

斯坦福大学一项针对8岁到12岁女孩的研究发现，与积极的社交感受联系最为紧密的因素是面对面交流的时长。那些使用电子设备时间更少、面对面交流时间更多的人，往往表现得更善于社交，感觉更“正常”。这类人的社交也更成功，更少地结交有不良影响的朋友，甚至睡眠也更充足。相比之下，女孩们的视频观看量、在线交流，尤其是媒体多任务处理——例如在观看网上视频时发短信——都与负面社交结果有关。另一个项目是让青少年参加为期5天的夏令营，在此期间不接触电子屏幕。这些青少年回来后，能够更好地解读非语言线索。进行这种语言和非语言的练习——混合说话的内容和说话的方式——似乎提升了他们的观察技能，使他们能够在彼此遇到困难时及时出现，更加用心投入。这是建立丰富社交关系的基础。

没错，数字联结可以增强同理心。无论是对某人的死亡表示哀悼，还是对婴儿的照片表示开心，几乎所有人，包括我们的孩子，都会在网上表达某种形式的同理心。但这种同理心有多深？大多数时候，在充满了“赞”和“太可爱了！”的评论海洋中，感情的复杂性丢失了。孩子们也是如此，尤其是就社交媒体来说。当孩子仔细打理社交媒体的个人介绍，并对别人看起来完美无缺的形象做出回应时，他们往往会偏离全面细致地理解与观察，而这正是同理心需要的。

但是，如果这种更充分的同理心真的如此重要，我们为什么没有专注于它呢？这个问题困扰了我多年。随着我与更多家长和研究人员的交谈，我逐渐发现，就同理心对话而言，一些关键性的错误观念限制了我们：第一，我们认为同理心是一种固定的品质，而不是可以改变或积极增强的品质；第二，我们注重通过教导而不是对话来建立同理心；第三，我们过多地谈论孩子们在做什么，而不关注他们是如何做的，或者他们的感受如何。

错误观念怎样限制了我们

“这孩子多好啊，这么会关心人。”我听到许多家长这样说。也听到很多人说：“让他照顾弟弟，那只能祝他弟弟好运了。他是彻头彻尾的自私鬼。”受到将孩子类型化的文化影响，我们倾向于给孩子贴标签，但这样做可能会产生问题。举例来说，贴标签几乎总是过于简单化，无法体现孩子的全貌；更糟糕的是，贴标签会造成恶性循环。标签，尤其是负面标签，会让孩子扮演我们指定的角色。一个听到自己“不关心人”的孩子，可能会表现得更不关心他人，这反过来又让我们觉得之前的判断是对的。

这种循环体现了第一个错误观念：我们常常认为同理心是一种固定的品质，孩子们要么有，要么没有。但孩子的同理心技能其实处在发展之中。每个孩子都有同理心的高峰和低谷，这取决于他和谁在一起、他当下的情绪，甚至他是否饿了或累了。一个孩子可能叫他弟弟笨蛋，随后他也可能告诉你不要踩到蚂蚁。

第二，我们经常把同理心看成像补充维生素一样，认为它可以通过教诲传授给孩子们。一个 5 年级的学生在讲到同学被霸凌时对我说：“我为什么要在乎？他不是我的朋友。”这个学生不是霸凌者，但他是个旁观者。他需要想象被霸凌孩子的感受，还需要具备他应该干涉的伦理意识。

糟糕的是，这种“维生素”的想法，使有效培养孩子的同理心困难重重。我们通常的谈话虽然用意是好的，但并不总是有帮助。当讨论情感时，我们的目标常常是吸取教训或讲清观点。我们会分心，只在问题出现时才做出反应，而且谈话的目的只是希望纠正行为或帮助孩子感到更快乐。当孩子的朋友在哭时，你会这样告诉孩子:“说声对不起。”当一个孩子说嫉妒他的朋友时，你会说:“这没什么大不了的，不是吗？”这些话在短期内有效，而且你显然也不会停下手头的工作来讨论每一个问题。但这样的谈话对帮助孩子从别人的立场出发，弄清楚自己或朋友的迫切需要却没有什么作用，也无法提高孩子的自我意识，而这恰恰是长期培养孩子同理心的关键。

如何才能提高孩子的自我意识呢？举个简单的例子，假设你 3 岁的儿子尼克用玩具打了他的朋友约翰。“你觉得约翰对此会有什么感受？”你问。你想让尼克明白，打人会造成伤害，你想让他用“悲伤”或“糟糕”来回应，这有助于尼克将自己的行为与约翰的哭泣联系起来，避免下次发生类似的事。

或者，面对较大的孩子，你可以把别人的评论反馈给他。例如:“如果你试穿了一件衣服，你的朋友说‘嗯，我想它看起来不错’，你会有什么感觉？”这些话本身并不伤人，但语气说明了一切。指出孩子言语或行为产生的影响，可以帮助他们注意到自己造成的伤害。这些例子当然不是全部答案，在我们帮助孩子了解自己和他人的感受时，需要不断进行类似的互动。

还有什么阻止了我们探索那种更全面的感觉呢？某种程度上，是我们从文化中学到的经验。当我们专注于让孩子争先或让他们融入其中——也就是说强调短期表现时，我们倾向于将人际关系视为一种交易。我们会问谁可以帮忙写推荐信，谁能帮孩子进入私立学校，同时忽略出于真心去关心别人。即使在谈论关心他人的话题，我们也可能会强调“表现”而不是实质。“我告诉他，他需要加入童子军，或者做点什么。”一位 10 岁孩子的家长告诉我，“他需要表现出关心，这是大学需要的。”但不经思考的善行不会改变孩子们的想法，只不过变成了更多的活动。理想情况是，我们需要通过交谈让这些经历变得更有意义。交谈是孩子们从经历中学习的方式，慢慢地他们会自觉去做。

此外，当我们更关注表现时，我们希望事情进展顺利，而不会留出让更难或更复杂的情绪释放的空间。通常，我们在听到第一种情绪时就会停下来，提问和进行评论：“哦，你觉得快乐？”“是的，这很可悲。”孩子可能难以插嘴。事实上，孩子们需要安静的时间来处理他们的感受，觉察别人的感受，或者考虑如何道歉。催促会导致孩子冲动地说话，用行动宣泄，这反过来会让我们更难对他们产生同理心。我们忘了去注意孩子在同理心方面的长处，忘了他们面临的挑战。事实上，同情心和同理心是可以传授的，但需要不断进行交谈。

理解同理心的历程

我对于培养孩子同理心的了解，来自对波士顿一所幼儿园教师的观察。有的老师似乎拥有无限耐心，其中一位年长的老师，她每天至少会坐在每个孩子身边一次。但有时甚至连她也会失去耐心，例如，当一个孩子第五次问起现在是否可以回家时，“我说了不。”她厉声说，并转过身去。

但几分钟后，她回来了，和孩子靠得很近，热情地说：“哦，对不起。我们的水桶里都只有这么多水。我的水桶快干了，我的嘴因为回答了这么多次太累了。”

孩子微笑起来并拥抱她，然后说：“去把你的桶装满，然后你就会好起来。”

我后来意识到，那次互动源自这所学校开设的一门“装满你的水桶”的课程。这个概念的意思是，每个人都有一个无形的“水桶”，代表他们的心理和情绪健康：当你对他人表现出关心和友善时，你会填满他们的“水桶”；当你表现刻薄时，你便是“伸进”对方的水桶取水。我觉得这是个了不起的创意。同样地，我也对那位老师说的具体内容着迷。她道了歉，表达了自我同情，并暗示孩子一直问那个问题让她恼火。通过这样的方式，她在给孩子反馈的同时也表现出了同理心。她支持孩子将感受与原因联系起来，同时帮助孩子学习了社交技能。

即使我们对孩子感到沮丧的时候，也有机会与孩子讨论同理心，不过可能得在事后。任何父母都知道，幼儿发脾气时不是进行反思的合适时机，大孩子发脾气时也是如此。关键是在情绪平复后找到合适的时机，根据情况调整你的谈话，倾听孩子的想法，鼓励他们参与谈话。最重要且具有挑战性的是，别忘了给自己一些同理心。

自我同情的关键

几年前的某一天，西莉亚来到我的办公室，她有个患自闭症的 5 岁儿子，名叫埃里克，当天已经是第三次发飙了。这让她心情沮丧。进办公室前，西莉亚刚手忙脚乱地把孩子送到学校。“我觉得自己是个糟糕的家长，”她说，“但他必须试一下。”我对西莉亚表示了同情。这一天才刚刚开始，她就被弄得如此匆忙狼狈。

当你的孩子面临这样的挑战时，对自己抱有同理心尤为重要。研究员克里斯汀·内夫（Kristin Neff）说，以积极、充满爱的方式与自己对话，可以阻止“羞耻、内疚和自责”的恶性循环。当无法与孩子们轻松沟通时，满足他们的需求感觉就像是一场智力游戏。制定一个口头禅，比如“这本来就很难”，对许多父母都有所帮助。

我们通常认为，同理心与自我同情是对立的。你要么把注意力集中在孩子身上，关心孩子，要么就只能把注意力放在自己身上。当你晚上第三次起来去照看正在长牙的孩子时，你可能会说“他很难受”；但当大一点的孩子发牢骚时，你会对他大发雷霆，然后在事后感到内疚。你慷慨给予孩子你的同理心，但几乎没有给自己留多少，我们许多人对自己的评判非常苛刻。我经常建议父母大声说出对自己的同情，如果你感到分神或担心，请使用中性的语气解释一下原因。记住，孩子们会注意到我们与自己对话的方式和内容，留意“我本来应该”或“都是我的错”之类的短语。你如何才能用更富有同情心的语气来表达这些想法呢？也许你可以跟自己谈谈你下次想怎么做。

我知道这绝非易事。不过，为了我们自己和孩子的福祉，这值得一试。我见过太多善良的父母都缺乏这种至关重要的自我同情，尤其是在沮丧或烦恼的时候。在与西莉亚交谈的那所小学，我遇到了妮可，她的儿子罗宾 9 岁。一天下午，妮可在我的会客室泪流满面地告诉我，罗宾很难做到“友善”。

“他的朋友说要去露营，”妮可说，看起来不太自在，“朋友很兴奋，但罗宾却说‘不好意思，露营太糟糕了。’从那以后事情就越来越糟糕。”

“你当时怎么做的？”我问。

“哦，我打发他回自己房间了，”她皱起眉头，“但他说我很刻薄，问我说实话有什么不对。我很生气，就终止了这次玩伴聚会。之后，我感觉很糟……但我没有道歉，因为我不想让他觉得他赢了。”

妮可的故事并不少见。通常，当孩子们表现出缺乏同理心时，我们不会深入探究原因。情况已经够尴尬了，为什么要去探索它呢？事实上，罗宾的反应表明他缺乏社交技巧，难以从别人的角度看待问题；具体来说，就是缺乏心智推理能力，即认识到那个人可能会有与你不同的感觉或想法。了解对方的观点会让你更深入地知道如何回应。

西蒙·巴伦－科恩（Simon Baron-Cohen）和尤塔·弗里思（Uta Frith）开发了一项经典心智推理测试，称为“错误信念”测试。测试要求孩子们想象一个叫萨莉的孩子把球放到篮子后去散步了。她离开后，她的朋友安妮把球移到了一个盒子里。当萨莉回来后，她会去哪里找球？如果孩子们说会在盒子里找，那么他们就没有从萨莉的角度看问题。没错，球确实在那里……但萨莉并不知道。

我们经常认为应该在孩子身上培养同理心这种品质，但实际上，正如在罗宾的例子中我们看到的那样，同理心有两个部分：孩子和我们自己。事实上，磨炼我们表达同理心的能力是培养孩子同理心的关键。

一天下午，我突然醍醐灌顶，理解了这个观点。那时，索菲大约2岁，我们飞往南方的海滩度假。第一天，一个6岁左右的女孩坐在我们身边，她的母亲在她背上涂抹防晒霜。有几分钟，女孩们玩得很满意。然后，索菲毫无预兆地朝她的新朋友脸上扔了沙子。

心智发展：针对幼儿的小贴士

心智发展一般出现在四五岁左右的孩子身上。但罗宾的案例表明，很多孩子在过了很长时间后，仍然难以从别人的立场看问题。鼓励并培养这种技能可以使孩子更善于与人打交道，因为他们会了解到，并不是每个人都跟他们有一样的思考或感受。

从幼儿开始，实时注意并回应他们的看法。假设你的孩子注意到一个看起来像恐龙的影子，“看到了吗？”他指着影子问。试着给出你自己的观点，并与他的观点进行比较。你看到了恐龙还是云？此外，进一步探索他的视角，超越此时此地问他还看到什么？或者他能想象看到最有趣的东西是什么？你的兴奋是同理心的基础——因为你们在分享对同一想法的积极感受。

“我看不见了。”女孩哭着揉眼睛。

“睁开眼睛。”女孩的母亲紧紧抓住她，“只睁开一个小缝。”她听起来很害怕，很绝望。我感到羞愧。

“我睁不开。”女孩说。

索菲瞪着眼睛，就像从梦中醒来时那样的眼神。

“她受伤了，”我说，“沙子伤了她。”

我让索菲道歉，但她只是看着我。

“没关系。”女孩的母亲说，但皱着眉头。

“我很抱歉，”我说，“她没事吧？”

女孩的母亲紧闭双唇点点头。

“我们该走了。”我说，感到很沮丧。过了一会儿，只有我们两人的时候，我让索菲解释她为什么这样做。

“我不知道沙子会伤人，”她噘着嘴说，“对不起。”

我突然想起来了，冬天索菲在波士顿扔过雪球。“看你能不能打到我的帽子。”记得我在她非常高兴地扔雪球时我这样对她说。

“我明白了，”我态度软下来，“现在你知道我们不能扔沙子，好吗？”

“好的，妈妈。”她蜷缩在我旁边说。

那个下午我意识到，作为父母，我们的视角有多重要。很多时候，我们以为孩子缺乏同理心，事实却是别有原因：缺乏知识或社交技能，或者对如何道歉感到困惑。孩子当时可能很难意识到这一点，但如果你因沮丧而做出反应，孩子就会对你的反应做出反应，从而形成恶性循环。相反，不妨花点时间思考：是否有孩子可能不知道的事情，或是没有讨论过的需求？她有没有可能只是饿了或累了？要认识到，你对她可能了解甚少，哪怕你们每天都在一起。那你呢？我们经常给孩子太多，以至于忘了自己。如果我们的基本需求得不到满足，要感受或表现出同理心就会难上加难。

当你的孩子看起来缺乏同理心时

问问你自己：孩子的伤害性行为或评论，背后的原因是什么？

也许是他不了解情况，也许是他觉得尴尬，想挽回面子。我记得一个名叫布莱恩的6年级学生，在一次辩论中，他的父亲突然插进来对他说："你伤害了你朋友的感情。"布莱恩脸红了，然后喊道："我不在乎。"显然，他对父亲大声揭短的行为感到尴尬。如果他的父亲能在辩论过后再反思这种情况，布莱恩可能会做出更好的反应，并从中学到更多。

同理心意味着接受神秘感

为进一步了解交谈是如何促进孩子同理心发展的，我拜访了著名的心理学家琼·伯克·格里森（Jean Berko Gleason）。作为波士顿大学的资深教授，格里森数十年来致力于研究儿童的语言发展。我最感兴趣的是她对道歉的研究。她发现，年幼的孩子听到的道歉大多来自父母给他们的道歉，例如"对不起，我生气了"。这不是一件坏事：我们经常视道歉为软弱的表现，但实际上，这是一种力量。它向孩子表明，你愿意承认自己的失败，当你把事情搞砸时，你可以进行弥补。道歉还为孩子提供了一个可以使用的语言模板。例如，当孩子看到自己的言行伤害了朋友的感情时，就可以模仿你说过的话来道歉。这些对帮助消除误解至关重要。除了道歉，我们还能怎样培养孩子的同理心呢？

联系了格里森之后，她邀请我去她家中拜访。不久，我敲响了她家的门，她用几盘饼干欢迎我。在阳光明媚的厨房，我拿出录音笔，敬畏地看着 80 多岁的她煮咖啡，她似乎精力无穷。

虽然格里森的研究让我着迷，但她的一则个人故事一直萦绕在我的脑海。她告诉我，多年来，她一直要求她的孩子给她送一个人体模型作为生日礼物。这个主意可能一时兴起，但她一直无法忘记。然而，孩子们却买了其他各种各样的礼物。直到几年后，她以半开玩笑的口吻反复要求，他们才（不情愿地）买了一个。

“我们给它起名叫拉尔夫，”她告诉我，“假日给它穿上衣服，每次搬家都带上。”

几十年后，拉尔夫和格里森的女儿“生活”在一起，并在假日露面。

“你能相信吗？”格里森笑着问我，“这么久了，那个可笑的人体模型还在。”

我相信，这件礼物不仅成了一个有趣的故事和家族传说的一部分，而且成了一个象征。通过它，家人表明了他们接受格里森独特的癖好，并且也会接受其他人的独特。这是同理心的重要基础。我回想起莱拉的生日派对，想到一个重要的观点：事物不仅仅是事物本身，还是我们对彼此感觉的标志，或者是我们彼此接纳了哪些方面的信号。这种接纳远远超出了礼物自身：这意味着要学会注意和关心你面前那个完整的人，哪怕他或她的愿望、需求、想法和感受让你感到惊讶或烦恼。这就是深度交谈的意义。无论你们有多亲密，你都无法不经询问就确定孩子的想法或感受。同理心始于接受和欢迎这种神秘感。

深度交谈让心灵与头脑交融

深度交谈会填充孩子的同理心，每天为他们提供反思自己想法和感受的机会，以及探索他人想法和感受的机会。更重要的是，通过深度交谈，你可以帮助孩子使用更精确的语言，让他们的感觉和想法变得更清晰。当你探究缺乏同理心背后的因素时，你就为孩子树立了自我同情和同情他人的榜样。你向他展示你是如何接纳所有情绪的，而不只是积极的情绪。

我记得 3 岁的保罗突然开始害怕独自上厕所。这让我感到有点意外，我就去问他是不是担心什么。

“是机器人，”他紧张地看了我一眼，“他躲在暗处，会找到我的。”

“这是漫画上的。”索菲解释道。

“那个机器人不是真的。”我告诉他。

但保罗并不信服。经过一番讨论后，索菲跑开，拿了一个手电筒回来。

“这种神奇的手电筒会让机器人头晕，”她说，“试试看。”

很快，保罗就能自己去洗手间了，带着手电筒。几天后，他忘了带手电筒，一个人上了厕所。他告诉我，机器人不见了。

同理心让索菲帮助保罗克服了恐惧。除了建议，保罗还需要有人加入他的想象世界。同理心让孩子弄清楚，要关心他人，得从了解他人的真实内心开始。在我坚信保罗会没事，专注于我所谓的现实时，我筑起了高墙。后来我意识到，索菲在与保罗年纪相仿时，我们有过类似的谈话，这很可能是她帮助保罗的基础。

为了让孩子们表现出同理心，我们需要先向他们表现出同理心。我们提供的榜样将在之后的岁月里对孩子们有所帮助。

孩子需要看到同理心才能培养出同理心

为培养同理心，你甚至可以在孩子会说话前就与他进行“交谈”：及时注意到孩子的暗示并做出回应，意味着你承认他是一个有思想、有感觉的人。你可以根据他表现出来的感受，做出适当的评论。如果他看着一个玩具，你可以说：“哦，你喜欢吗？”或者“看起来很有趣。”如果他开始哭泣，你就四处看看。当你注意到麦片洒在地板上时，你可以说：“哦，你是因为麦片洒了难过吗？”你是在“关注头脑”，即想象他的感受或想法。这会巩固他对你的信任，因为他看到你明白他的意思——或者差不多明白。得到安慰使他有能力去安慰别人，你的同理心是他的同理心的跳板。

识别情绪

在长大一些之后，年幼的孩子需要知道他们的感受是什么，以帮助自己感觉好起来。在我家，受到“有头脑的一代”这家公司产品的启发，我们开始使用一张简单的图表，上面有两个问题：“你感觉怎么样？”和“你需要什么？”还有描绘每种感觉的面孔，以及解决“你需要什么”的各种策略列表。这些策略很简单：比如从 1 数到 10，拿一个毛绒玩具，或者玩一个拼图游戏。起初，我对这些办法持怀疑态度。但很快我发现，3 岁的保罗哪怕在发脾气的时候，也会对“跑向你的图表”这些词做出反应。他呜咽着跑过去，盯着那些图片。起初，注意力的转移会使他安静下来。当我们谈论每一张图片时，他能更准确地判断出自己的情绪。当我觉得他很难过时，他说：“我很孤独，我需要一个拥抱。”随着孩子更精确地识别自己的感受和需要，这类工具可大大丰富你们的交谈。

使用“三个 E”原则提高情绪控制力

这些图表可以作为开始，而随着孩子年龄的增长，他们需要的远不止这些，因为他们的观点变得更加复杂和细致。我想起了 13 岁的亚历克斯。我曾在一所私立学校对他做评估，每周和他面谈两次。亚历克斯被诊断出患有语言学习障碍，他很难记住单词和表达自己。尽管他有很好的词汇量，却经常用更简单的词和更短的句子说话。这让其他人难以理解他的意思。例如，我曾听他说：“我去了那里，你知道吗？去那个地方，去拿那个东西。”虽然很多孩子偶尔会这样说，但亚历克斯要极端得多。

在我们对话期间，我帮助亚历克斯学习用口语和写作表达自己。如果他想不出确切的词，我们就努力找同义词。我教他如何描述一个物体或一个人的某些方面。例如，一件东西看起来像什么，闻起来怎么样，或者一个人在工作中做什么。例如他描述一架直升机时说：“它就像一架飞机，但更小，而且它能垂直上升。”这可以帮助其他人猜出他的意思。

亚历克斯告诉我，有一天，他邀请班上的女孩娜奥米和他约会，娜奥米礼貌地拒绝了他。亚历克斯把事情告诉了朋友杰克逊，最后补充道：“无所谓，她是个势利小人。”一直在看手机的杰克逊抬起头说：“嗯？我觉得她很好啊。”亚历克斯伤心地走开了。他告诉我他再也不想和杰克逊说话了。

这件事后，在我和亚历克斯交谈时，我使用了“三个 E”原则。这个案例中的“三个 E”与同理心有关：

1. 拓展（Expand）：帮助孩子使用更具体的语言描述情绪。

2. 探索（Explore）：深入探讨如何用新方式讨论过去（尤其是消极

或令人困惑的经历）和解读他人的想法。

3. 评估（Evaluate）：对富有同情心的行为或反应进行测试，然后问："这样做如何？"

针对亚历克斯，我首先需要拓展他的感受。事实上，亚历克斯同意杰克逊的观点，认为娜奥米很好。值得称赞的是，杰克逊坚持为娜奥米说话。虽然亚历克斯觉得杰克逊的话很无情，但我感觉到，他其实是对杰克逊不认可他有权生气而感到恼火。亚历克斯说，他的难过与杰克逊对娜奥米的评价无关，而是他没注意自己受到了伤害。接下来我们探究了杰克逊过去的行为。作为朋友，杰克逊做得怎么样？亚历克斯解释说，杰克逊在他艰难时一直很关心他，比如在亚历克斯的妈妈被诊断出患有癌症时。但是，在讨论娜奥米时，杰克逊忽略了情感中的微妙。通过回忆两人的友谊，亚历克斯意识到杰克逊并不是从根本上不好或不关心他人。相反，他们的友谊是宝贵的，这个裂痕值得去弥补。实际上，杰克逊说娜奥米很好，这个评价是他天生关心他人的标志。作为回应，我们进行了角色扮演，看看亚历克斯可以用哪些办法，以一种可以接受的社交方式，将他遭拒之后的不满情绪告诉朋友。亚历克斯决定在篮球练习后提起这件事，解释一下自己的感受，然后就翻篇。在下一次的讨论中，我们一起评估了这个过程是如何进行的，哪些取得了效果，哪些他可以在未来试着调整。亚历克斯告诉我，他基本满意，为自己对娜奥米的无礼表示抱歉，也解释了自己被拒绝后如何感到恼火。杰克逊为自己没有注意到亚历克斯的受伤心情而道了歉。

不过，亚历克斯告诉我，当他向杰克逊提起这个话题时，杰克逊看起来有点懵，问亚历克斯说的是什么事。因此，亚历克斯决定，下次他会尽早提出问题。

就像这样，以真实经历为基础，培养同理心的对话将达到最佳效果。它们还需要符合每个孩子的实际情况。亚历克斯和杰克逊需要两种不同的对话。亚历克斯在从别人立场看问题这方面有困难，而杰克逊的问题是他没有专心倾听，他需要一个温和的提醒——放下手机——让他能真正和朋友在一起。

如果孩子能告诉你他的问题是什么，精确指出哪里需要帮助，那再好不过。但是，当你感觉到他需要支持，但他又不想谈论这件事时，该怎么办呢？或者当你的孩子看起来很沮丧，但又不能或不愿意说清楚时该怎么办？反映式倾听这时便会派上用场。这种倾听方式受“用心育儿”项目的启发，它不是只听孩子说什么，而是将注意力放在与孩子有关的所有方面：口头语言和肢体语言，“检测出”孩子的真实想法和感受。然后，把你听到的反馈给他，看看是否准确。这会让孩子感到被尊重、被倾听和被理解——这一过程将会为他之后的社交打下基础。

反映式倾听：运用“四个 P”原则

反映式倾听有四个部分，归纳为四个以 P 开头的词：收集线索（Puzzle）、筛选线索（Piece Apart）、削减选项（Pare Down）和表达结论（Process）。

1. 收集线索（Puzzle）。首先，做一名侦探。集中注意力了解孩子所思所想的各种线索，使用沉默和肢体语言。你的孩子坐得离你近还是远？他用了哪种表情？你以前在哪些时候见过这种表情？

2. 筛选线索（Piece Apart）。仔细筛选这些线索，找出哪个最重要，或者哪个看起来要优先对待。

3. 削减选项（Pare Down）。你对他的感受有什么看法？你认为可能发生了什么？选定一两个主要的选项。

4. 表达结论（Process）。最后，表述你的选项并倾听孩子的回答，看你选的是否正确。

试着使用研究员尼尔·卡茨（Neil Katz）和凯文·麦克纳尔蒂

（Kevin McNulty）所说的“开门器”（即开放式的谈话邀请），说出孩子的行为暗示了什么，例如“你看起来很沮丧”或“看起来你很兴奋”。然后邀请或等待他说话。运用开放式语言，比如，“哦，是这样吗？”或者“哦，我明白了。”一旦他真的开口说话，将你听到的反馈给他，核实你是否理解正确。

以我的朋友贾丝明为例，她是一位母亲，有 3 个孩子。她给我写信讲到她十几岁的儿子卢克：“我一直记得，我的儿子在处理愤怒情绪时有些困难。他小时候会因为小事而感到非常不安。他 10 岁生日时，他的朋友（喧闹活泼的男孩）没有认真唱生日歌（他们跑来跑去地喊生日快乐），卢克为此非常生气，他冲进自己的房间，却说不清哪里不对劲。”

随着年龄稍长，卢克放松了一些。但是一天下午，卢克又惹恼了爸爸，他吵着吵着转身就走，进了自己的房间。贾丝明告诉我：“我听到了跺脚声、喊叫声、砸东西的声音。我生气地走上楼，一直走到他的房门口，打算推开门，扮演权威人物的角色——告诉他停止所有的愚蠢行为，别再像婴儿一样胡闹，否则他会真的有麻烦。但我停了下来，几次深呼吸之后，我冷静下来，打开门，只是看着他。他说：‘在你开口之前我要告诉你，我这么做不是因为爸爸。’”

贾丝明便问他怎么了。卢克解释说，他的朋友发来一些伤人的短信，说他不想再和卢克做朋友了。作为回应，贾丝明没说话，只是静静地坐着，试图“承认他的痛苦，和他在一起”。过了一会儿，她告诉孩子，她在这个年纪也有过类似的经历，她能理解他的感受。她劝卢克不要再看那些短信，如果要看，就给自己留点时间再回应。她还建议，也许她可以替他暂时保管手机，这样他可以冷静下来。

后来，贾丝明回忆说，“非常感谢那天我没有‘铆足劲’走进他的卧室，因为那样我可能会错过那次交谈，错过了就如何对待伤害你的朋友进行讨论的机会。”

一开始，贾丝明把自己放在中心，然后逐步揭开谜团，弄明白发生了什么，给儿子留下了解释的空间。她筛选了可能的触发因素，削减了她的回应，只专注于短信。然后她说出自己的想法，确保卢克知道她是站在他这边的。贾丝明的回应不仅让卢克保住了面子，还提高了他的自我意识，鼓励他在回短信之前先等一等。

想象一下，如果贾丝明强烈要求拿走卢克的手机，结果会有什么不同。这并不是说应该不假思索地拿走手机，而是说我们可以选择与孩子交谈，使自己深入了解孩子的成熟程度和发展阶段。通过这种你来我往的对话，我们能了解到他们在哪些方面已准备就绪，并且在我们感觉自己过于严格或过于纵容的时候做出改变。

同理心原则

◎注意并顺应孩子的所求和所需。倾听他们的信号，反映他们的情绪。“你饿了还是累了？”你可以问婴儿，“让我们看看你是不是需要奶瓶。”对于学龄儿童，用中性语调陈述他们的肢体语言。例如：“你今天精力旺盛。”或者“你比平时安静。”当你不加评判地说话时，孩子就会看到你能接纳各种情绪。

◎摸清孩子和你自己的状态。安静地坐下，观察你们两个现在的精力如何。他或她是疲惫还是振奋？你呢？注意孩子的语调、兴奋程度和说话时的停顿。问自己：他此刻有什么“谈话需要”？他是更想交谈还是休息？你呢？许多精彩的对话都是从安静地坐在一起、做针线活、洗碗或钓鱼开始的。不要低估安静和休息的力量，它能使对方表露出更脆弱的感觉、想法或问题。

◎找到深入他人心灵和头脑的创造性方式。引用书本或电影中的人物作为例子。小说为我们提供了一扇了解他人思想的窗口，并且经常使用“慌乱”或“恼怒”等表达情绪的词汇，我们可以就此进行思索和讨论。说出对每个角色的感受，对他有这样感受的原因进行思考。使用探索性的问题：你会这样做吗？哪些反应让你惊讶？你认同哪个角色？

同等接纳积极和消极的情绪

当你进行反映式倾听时，重要的是不要压制或忽视负面情绪。我们希望孩子快乐，但只关注积极情绪可能会传递出其他情绪“低一等”的信息。作为回应，孩子可能会隐藏他们的恐惧或担忧，甚至在家人或朋友面前贬损这类情绪。当情绪潜入心底，它们往往会恶化，导致内疚和焦虑。为支持孩子的所有感受，可以试着进行情感回忆。着眼于过去的某些时刻，尤其是感到压力或消极的时刻，讨论当时发生的事情，特别指出孩子的适应能力，并一起为下一次出现相似情况时制定策略。

假设你的小孩说：“那次看医生的经历很糟糕。”试试“三个 E”原则：展开回忆；探索他的情绪；评估他的反应，从一个积极的立场重新看待他的反应和行为。

“的确，他给你打了一针，你的脸变红了。”你可以这样说，“你哭了，但你表现得很勇敢。”给孩子留出参与的空间，你可以问：还发生了什么？你感觉怎么样？是什么帮助你渡过了难关？

与一个好的倾听者谈论有压力的经历，可以改善儿童的心理健康状况。正如《情绪可控力》（*Emotional Agility*）的作者苏珊·戴维（Susan David）和我讨论得出的结论那样，这类交谈能提醒孩子，他们可以充分体验自己的感受并且仍然有行动力。一项研究发现，当母亲和 9 岁到 12 岁的孩子讨论压力事件时，如果能更多地运用“情感词汇”——如“嫉妒”或“失望”——并加以解释，孩子便会更少表现出抑郁和焦虑，更少用行动来宣泄情绪。另一项针对学龄前儿童的研究发现，如果母亲能更详尽地讨论孩子情绪上难以接受的事件，孩子往往能表现出更强的情绪调节能力。这样的反思可以让孩子们了解他们是什么样的情感生物。讲讲你的经历，表明孩子的感受并不孤单。谈论悲伤、沮丧或害怕并不丢脸，感觉到这些情绪也不丢脸。

做出小调整：情感谈话

“我很难过。”你的孩子在沙滩旅行后收拾行李时说。					
不假思索的回答：	建立更深联结和促进深入思考的回答：				
“哦，你会没事的。”	“你为什么事感到难过？这次旅行你最喜欢哪一部分？”	“我也很难过，但是想到回去能见到同学就觉得高兴了。”	“我理解。你有什么特别的事情需要我们再做一次吗？”	“你现在身体有什么感觉？”	“是，我看出来了。还有别的事吗？有时候，我累的时候也会特别难过。”

所有这些听起来可能很简单，但在实践中，可能真的很难，尤其是当你匆忙、疲惫或压力大的时候。在与数十位家长、心理学家和研究人员的交谈后，我确定了 4 个主要的“同理心挑战”和 4 个解决方案。

同理心面临的语言挑战与解决方案

◇ 挑战一：评判的语言。你应该有这种感受。

假设你的儿子说："为那件事感到恼火很愚蠢。"这显然是评判性的。但评判也可以用更微妙的方式表达。以嵌入式问题为例，即提出一个已经隐含了答案的问题。例如，想想"我们在派对上都玩得很开心，不是吗？"虽然这听起来很中性，但它暗示着我们有同样的感觉，这也使任何人都很难承认他们原本希望待在家里。

◆ 解决方案：开放的语言。遵循你的感受没关系。

要接纳所有的情绪，首先要注意家庭中的"情绪文化"。哪些感受得到过讨论或分享，哪些被忽视或嘲笑？在每个家庭中，这种文化都不相同，部分取决于你的原生家庭。也许你的家庭不允许表达愤怒，或表达兴奋、喜悦。注意你的配偶、伴侣或其他亲属的不同，看看他们乐于表达哪些情绪，或者对别人表达哪些情绪感到自在。

◇ 挑战二：投射性的语言。你的感受确实是这样的。

我们经常把自己的情绪和孩子的情绪混淆，告诉孩子我们认为他们应该会有什么样的感受。例如，"那部电影不悲伤"或"你没生气"。你的意见被当作事实来表达。但孩子可能会生气或悲伤，哪怕这不符合逻辑。你可以自问：从孩子的角度来看，这个世界是怎样的？他的肢体语言和语调给了怎样的提示来体现他的真实情绪？

◆ 解决方案：区分的语言。我们的感受可能不一样。

支持孩子展开谈论他们的情绪。当你关注他们提出的话题时，可以去探索到底发生了什么。接纳情绪并不意味着沉迷其中。相反，不管什么情绪，围绕它展开对话，都能帮助孩子更好地理解它。波士顿学院的社会学家查尔斯·德伯（Charles Derber）描述了两种反应：转移与支持。转移反应意味着你将交谈转向你自己，支持反应则意味着不偏离孩子提出的话题。假如你的女儿说："我上跳水板时感到很紧张。"支持的回答可能是"为什么？"或者"你担心什么？"转移回答可能是"跳水很有趣。有一次，当我跳水的时候……"虽然你想帮忙，但她的紧张并未得到讨论，下次跳水时她可能会感到更大的压力。

大多数交谈自然会在转移回应和支持回应中保持平衡。但是，当你觉得孩子有更多的话要说，或者当她看起来特别脆弱时，应把注意力集中在支持回应上。

◇ 挑战三：羞辱的语言。你应该为自己的感受感到难过。

诸如"为那件事哭泣是愚蠢的"或"只有婴儿才会害怕"之类的评论，显然是在羞辱孩子。"这没什么大不了"或"好吧，已经够了"也是给孩子发出信号："这不是我想要你有的感受。"

◆ **解决方案：进展的语言。如果另一个人的（或你的）感觉一开始让人难以理解，或者让人"感觉不好"，那也没关系。**

情绪需要时间和交谈才能被理解。很多时候，孩子的情绪会突如其来：比如，兄弟姐妹中的一个在玩伴聚会上哭起来，或者朋友感到被一个笑话冒犯。他们自己的感受也会让他们感到惊讶或困惑。这种情况发生的频率比你想象的要高。孩子嫉妒时可能会说"我很生气"，或者失望时说"我很难过"。交谈可以让孩子更精准地了解自己的情绪。使你了解他们需要什么样的支持。

把感受看成如天气一样中性和多变的东西。以建设性的方式对待各种情绪。强调没有什么情绪是"坏的"。永远幸福不是目标，这对孩子来说不现实甚至不健康。如果一个孩子说他有不同的感觉——比如，他说他感觉"阴沉"并且想感觉"更阳光"——可以问："我们怎样才能转移那些阴云？"让孩子看到他的反应在他的控制之中。同时，强调我们可以有不止一种感受。如果孩子说出了一种情绪，但看起来不确定，你可以问："就这些吗？"或者建议："听起来确实很刺激，还有别的吗？"给孩子时间去思考和讨论，或者做出示范。你可以说："我对演讲感到既兴奋又紧张。"

◇ 挑战四：孤立的语言。只有你会有这种感受。

诸如"你有这种感觉真是太奇怪了"或"我不知道有谁还会有这种感觉"之类的评语，会让孩子觉得他们的情绪让他们显得古怪，而且不应该把这些情绪告诉别人。

◆ 解决方案：团结的语言。我们可以一起处理这些情绪，并且你的独特性不会使我们分开。

合作、鼓励的语气有助于孩子感觉自己并不孤单。当对话停止或陷入困境时，鼓励性的语言能起到帮助作用。这类情绪谈话可能会导致谈话陷入困境，尤其是如果孩子对这类对话还比较陌生时。例如，当孩子反复说"我不知道"但你仍想交谈时，或者当你们的交谈陷入停顿时，请关注以下原则：

疑难解答：打破对话僵局的小贴士

如果孩子在对话中僵住了不知道说什么：

◎给出选择："更像这样，还是更像那样？"

◎问一个更简单的问题，关注她的实际经历：不要问"如果发生这种情况，你会有什么感觉？"（不要让她想象），试着问"你对昨天发生的事感觉如何？"（请她讨论已经发生的事情）。

◎举一个你自己生活中的例子："今年冬季我们没有去度假，我感到很失望。你对什么事感到失望？"

◎说出你感受到的孩子此刻的情绪，然后核实："你看起来很沮丧，是这样吗？还是沮丧与其他情绪混在一起？"

◎注意情绪引起的身体感觉："当我感到失望时，我会感到胃不舒服，有时我的脸会发红。你感到失望时是什么样的？"

◎回到之前的话题或评论："我记得今天早上，你说你的朋友要搬走，你能说得更详细一些吗？"

◎温和地探索孩子的观点："你说你不想去野营，能详细告诉我为什么吗？"

◎暂时抛开话题，给自己一些喘息的空间："我觉得我们都有点过于激动。我们为什么不休息一下，之后再谈呢？"

◎鼓励孩子描述她需要什么："什么能让你感觉更好？你认为你应该（独处一会儿，做深呼吸，来个拥抱，说出来）？"

◎强调你正在尽最大努力："我想理解和帮助你，我正在想办法。你认为我们可以做些什么不同的事情？"

概括说来，可以试一下这些交谈习惯：

交谈习惯 1　移情探险

教孩子在思考和行动中进行移情探险，即与那些情绪复杂或情绪不明显的人交谈并试着给他们提供帮助，或者用孩子一开始没想到的方法与人交往和提供帮助。把这样的探险看作伸展孩子的"同理心肌肉"。例如，也许他可以主动接近一个看起来很孤独的同学，或者询问一个在场边观看的朋友是否想加入游戏。帮助孩子决定哪些行动适合当时的环境和他们的个性。另外，注意你什么时候会对孩子的想法感到不舒服，并找出原因：你认为这不是一个好计划，还是仅仅因为这个计划超出了你的舒适区？

交谈习惯 2　使用“如果”

尝试使用条件对话，帮助孩子看到他人的观点。使用“如果”和“好像”等假设，帮助孩子创造性地想象他们在不同环境下的言行。从孩子在环境中注意到的东西开始，或者把书本作为出发点。如果孩子是巴西农民，或者是墨西哥商人，他们需要有什么优势？可能会面临哪些障碍？鼓励孩子进行角色扮演，像奥运会参赛者、超级英雄或实验失败的科学家一样说话。尤其在开始的时候，要让孩子想象自己孤独、贫穷或受伤，他会感到很难想象，甚至感到压力，因为现实状况并非如此。但是，以安全的方式探索一系列的感受，会让孩子在以后真正感受到这些感受时，或者当孩子遇到真正有这些感受的人时，能够理解并接受这些情绪。

鼓励孩子分享他人的快乐。树立榜样，让孩子学会对别人的成功持正面态度。比如她抱怨她的朋友在比赛中获胜，让她知道感到嫉妒是可以的，但还要探索如果是她自己赢了会有什么感觉。你可以问：如果你是赢家，你希望你的朋友如何回应你？你怎么才能表现出你的钦佩或自豪？

始终接纳神秘性

同理心这个概念受到如此广泛的误解，难怪交谈会把我们引入歧途。我们可能会认为情绪应该完美，就像烤箱里的蛋糕。当情绪不完美时，我们就转身把门关上。但是培养有同理心的孩子意味着培养马克·布兰克特（Marc Brackett）所称的“情感大师”——他们知道情感看起来和听起来是什么样子，并且会接纳各种情感。这要从我们自身开始，从我们谈话中提供的开放性，以及我们展示的自我同情开始。当更真实的想法和感受浮出水面时，我们就能开始探索面前这个充满神秘的孩子。诚然，这并不总是那么容易，但是，当它顺利展开时，可能会令人惊讶、发人深省甚至乐趣无穷。正如《关键教养报告》(*Nurture Shock*)一书的作者波·布朗森(Po Bronson)所说:“正是在孩子最神秘的时候，作为看护者的我们才能学到新的东西。”

Tips

交谈策略

试试用以下策略来开启交谈：

从幼儿到学龄前

从孩子们听到或看到的开始。试着问孩子：

- ◆ 当你看到另一个孩子时，他的面部表情或身体告诉了你什么？
- ◆ 当你做这些动作（握紧拳头，或高高跳起）时，你有什么感觉？
- ◆ 试着按照你朋友的方式把他的话说一遍。你有什么感觉？

讨论每个人寻求帮助的方式有何不同。比如说，一个朋友看起来很难过。可以问孩子：

- ◆ 你认为你的朋友是想要一个拥抱，还是想自己安静一会儿？你是怎么知道的？
- ◆ 如果那件事发生在你身上，你会想要什么？你觉得他想要的跟你一样吗？

小学生

专注于如何细致地理解别人：

- 如果你的朋友错过了夏令营，却能见到他的祖父母，他会有什么感觉？

就孩子提出的话题，指出其中暗含的困境：

- 比如一个孩子生病了，但不想去看医生。他的父母该怎么办？

支持孩子从不同的角度思考问题：

- 如果你的学校不再出售午餐，谁会受损？谁会受益？
- 你怎样看待把鸟作为宠物关在笼子里的行为？如果这样做违法，谁会受益？谁会受损？

中学生

探索更复杂的情感、困境和与众不同的观点：

- 如果你看到最好的朋友被别的朋友欺负，怎么办？
- 如果你的朋友发现他父亲犯罪了，怎么办？

帮助孩子从多个对立的角度考虑问题：

- 气候变化对身在美国的你和对你巴西的表亲可能有什么不同的影响？
- 为什么一家公司会决定停止向 18 岁以下的儿童销售电

子游戏？这会对孩子、家长和电子游戏公司产生怎样的影响？

今天就可以试试：

进行一次“培养同理心”的交谈，相互提问：

1. 你希望别人“懂”你什么？
2. 当你感到愤怒/悲伤/失望时，什么最能帮助你感觉好一些？
3. 下次你的朋友或亲戚情绪低落时，你该如何帮助她？

第 4 章

增强自信心与独立性的交谈：鼓励孩子勇于挑战

Conversations for Confidence and Independence: Encouraging Your Child to Embrace Challenges

我不畏风暴，因为我正在学习如何驾驶航船。

——路易莎·梅·阿尔科特

“我们做些什么呢？要等好长时间才有烤肉吃。”7 岁的索菲与两个玩伴发牢骚。这是一个休息日，我们在屋顶的公共露台上烧烤。

“拿着。”我捡起几支落在露台上的粉笔给索菲。

“但我们没有黑板。”她疑惑地盯着我。

屋顶露台的木地板看上去是可以洗的，现在离晚餐还有一个小时，我也不能让孩子们靠近烤架。“你们在地板上画画，好吗？”

“你让我们把地板搞得一团糟？”她和她的朋友尖叫起来。

“过后把它清理干净就行。”我说。

“好吧。”她们很快撒腿跑开了，忙着画红心和跳房子的方格。连保罗都抓了一把粉笔。看着孩子们越画越多，我心想邻居会不高兴的。很快，整个地板都画满了。两小时后，我拿起了水管。

“我们会打扫的。”索菲跑了上来，她的朋友们跟在身后，“你说过我们应该把地板画满，对吗？”

“没错，”实际上我忘了这样说过，“但是已经很晚了，我来打扫。”

“不！”她们大声喊叫，“这是我们的作品。”

我争不过，把水管递给她们。我觉得这是她们的小花招，为的是在外面待到很晚，看烟火和飞机表演。她们提出帮忙，而我也不是一个善做家务的人，所以我让她们又刷又刮，边画边清理，直到日落时分，索菲的朋友得回家了。

“拍张照片，”一位朋友脸上露出灿烂的笑容，“看，整个地板都干净了！”

孩子愿意提供帮助，也需要学会帮助

在各个年龄段，孩子都希望能帮助别人，他们也需要这样做——哪怕这种冲动已经被训练没了。他们就像过夜的客人那样，经常问主人“我能帮忙做饭吗？”或“你需要人铺床吗？”我们通常会回答：“哦，不，不需要帮忙。”客人们因此只好四处游荡，他们受到很好的照顾，但感觉自己没用，他们本来希望你说：“好的，你能帮忙把盘子收起来吗？”

对孩子来说，帮助别人是自然天性，这种天性可以让他们融入社区，同时促进同理心的发展。哪怕是最闷闷不乐的青少年，如果你请他帮忙为派对选择音乐、挑选股票或修理汽车，他也可能会立刻精神振奋。这取决于孩子的兴趣、个性以及成长阶段。在今天的世界，用社会学家薇薇安娜·泽利泽（Viviana Zelizer）的话来说，青少年往往被看作“在经济上一文不值，但在情感上是无价之宝”。所以，做出有价值的贡献可以帮助青少年建立信心，赋予他们尊严。当我们出于良苦用心包揽家务时，孩子就错过了机会，最终还会对家务产生“过敏反应”。我们的交谈也会受到影响，因为我们往往会突出强调孩子的需要，而不是他们的能力和取得的进步。我们多数时候都在指挥管理，不太注意鼓励孩子的主动性。更糟糕的是，当任务堆积如山时，尤其是那些是我们知道孩子能做的事情时，我们往往会感到愤恨。孩子做得越少，我们就越难将他们视为独立的人，越难想象他们能走多远。

正如我们在上一章中看到的，我们希望孩子细心关怀他人，从他人的观点出发看待问题，并想象融入他人的心灵和头脑。我们还希望孩子感到自信和强大，准备好迎接日益复杂的挑战。随着孩子的成长，我们希望他们掌控自己的生活：设定他们关心的目标，并朝着这些目标稳步前进。我们希望孩子为自己感到骄傲。

让孩子们帮忙，哪怕是微不足道的忙，都是重要的开始。从孩子年幼时起，就从他们受天性吸引的事情开始。孩子嚷嚷着要“把整个地板打扫干净”来挑战自己，与我们将拖把递给她，要求她“把这里打扫干净”，这两者之间的区别是巨大的。在第一种情形下，孩子必须考虑最有效的办法是什么，她有时间做什么，甚至会考虑怎样请朋友帮助。在第二种情形下，孩子没有思考的余地。通过集思广益寻找解决方案和完成任务，孩子在踏实地建立信心和独立性。他们不需要通过花哨的比赛或奥运会级别的比赛来获得这些。事实上，成熟、自我意识及自信的基础因素，是通过日常点滴建立起来的：就是让孩子去做那些能够掌握的事情。这些事情必须出于孩子自己的选择，并能在过后进行反思。

我们经常认为，自信就是昂首出发、去征服群峰的虚张气势。但事实上，它与同理心有着深刻的联系。当孩子能理解周围人的感受和想法，能帮助到别人时，他们就会拥有良好的自我感觉。同时，他们得到的积极反馈，又让他们看到了自己更好的一面。这种良性循环培养了孩子的技能，也培养了他们的信心。

本章将探讨自信和独立这两种孪生品质，表明它们是如何通过交谈发展起来的。这种交谈从孩子的行动和我们发出的信号开始。建立自信意味着将交谈作为镜子，帮助孩子更清晰地看到自己，并感觉自己能够掌控一切。随着孩子能做的越来越多，也就养成了克服障碍的习惯。他们不会无所畏惧，但会全身心投入所面临的挑战。这是保持自信的关键。

本章还将探讨实现持久自信的两种主要交谈习惯：第一，注意他们不断增强的优势并做出相应的反馈，帮助孩子了解自己的状况——他们达到的技能水平和面临的挑战，思考如何让孩子看到超出他们目前能力所及的东西；第二，检验哪些方法可以克服挑战，尝试各种策略，支持他们反思这些策略的效果，帮助孩子敬畏他们走过的道路和仍然要走的路。这些习惯会让挑战看上去很寻常，甚至令人兴奋。这一切都始于我们自己对挑战感到舒适，并清楚自信意味着什么。

自信到底是什么

“自信”这个词会让你首先想到什么？许多人会想起戴尔·卡耐基（Dale Carnegie）等演讲大师的观点。也许你会想到一个滑板或攀岩明星完成了一个惊人的技巧。这些都是自信的例子。但实际上，自信的含义远不止这些——而且并不总是看起来闪闪发光或不可思议。

要把自信看作是一种“我能”的反应。这意味着你拥有自己能实现目标的信念，对自己的能力有一种总体上的力量感。你相信自己可以努力做成大事，并能在失败后重整旗鼓。这不同于所谓的自我效能感，那是指你对自己在某一领域技能的信心。例如，你可能在数学方面有高度的自我效能感，但在体育方面则不然。而自信并非如此。它是一种整体的感觉，适用于生活的所有领域。

自信关系到孩子的幸福和成就。研究发现，孩子对自己能力的感觉与成就之间的联系，比实际能力与成就之间的关系更为紧密。为什么？这与失败后的决策有关。孩子会再试一次吗？如果又没成功，她还会再试一试吗？更多的练习可以培养更强的技能——因此，孩子越是努力，她就可能走得越远。长远来看，你帮助孩子发展了坚毅。坚毅是心理学家安杰拉·达克沃思（Angela Duckworth）用来描述对长期目标的热情和坚持的术语。她和另一位心理学家卡罗尔·德韦克发现，成长心态往往会让孩子变得更加坚毅。面对挑战，他们会认为“我能克服它”。

独立性与自立闯荡、能承担适当风险的能力有关。这并不意味着你要“孤军奋战”，而是意味着你知道在何时、去向谁寻求帮助。独立和自信紧密相连，当有那种“我能”的感觉时，你就不太可能需要督促或扶持。你可能照样会寻求帮助来渡过难关或面对恐惧，但你会在害怕的情况下继续尝试解决困难。这种自信的态度在儿童时期尤其重要，因为所有的技能都还在发展中，孩子可以从这种进步过程中学习。事实上，他们必须这样做，否则便可能会感到束手无策。

孩子可以建立自信，也可能建立自我怀疑

无论是学习投球、做侧手翻，还是解数学方程式，孩提时代的经历都可以成为自信的训练场。当孩子看到自己投得更远或爬得更高时，他们必定会注意到自己的进步，并欣赏自己的技能发展。找到薄弱环节后，他们可以采取具体行动加以改善。不过，一直在进步的感觉会让许多孩子感到焦虑或不安全。尤其是当他们听到很多以成功为导向的谈话时，孩子会觉得自己永远无法“到达终点”，或者做到最好仍然不够。我遇到的很多孩子都表达了这样的感受。后来我意识到，这与我们如何与孩子交谈有很大关系。

即使是我们展示日常活动的方式也会影响孩子的自信程度。2019年，哈弗福德学院的心理学家瑞安 · F. 雷（Ryan F. Lei）及其同事发表的一项研究表明，6 岁到 11 岁的孩子会对自己“成为科学家”的能力失去信心，但不会对“做科学研究”的能力失去信心。研究者指出，许多孩子认为，他们可以把“做科学研究”作为日常活动来看待，但将来却不太可能成为科学家。使用不同的语言会产生巨大的差别。如果我们更少着眼于孩子可能会成为什么样的人，更多地关注他们在日常生活中能做些什么，他们可能会更加投入地去做。随着孩子慢慢获得更强的技能，他们会更有安全感、更自信。对于那些可能会让一些孩子感到困难的学科来说，比如科学，情况尤为如此。

在与孩子的交谈中，怎样反思和应对孩子的失败或挑战同样重要。乔赛亚是一名 2 年级学生，他擅长体育，但阅读能力很差。由于他面临

的挑战和安静的个性，他常常在课堂上感到困惑却什么也不说，也不主动寻求帮助。他设法回避大声朗读，因为担心同学们会嘲笑他。

在给乔赛亚做咨询之前，我见了他的父亲。他说："我告诉他，他会做得很棒，但他说他不这么想。"事实上，几个月来这位父亲一直在为儿子加油，而乔赛亚的技能却没有提高。在阅读方面，乔赛亚落后朋友越来越多，当他看到老师给他的书越来越简单时，他对自己更没有信心了。我评估了乔赛亚的阅读能力，发现他有诵读困难的迹象，比如读长一点的不熟悉的单词时会很吃力，拼写错误。我和他的老师决定采用一种不同的、更深入的方法来提高他的阅读能力。我开始每周与乔赛亚聊几次。

在这个过程中，我和乔赛亚围绕他如何谈论自己这个话题进行了多次交谈。第一次见面时，乔赛亚沮丧地告诉我，他是个糟糕的阅读者。"其他人都能战胜阅读，"他告诉我，"而我不能。"我们讨论了他不必"战胜"阅读或其他任何东西。相反，他可以在遇到不认识的单词时试着读出来，如果读不出来，就向老师寻求帮助。为建立他的信心，我们制作了一张跟踪图，可以观察他的阅读进度。我们还选定了一个口头禅，即一句他可以在阅读前反复说的话。他选择了"我来试试。如果太难，我可以停下来。"这使他不再认为成功是一件"要么全有，要么全无"的事，开始看到自己一点一滴的进步。

这种着眼于点滴进步的思想，使我想起了我和英国伯明翰大学心理学家罗里·迪瓦恩博士（Dr. Rory Devine）的谈话。他研究父母如何支持孩子的执行力，也就是进行改变、处理多任务和制定计划的能力——这是自信的重要基础。他发现，流动的对话尤其有效。在这类对话中，你要保持灵活性：提出帮助，然后迅速后退一步。

"当孩子表现得很吃力时，要加大帮助力度，然后当他们不再需要你时迅速后退。"他建议道，"要灵活，不要干预得太快。"将培养自信的交谈想象成潮汐：当孩子们陷入困境时，像潮水一样涌入；一旦他们走出低谷，潮水就撤退。用一种温暖和理解的语气，帮助孩子明白，做事费劲不是什么可怕的事情。

例如，想象你 4 岁的孩子正在做花生酱果冻三明治。他把所有的食材都端到桌上，然后停了下来，说他不知道该怎么做。你可以在开始时对他进行指导，如告诉他打开罐子，把面包放在盘子里；一旦他知道怎么做了，立即停止你的指导。试着最低程度地给他所需的帮助。用“你知道该做什么”的心态开始交谈。即使孩子不确定该怎么做，用提问的方式来帮助他，问“你看过我是怎么做的？”或者“嗯，你觉得接下来该怎么办？”这有助于让孩子感觉到是他在驾驭行动。通过塑造你在谈话中的立场，你可以帮助孩子感觉自己很强大，能够掌控局面。

建立恒心：让孩子感觉自己在掌控

就像在上述例子中看到的，赋予孩子掌控感可以使他们受益，不再害怕做那些感到吃力的事情。拥有一个内在的“控制中心”，意味着孩子相信他们可以改变。进步掌握在他们手中，至少部分如此，不需要依赖别人，也不需要依赖运气。当无法爬过攀爬架时，他们会后退一步，制定战略，再试一次。数十年的研究发现，内在控制感更强的儿童坚持的时间更长，个人成功的经验也更多。他们相信改变的力量就在他们的内心，因此不会感到无助。那些认为糟糕的情况是由于自己的错，以及把好事视为运气的孩子，往往比那些观念相反的孩子更容易感到难过，收获也更少，他们在晚年也往往更容易抑郁。随着时间的推移，自我言谈会影响他们对自己的看法，进而影响他们的行为和人们对待他们的方式。自我言谈积极的孩子往往希望别人善待他们，其他人也通常会更好地对待他们来作为回应。这是我们所有人都想要给到孩子的东西。

好消息是：通过深度的交谈，你可以帮助孩子扩大控制点，让他们看到，在他们力量掌控之下的事情比想象中更多。这种交谈赋予孩子力量去选择自己的目标，决定前进的步骤，并在他们的策略不奏效时评估新的策略。这样的谈话对那些开始感到无助的孩子来说尤其重要。比如，他可能会说："嗯，我无能为力。"但是，他们也可以用更积极的态度提问，如"下一步我能做什么？"将更多的事情放在孩子的掌握中，可以让他们做更多的事情，并能以更具建设性的方式反思失败。

假设你的孩子在摔跤比赛中的表现比他预想要差。为什么？也许他是在与实力更强的摔跤手竞争，也许是他被划到了一个新的年龄级别。但他吃得怎么样？睡得怎么样？他训练的效果如何？在他要输的那一刻，他是如何谈论自己的？注意并反思这些因素，尤其是他的自我言谈，这是做出改变的第一步。带着好奇心和同情心，你可以帮助孩子找到需要改进的地方，并探索如何改进。尽可能使用积极的语言，着眼于未来。问问孩子认为他自己可以做些什么。渐渐地，当孩子开始自己寻找解决方案时，他就会对自己的决策产生信心。

培养信心的交谈

几年前的一天，我和女儿坐在一个游乐场里。她想休息一下，我们就坐了下来，看着一群孩子玩攀爬架。呼吸着冬季的清新空气，我注意到这里其实有两群孩子，都在4岁到6岁左右，但他们的表现非常不同。第一组爬得更高，爬过一个悬梯，下面有让他们跳下的坑。第二组爬得低不少，比较靠近地面。这组孩子看起来很害怕，尽管他们离地不到1英尺（约30厘米）。

被两组孩子之间的差异吸引，我开始仔细听他们在说什么。在第一组中，我注意到一些令人惊讶的事情，当孩子们爬得更高时，父母或看护者相对安静，没有太多干扰，也没有鼓掌或欢呼。相反，当孩子们爬过去时，大人们走开站到一旁。“很好，”其中一人赞许地说，“你比以前多爬了三步……你觉得你还能多走几步？”另一个大人只是淡淡地说：“是的，你明白了。如果你摔倒了，你知道该怎么办。”

在这一组中，孩子们互相交谈，但不是比较谁爬得更高。他们开着玩笑提醒彼此他们已经爬了多远。“你说你可以爬到一半，对吧？”一个孩子问另一个，“现在你爬得更高了。”“好吧，看这个。”第二个孩子回答着又爬了一步。

孩子们一起攀爬，有孩子几乎要掉下来时，看起来就像在笨手笨脚地跳复杂的芭蕾舞。“你还没爬到那里呢，”一个成年人对一个中途掉下来的孩子说，“但是走着瞧——我打赌你过一会儿就能爬到。”“也许吧。”孩子点点头，又回到起点。

第二组的情况并非如此。大人在一旁吵吵嚷嚷，绿树成荫的空间里回荡着他们的击掌和欢呼声。与第一组成年人相比，他们站得离孩子更近，不停地说话，直到孩子们停下来往下看时才住嘴。“别看下面。”一位女性对一个小男孩说，但那个男孩还是看了，然后松开了握在架子上的手，摔倒在地，蜷着身子哭起来。操场的地面很软，我想他没有怎么伤到，但那个女人紧紧地抱着男孩，尖声说：“够了，别哭了。听话，别哭了，你不是婴儿。我告诉过你不要往下看，对吗？”

“我知道，”孩子哭着说，“我不该这么做。这是我的错。”

我离开后，那些对话还萦绕在我的脑海中。从远处看，这两组人看起来很相似——但是，他们的谈话中是否有什么东西帮助了他们的孩子继续下去，并且扩展了孩子目前的能力？虽然第一组里的成年人没有说太多，但他们对孩子已经走了多远给出了反馈。他们用了“还没有”这个词，比如“你还没到那里”，隐晦地表达了乐观和希望。正如在第 2 章中提到的，斯坦福大学心理学教授卡罗尔·德韦克强调这个词的使用，因为它意味着孩子最终会达到目的。她在 2014 年的 TED 演讲中讨论了“相信自己可以进步的力量”。这些成年人把进步的力量放在每个孩子的手中，这意味着孩子都能掌控自己走多远。成年人发出的信息是：坚持下去，你就会成功。做你觉得舒服的事，但也要冒险，拓展自己。要检查核实，摔倒了也不要担心。

第二组呢？掉下来的孩子似乎很害怕，并责备了自己。我想，这种自我批评只会让他感觉更糟，当他再次尝试时，也不太可能帮助到他。

此后我开始更多地思考，微小的互动如何影响孩子的信心。重要的不是宣言或教诲，不是任何旨在“建立信心”的活动，如滑索或攀岩。最微小的时刻、最日常的挑战便是机会所在。

那么，我们如何通过行动和互动对话，以让孩子做主的方式来培养信心？正如德韦克所说，建立信心不仅仅是我们说了什么或没有说什么；同样重要的是我们如何积极地倾听孩子——我们在多大程度上听到了他们隐藏的恐惧和不安全感，在讨论这些问题时我们是否足够开放。

在第 2 章中我们提到，拥有成长型思维对孩子来说至关重要。有了这种思维，孩子们会意识到，他们的努力可以影响自身的技能，智力和技能都可以被改变。这与固定型思维形成了对比。固定型思维会让你认为自己要么聪明，要么不聪明，努力无济于事。为促进成长型思维，我们在交谈中应该赞扬孩子的努力，而不是她本人。假设孩子的数学考得很好，试试说“你一定很用功”而不是“我猜你天生就数学好”。帮助孩子看到是她的努力改变了结果，而不仅仅是因为她很聪明。把注意力放在努力上能建立起孩子的信心，因为她能从中看到，自己可以通过努力来应对挑战。研究发现，拥有成长型思维的孩子，往往比固定型思维的孩子坚持的时间更长。

此外，对孩子的赞扬要具体。与其说“你得了 95 分，我猜你已经搞懂了”，不如说“分数问题你都答对了”。这种用词的变化可以让孩子确切地看到自己的成功之处，提高她的自我意识，并向她展示在哪些方面还有成长空间。最后，突出强调行之有效的策略：“你知道做分数除法要将除数的分子分母颠倒再相乘。”这有助于孩子明确看到自己的努力在哪些方面带来了成功。下一次，她就可能使用这种策略。

这些固然都很好。不过，只专注于我们应该说什么依然漏掉了一些重要的东西。对话中的互动发挥了什么作用？怎样帮助孩子改进自我交谈和与他人的交谈？建立孩子的信心，不仅在于我们所说的话，还在于孩子自己所说的和所做的。

培养自信的双人舞

在一家双语诊所进行临床实习时，我遇到了 3 岁的女孩露丝，她有严重的语言迟缓和皮质性失明（因脑损伤导致的视力丧失）。出生时，露丝大脑缺血，身体也有残疾，只能爬行不能行走。

遇到露丝之前，我从未见过患有皮质性失明的孩子。我以为她只能一动不动地坐着，想要参与交流但无能为力。在我们第一次会面之前，我正从壁橱里挑选她可能喜欢的玩具，房门突然打开了，一位女士推着一辆婴儿车进来，欢快地说：“我们来了！”我对这一幕感到十分惊讶。

这对母女刚一进来，女儿立即解开安全扣，趴到地板上，爬遍了房间的每个角落。她被母亲手里装满毛绒玩具的塑料盒吸引，抓起一个又一个玩具，微笑着说：“我喜欢那个。不是这个，是那个！”露丝继续在房间里探险，这位妈妈自我介绍说，她叫吉尔，是露丝的妈妈，也是一名儿科护士。

当露丝爬到桌子底下时，吉尔问道：“下一步做什么呢？记住，如果你被卡住了，可以滚着出来。”当露丝回到玩具箱找球和胶带时，吉尔一边用赞许的眼光盯着露丝一边问我：“你相信吗？她每天都能做一些新的事情，说一些新的话。她太忙了，太好奇了。我都跟不上她。”

我们看着露丝继续玩，也开始进行评估。45 分钟过去了。吉尔看着露丝探险，除了偶尔对她选择的物品发表评论“哦，你喜欢那个吗？”之外，大部分时间保持沉默。

吉尔表现出来的旺盛精力和浓浓爱意引起了我的兴趣，我直截了当地问她：“抚养一个患有这种疾病的孩子有什么感觉？”吉尔告诉我，露丝出生的第一年，诊断结果几乎使她崩溃。一开始，吉尔担心女儿的生活选择非常有限，甚至会受到排斥。但时间和经验让她采取了另一种策略。她决定只把露丝和露丝自己进行比较，将她的成长视为一条独特的弧线。她更少关注露丝能实现什么目标，更多关注她给每个人的生活带来的快乐和愉悦。吉尔没有专注于露丝的缺点，而是把重点转向帮助露丝为家庭和社区做出贡献。

“我也学会了同等对待戴维。”吉尔这样告诉我，“他从这种方式中受益，甚至比露丝受益更多。”戴维是她 8 岁的儿子，没有任何残疾。

吉尔解释道，戴维一直都谨小慎微，回避风险。作为回应，吉尔经常鼓励他——实际上是“过度鼓励”。她笑着说，哪怕戴维只是把最小的事情做好了，她也会说“做得好！”或者“我就知道你可以！”

令吉尔沮丧的是，事与愿违。戴维没有在得到鼓励后去做更多的事，而是反驳说：“不，干得不好。”如果戴维当时是在读书，听到鼓励，他会把书合上。后来，戴维生气地说：“我就知道我不擅长这个。”但当吉尔采用与对待露丝相同的方法时，情况开始发生变化。她不再对戴维赞不绝口，而是只在她真的感到惊讶的时候才表扬他。从戴维想要实现的目标开始，母子两人讨论了他该如何去实现。基于这些目标，吉尔跟踪戴维的进展情况，并时时询问他对下一步的想法。

很快我们的咨询结束了。吉尔一边给露丝束好婴儿车里的安全带，一边告诉我，她很高兴看到两个孩子茁壮成长，也很欣慰他们从小便表现出主动性和主人翁精神。吉尔的话让我想起了心理学家爱德华·德西（Edward Deci）和理查德·瑞安（Richard Ryan）关于内在动机的研究。当受到内在动机的驱使时，孩子努力纯粹是因为他们想要努力，而不是因为有人在他们面前伸出了胡萝卜。

我们总是会遇到这两种动机。假设你的目标是跑 3 英里（约 4.8 千米），也许有这个目标是因为你的医生提醒你需要保持更好的体形，否则可能会出现健康问题（外部动机）；也许是你发现跑步很有趣（内在动机）。内在动机是持之以恒的关键，可以让你进行更多练习，在工作中找到意义和乐趣。

反思技能和挑战：帮助孩子建立内在动机

正如德西和瑞安所说，孩子要获得内在动机，需要具备三个要素：自主性或自主选择的能力；能力感，即能够掌握技能并在较弱领域加以改进的感觉；亲和力，即与他人的亲密关系。在吉尔身上，这三个要素相互交织。吉尔给了露丝自主权，或者说是一种选择感。她没有指挥，而是问露丝下一步想去哪里。吉尔对风险（被困在桌子底下）给出了轻松的建议，让露丝知道该怎么做，这给了露丝一种能力感。吉尔亲切地和露丝坐在一起，在露丝探险的过程中给她一种舒适和兴奋的感觉，这展示了吉尔与露丝的亲切联系。

这样的交谈具有内涵丰富交谈的所有元素。吉尔谈话具备了 A：适应性，随着露丝的兴趣变化而变化；包含了 B：有来有往的交流，而不仅仅是单向的谈话；体现了 C：孩子驱动，专注于从露丝感兴趣的地方入手。

我开始深入研究表扬孩子的问题，结果令我惊讶。过分的赞扬会让孩子感到不自信，尤其是当他们的自尊心很弱的时候。俄亥俄州立大学的研究人员提出了“赞美悖论”的说法，即言过其实的表扬往往会在孩子遭遇失败时降低他们的自我价值感。同样的道理也适用于“聚焦在对人本身的表扬”，即表扬的重点是孩子是谁，而不是他们做了什么。也就是说，表扬孩子时说“你太聪明了”而不是“我很高兴你能游这么远”同样会带来负面效果。这项研究的作者之一，乌得勒支大学的埃迪·布鲁梅尔曼（Eddie Brummelman）说，聚焦于对人本身的表扬会让“孩子们把失败归因于自身”。是的，当一个孩子成功时，他可能会觉得自己很聪明；但当情况不顺利时，他也会感觉自己“愚蠢”。

从年幼的时候起，孩子们就能嗅出虚假的赞美。他们会注意到我们的肢体语言和夸张的语调。夸张表扬是一种自然习惯，我在自己身上注意到了。“这实在太令人钦佩了。”当索菲吃力地骑自行车，刚骑了两秒就摔倒时，我这样夸她。但这种过分热情的赞扬往往适得其反。布鲁梅尔曼的研究发现，成年人往往会对自尊心较弱的孩子给予夸张的赞扬，但这种赞扬实际上消减了孩子寻求挑战的倾向性。

大多数孩子都想听到别人以富有同情心的方式评价他们技能的真实水平，他们想详细讨论好的和坏的方面。夸张的表扬传递出一个信息，即孩子无法应对困难：失败是一件可怕的事情，而不是他们可以面对的自然事实。经常听到过分的赞扬，孩子就会开始努力避免失败，回避有益的挑战。更重要的是，当我们把孩子的失败隐藏起来，他们看到失败的时间就会过于短暂，不足以促使他们进行反思。这使孩子无法从失败中吸取教训，甚至无法看到教训。

事实上，如果孩子能够客观地看待失败，失败就是一个丰富的信息库。掌握从失败中学习的艺术——无论是在学术、社会生活还是其他领域——比任何讲座都能培养更多的技能。正如杰西卡·莱西（Jessica Lahey）在《允许孩子犯错》(*The Gift of Failure*）一书中指出的那样，“这个工具箱，即学生在失败、调整和成长中积累的技能储备，比任何数学公式或语法规则都更重要”。尽管如此，帮助孩子学习这门艺术并不容易，一路上会洒下许多泪水，遇到许多挫折。更重要的是，孩子们必须对学习保持开放的态度。不是我们想让他们从失败中学习，他们就会这样去做。

那么我们的交谈有什么帮助呢？理想情况下，内涵丰富的交谈可以支持孩子清楚地看到自己的进步，找出障碍，将失败转化为催化剂。从强调过程开始，探索经验的灰色地带，而不是进行失败与成功的黑白对比。少想“坏”或“好”的问题，多想想“如何”“在哪里”“为什么”等问题：接受挑战的感觉如何？什么事情让你乐在其中，什么事情让你觉得无聊？你在哪里卡住了？你用了什么策略？你如何设定一个新的、更具挑战性的目标？鼓励孩子用具体和客观的语言谈论自己的成就。强调在可能的情况下进行尝试的乐趣，对雄心勃勃但最终失败的尝试付诸一笑。我听到过一个女孩在操场上试图倒立时说：“哇，我摔倒了——但那是一个疯狂的侧手翻！”我们也可以看看下面的例子：

做出小调整：赞扬成长

“看看我做了什么。”你的孩子一边说，一边举起一个火箭模型和使用说明书。

不假思索的回答：	促进成长和探索的回答：				
“太棒了！做得好。”	“你最喜欢做哪个部分？”	“哇！你看了多少说明书？你觉得它有用吗？”	“翅膀部分看起来很复杂。你是怎么把它们组合起来的？”	“它看起来好像真的可以飞。要不要拿到外面试一试？”	“做模型的感觉如何？有没有在哪些地方卡住？”

我们给出的信号

对过程的关注，可以帮助孩子不受失败和成功的过分束缚。同样重要的是，为提高孩子接受挑战的意愿，要注意我们如何谈论自己的成功或失败。有时，我们甚至意识不到我们在限制或贬低自己的能力。回想起来，我在一场暴风雪期间生下保罗，之后因为出现并发症而不得不住了几天院。这段时间我们雇了临时保姆雅尼娜。之前的几个冬天，索菲都让我带她去滑冰，但我不擅长滑冰，总是让她和爸爸一起去。我告诉索菲以后会和她一起去，努力不让自己听起来有逃避的意思，然而我从来没去过。后来，索菲告诉我，她觉得溜冰很可怕，我感觉自己对她有这个想法要负部分责任。一天下午，索菲冲进我的病房，后面跟着雅尼娜，笑着说："我们去滑了几个小时冰——很容易！我甚至还用了一下蓝鲸鱼。"

溜冰场里有塑料鲸鱼，孩子们可以在练习滑冰时抓着它们。索菲抓着一只鲸鱼练了一会儿，很快就能跟着雅尼娜四处滑了。雅尼娜是一位自信的滑冰者，她让这项活动看起来很有趣。

为什么索菲的恐惧消失了？我回想起我们有过几次谈话。我笑着说我永远都不会滑冰，因为我在南方长大，那里很少下雪。虽然我会游到很远的海里，但我永远不可能擅长冰雪运动。在那些谈话中，我传达了一个关于我是谁的信息。我让索菲觉得，我的技能永远不会改变。这就是很多对话的表达方式。我们对于自己能做什么、能成长多少所发出的微妙信息，会不知不觉渗透到孩子身上。

信心需要有增长的空间

考虑到这一点，我开始追问：如何在每天的交谈中向孩子展示我们乐于尝试新事物？反思我们自身的技能和评估自身的能力，会如何帮助孩子效仿我们的做法？为获得更深的了解，我联系了"放养孩子"项目的创始人勒诺·斯科纳兹（Lenore Skenazy），她写了一本同名畅销书。斯科纳兹的最新倡议是创立了"任其成长"项目——通过日常谈话来鼓励孩子的自信心和独立性。

电话里的斯科纳兹热情洋溢。她认为，培养自信的对话要从我们自身开始。“任其成长”项目始于她注意到的一些极端情况，即孩子的表现远远低于他们的能力，其中许多孩子都来自富裕家庭。12 岁的孩子没有允许不能使用锋利的刀，青少年没有允许不能去街角的商店。“任其成长”项目就是斯科纳兹的对策：她希望通过这个项目能开启对话，放松束缚，使孩子觉得自己有能力做更多的事情。

这个项目的特别设置在于，它要求孩子选择他们认为父母会禁止的活动或任务，向父母询问，获得许可，进行活动，最后反思活动进行得如何。活动可以是任何形式：独自走到邻居家，点一份比萨，参加舞蹈表演试镜，等等；也可以是为其他人做事情。在纽约韦丁河河源中心学区任教的加里·卡尔森（Gary Karlson）告诉我，他班上的一名 3 年级学生利用这个机会教了母亲一些英语单词。项目的关键是，孩子们选择自己的活动，并在活动结束后进行反思。“这个项目最好的部分，”斯科纳兹说，“是它改变了父母和孩子之间的对话。”当交谈从关注孩子的能力开始时，它变得更加积极。在得到允许的情况下，孩子们突破了自己的舒适区，而且往往能取得成功，这让他们建立了信心。它也改变了亲子之间的动态，交谈话题转向了孩子们能完成什么，以及如何完成。

父母很容易陷入与孩子的拔河比赛中，因为孩子们要求拥有更多的独立性，而父母则着眼于风险。在谈论新挑战时，我们可能会一开始就列举危险或制定规则。但信心不能在真空中培养出来，孩子需要挑战自己。通过制定恰到好处的挑战，我们可以让孩子拓展他们的边界，重新审视自己的能力。如果某项挑战看起来风险太大，那就讨论一些孩子可以尝试的挑战。也许一个孩子无法独自乘坐火车，但他可以和朋友一起。

当你的态度表明你欢迎孩子的倡议时，即使他的计划行不通，你也让他看到了你的希望。将自己当作导师，表达帮助他人的渴望。活动本身很重要，但更重要的是你如何架构它。当孩子想尝试新事物时，你会如何回应？当孩子提到一项具有挑战性的新任务，但任务又稍微超出他的能力范围时，你的语气和肢体语言是否暗示了你的开放态度？

建立自信的“三个 E”原则：选择目标和反思目标

为了培养自信，使用“三个 E”原则，支持孩子选择目标并反思目标：

1. 拓展（Expand）。充分讨论孩子选择一项挑战的原因。弄清楚他的动机是什么，这项挑战会如何满足他的需求，或让他超越现有技能。

2. 探索（Explore）。成功对孩子来说意味着什么？他想用什么作为标准？也许一个孩子想在跑步上更进一步。他是想跑去朋友家，还是想参加赛跑，还是他想跑快点跟上朋友的步伐？尽可能地帮助孩子做到具体和客观，这样他就有了一个可以达到的标准。围绕要实现的目标，集思广益，探讨各种可能性，开放地对待所有想法。讨论可能遇到的障碍，并主动制定战略。例如，他跑得上气不接下气怎么办？或者一开跑意识到自己起步太快怎么办？同时关注感受和事实：对于实现目标，孩子有什么感受？如果他被卡住了，如何避免恐慌？对成功进行个性化设计：孩子想如何庆祝？注意“何时”和“是否”之间的区别——前者看起来成功似乎只是时间问题，后者听起来可能根本就不会成功。

3. 评估（Evaluate）。如果孩子制定了一个目标，又想要更改，怎么办？没关系。事实上，如果一个孩子意识到自己的目标不再适合，不想再浪费时间，可能是一种自我意识的表现。帮助孩子坚持目标一段时间。但要强调，改变目标并不意味着失败。如果孩子的兴趣发生了变化，也许他的目标会有所不同：比如说，他不再想学跑步，而想学自行车或空手道。或许他的第一个目标过于雄心勃勃，那就需要把目标放低一些：比如说，试着跑 1 英里（约 1.6 千米）而不是 3 英里（约 4.8 千米）。和孩子一起重新思考这些目标，制定一个计划。此外，帮助孩子看看他是否只是因为某件事新鲜或困难而改变目标，或者他是否总有新的目标。在这种情况下，坚持一段时间可能是值得尝试的方法。

在孩子朝着新目标前进后，帮助他进行反思，将他的期望与现实相比较。有什么给了他正面的反馈？出现了哪些意想不到的障碍？这对下一次来说意味着什么？向孩子强调，找到“恰到好处”的目标对所有人都是一个过程。孩子愿意进行这样的交谈，就意味着他已经上路了。

看清混乱之外的问题

如果孩子想做一些又脏又乱或结果可能适得其反的事，该怎么办？尤其是年幼的孩子，这样做会非常令人沮丧——更不用说清理起来令人筋疲力尽。但是，混乱的背后往往隐藏着探索的动力。认识到这一点，可以帮你少用负面眼光去看待孩子的尝试，这是你与他合作的第一步。以“可怕的 2 岁”（保罗常把它说成“可怕的脚趾”，当有人问他的年龄时，他最喜欢这么回答）为例（“可怕的 2 岁”指孩子在 2 岁左右会表现出很强的叛逆。保罗混淆了“脚趾”toe 与“2 岁”two 的发音。——译注），丹麦的父母称 2 岁为“边界年龄”。蹒跚学步的孩子通过做荒唐的事测试自己：我能一次摞起多少个盘子不掉下来？我能挤出多少番茄酱？通常，他们只是出于好奇，而成人却把这种好奇心理解为叛逆。

父母需要认识到，想突破极限是孩子的天性，哪怕他们做的事让人发疯。问问自己：这种行为背后有什么好处？孩子试图想出什么主意？你可能仍然会感到恼火，但你不太可能往心里去了。因为它们并非针对你本人。孩子认为，墙壁和纸张都是用来画画的。或者他想“如果……那么……”这个诱人问题的答案，好奇心驱使他去做这些事。

就拿小孩常常把卫生纸全部扯出来这个典型例子来说，毫无疑问，这样的事令人恼火。但孩子到了对这样的问题感兴趣的年龄：卷筒里有多少纸？要用多大的力气去扯才能扯完？卷纸的最后是什么？这并不是说你应该让他这么做，但你可以与他进行一次特别的交谈。以往典型的交谈常常是“嘿，住手”，然后就结束了，你感到恼火甚至大发雷霆。但孩子可能会发现你的反应令他兴奋，甚至会把它理解为一个游戏（我的一个朋友称之为“让妈妈发疯”游戏）。很快你会发现自己陷入了一场意志的拉锯战——结果是浪费了更多卫生纸。

相反，你可以设定界线，在告诉他不能这么做的同时，仍然培养他的信心和从别人的立场看问题的能力。深吸一口气，轻松应对。“哇，真是一团糟，”你可以说，“你认为要多久才能把纸恢复原状？”以玩游戏的方式拓展孩子的思维。比如说：“它看起来像棉花糖。你觉得它看起来像什么？”指出他的行为对他人的影响，问：“你想用脏了的卫生纸吗？”或者说：“把纸都拿出来，对其他人来说是浪费。”

然后你可以问问自己：是什么冲动驱使着孩子？也许是他喜欢猛拉这个动作，也许是他好奇卷纸的最后是什么。进行探索：引导孩子进行类似的、不那么混乱的活动，例如，从抽屉里拿出围巾。将事后清理变成一个游戏，评估孩子的冲动是否得到了满足。

这类交谈会支持孩子的独立性，同时也让他看到，凡事有规则，其他人的感受很重要。努力与孩子建立伙伴关系，不要做出太强烈的反应，向孩子示范如何调节自己的情绪。反思孩子的冲动，会引导他做出对每个人都更有利的决定。也让孩子看到，混乱不是永久性的——但他确实需要采取行动，进行清理。

使用“三个 E”原则战胜失败

学习通过反馈来改变决定，这不仅仅只是针对年幼的孩子，大一点的孩子也需要这种技能，尤其是当他们遭受失败时。其实，失败只存在于旁人眼里。它对孩子的打击有多大，取决于他们的身体和精神状态，也取决于你与他们的交谈。当孩子与至少一位成年人建立安全的、充满爱的关系时，孩子才最有可能发展出适应力。把你的角色想象成一个能提供个性化支持的系统。在最好的状态下，你能注意到某个时刻什么样的交谈最能帮助孩子。你能感觉到他们是否需要督促或鼓励以进行更多的尝试，还是需要安慰，或是需要一个反思的机会。孩子们可能有强烈的情感需要宣泄。当他们得到支持时，他们通常会感觉更好，并能培养关键技能，比如为下一次制定计划。

朋友 10 岁的儿子杰克和我聊到，他与朋友尼科一起参加全州越野赛训练的事。整个赛季中，这两位朋友一直以同样的速度跑步，还谈论过一起越过终点线。但在比赛当天，杰克抽筋了，放慢了速度，只能看着尼科飞奔而过并取得了胜利。杰克感到失望，对自己失去了信心，还觉得尼科背叛了他。

信心和友谊的挑战交织在一起，让杰克觉得自己与尼科和团队疏远了。实际上，与我会面后，杰克告诉母亲他不想再跑步了，也不想再和尼科做朋友了。杰克需要谈话来帮助他认识到，失败不是永远的，也无法界定你是什么样的人。他需要重建信心。

杰克的母亲按照“三个 E”原则与他进行了交谈。首先，她感觉到输了比赛是杰克的痛处，于是她暂时没有去讨论，给了杰克时间去处理情绪。当杰克平静下来时，她和他一起进行了反思：

1. 她拓展（Expand）了杰克的想法，问道：“你最失望的是什么？最难接受的是什么？”

2. 探索（Explore）。她问道：“你认为尼科当时的感受是什么？你认为他是想伤害你的感情，还是那一刻他沉浸在兴奋中？”杰克意识到，队友可能不知道他抽筋，不是故意要残忍地对待他。虽然他仍然感到伤心，但也不必与尼科断绝关系。杰克还探究了当时为什么会惊慌失措：

他意识到自己从未有过如此严重的抽筋，不知道该怎么应对。下一次，他会放慢速度，进行深呼吸，关注自己的节奏。

用一种温和的方法从两方面考虑问题：从失败中学习是痛苦的，但也是有益的。尤其在近期来说，失败在孩子的脑海中会挥之不去，他们很容易把自己和失败联系起来，把“这件事失败了”看成“我是个失败的人”。你的谈话不要纠缠于失败，而是要把失败重新定义为学习的机会，承认孩子感到沮丧是合乎情理的，没有理由忽略失望或愤怒的感觉。冷静地探究这些感受可以让孩子看到，这些感受并不可耻。你愿意倾听他的困难，与他站在一边。

3. 评估（Evaluate）。鼓励孩子有计划地再次尝试，之后再进行反思。使用这样的问题：“这个策略 / 方法的效果如何？”“哪些结果合乎预期，哪些不符合？”这使孩子能够保持反思和采取行动的循环，看到成功不会立竿见影。韧性不是一蹴而就的，而是随着时间慢慢培养出来的。

善用自我交谈：支持孩子自我指导

父母的话很重要，但信心最终和孩子与自己交谈的方式有关。他们把什么样的经历称为失败？遭遇失败时，他们会自责到什么程度？他们容易原谅自己并再次尝试吗？孩子坚持自我高标准是很好的，但如果标准太高太僵化就未必是好事了。

另一方面，消极的自我交谈不只是在当下让孩子感觉不好，还往往会变成未来的现实。从 20 世纪 60 年代开始的研究发现，当孩子经历过太多失控的情况时，他们会患上习得性无助，觉得自己所做的一切都不会带来改变，那为什么还要去试呢？

经历过创伤或生理上易患抑郁症的孩子，更有可能经历习得性无助。但任何一个孩子都会有或部分有习得性无助，虽然可能不那么极端。“这对我来说太难了。”有孩子在瞥了一眼数学题，甚至题都没读的时候就这样说。或者他们看着高高的攀爬架说：“我永远爬不过去。”

实际上，如果善于利用自我交谈，孩子更有可能继续努力并最终成功。我在临床工作中经常依赖这种自我交谈的力量，尤其是在帮助孩子建立自我意识的方面。

曾找我咨询过的一位女中学生，名叫维维安，她在理解语言和表达自己方面有困难。她被诊断出患有听觉处理障碍，也就是说她的听觉没问题，但在处理语音信息时有困难，尤其是当有两个以上的人同时说话的时候。维维安的母亲告诉我，维维安多年来一直是个“焦虑症患者”，语言方面的问题更容易让她产生自我怀疑。虽然好几个教练都赞扬她在足球运动上的表现，但她仍然认为自己是一名差劲的运动员。

在咨询中，我先请维维安详细阐述她的想法：为什么她认为自己不擅长运动？维维安说自己在球场上笨手笨脚，常常因为优柔寡断而束手无策。“我总是问自己这样做对不对，”她皱着眉头说，“教练告诉我只管去试，但我做不到。有时只犯了一个错误，我就觉得今天完蛋了。”

然后我们开始探索。我围绕维维安觉得“我不行”的感觉提出问题。为什么她不能轻易地即时做出决定？是知道得不够多，还是觉得自己会失败，还是更担心自己的决定会出错？

维维安解释说，有时她出现这种反应与自我怀疑有关，她并没有听到教练的负面反馈。事实上，她一直是自己的消极“教练”，是自我交谈摧毁了她。她对自己说：“我就是很糟糕，我进不了一个球。”研究发现，消极的自我交谈会成为人们停留在焦虑和抑郁状态的原因之一，而积极的自我交谈则可以提升自尊。

鉴于这项研究，我努力帮助维维安用积极或中性的表述来对抗消极表述。我会先问她有什么办法，再给出我的想法，并把它们写在白板上。然后我请维维安研究清单上的每一项，选择自己认为最有帮助的一

个。如果从消极走到另一个极端，即表现得过于积极，通常是没有帮助的。最好寻求一个现实但充满希望的中间立场。经过讨论，维维安决定:“我还有要努力的地方，但我能做到。”这一评论让维维安认识了当前面临的挑战，没有被压倒。从这个角度看问题帮助她坦然地向前走，不会使她感到无能为力。

在其他时候，维维安的问题与不理解教练的指令有关。她茫然无措，导致她在比赛中心不在焉。结果恶性循环，她表现得更加糟糕，陷入更强的自我怀疑。针对这些情况，我们进行了角色扮演，要求教练将指令说得更清楚。我们练习了一些问题，比如“我能看看它是什么样子吗？”或者“你能给我演示一下吗？”我们还开发了一个口头禅，在她感到束手无策时使用:“决定，行动，反思。”就像这样:

摆脱困境：决定，行动，反思

决定			行动	反思	
暂时停下，想一想：下一步的最好策略是什么？	预测采取不同方法后会有怎样的感觉，以及它们会有何帮助。	尽可能选择最好的行动。	尽可能采取最好的行动。尽量不要想得太多。	对事情进行探讨，反思计划的实施状况。	选择下次是否要对计划进行修正。

在训练时，维维安会短暂停顿，仔细考虑各种选项，使用“加油”或“退后”之类的口头禅，然后选定一个选项坚持到底。在训练后，维维安结合教练的评论来反思计划是否奏效。这就是她所需要的，获得控制感远远超过对完美的追求。

几周后，维维安告诉我，她开始表现得更加果断，感觉更加自信。当然，她面临的挑战并没有完全消失，但她已经开始寻找变通办法。

最重要的是，维维安增强了独立性和自信心，这是她获得长期自信的基础。

围绕自信心的交谈原则

要培养能够接受挑战的孩子，请关注以下几点：

帮助孩子记录他们的进展，用全局眼光看待他们身上的各个方面。也许孩子不是一个出色的长号演奏者——更确切地说，“还不是”；也许她永远也做不到出色，但这并不意味着她不能享受比赛或取得进步。更重要的是，糟糕的表现不能定义她：即使她真的是班上“最差”的长号手，她还有其他优秀的品质。当她感到自卑时，鼓励她说出自己在其他方面具有的素质，强调没有人在任何方面都优秀——我们也不需要这样。帮助她明确自己的优先事项，以及她想把时间花在哪些方面。例如她根本不喜欢长号，她演奏长号只是因为学校的要求。在这种情况下，也许她应该进行足够的音乐练习来获得一个不错的分数，但仅此而已。

在你的生活中树立不断进步的榜样。反思你是如何面对挑战的，即使你现在觉得非常费力。用轻松的态度考虑生活的方方面面。也许你正在学习开车或会计技能，你在哪些方面取得了进步？在哪些方面还有提高空间？你离目标有多接近？

注意孩子的成长优势，慢慢让她做得更多。如果你的孩子犹豫不决，问她：下一个自然的目标是什么？假设她只用几个步骤就按照食谱做好了菜，试试更复杂的或者尝试新的食材。让她看到“犯错没关系”，为她的开放态度感到骄傲。

更广泛地说，为了培养具有牢靠根基的自信心和独立性，可以遵循以下交谈习惯：

交谈习惯 1　表达更清晰

为提高自我意识，帮助孩子获得控制感，表达更清晰。获得的反馈是什么？现在的情况是什么？孩子能说清楚吗？

以 3 岁的保罗为例，“我们要去哪里？”在我们去接索菲的路上，保罗问道。我告诉了他，但 10 秒钟后他又问了一遍。我又告诉他，他过会儿又问。如此反复到第六次，我说：“去接索菲，明白了吗？”他还是不停地问，我就反过来问他：“告诉我，我们要去哪里？”他回答说：“去接索菲，但是到哪里接？”我说：“去她的朋友亚历克斯家。”然后我们说起了亚历克斯是谁，以及索菲对这次的玩伴聚会有多兴奋。最后，保罗不再纠缠这个问题了。事实上，我意识到我的第一个回答并不是他真正想问的，他想问的是索菲找谁玩去了。

保罗用自己的话表达想法，这使他头脑中的想法更加坚定。通过控制对话，他澄清了自己的问题，然后我们就可以展开交谈。这打破了反复提问的恶性循环，同时让我明白了他为何感到失控。对于年龄较大的孩子来说，这一策略看起来会有所不同，但目标是相同的。尝试这三个步骤，我称之为澄清、讨论和计划：

1. 澄清。让孩子回答：“外界告诉我的是什么？”

- 支持她尽可能客观地重新表述反馈。当你剥去一些极端的语言和情绪时，会是什么情况。教练的意思究竟是说她“永远”成不了优秀的足球运动员，还是说她应该努力踢球？

2. 讨论。教她根据自己的经历分析反馈。

- 在她得到反馈后，讨论：

——她对反馈有什么感觉？是受到推动？感到沮丧？还是介于两者之间？假设教练告诉她：“嗯，你还有很长的路要走。”对于一个真正关心自己表现的孩子来说，这话可能听起来难以接受。听听她的反馈，这会让你注意到她是否需要劝慰。

——她如何才能最好地利用她听到的信息？并非所有的反馈都同样有用，或者可以作为行动依据。比较一下，教练说“还有很长的路要走”与说“先退后一步再踢”，哪句话更有帮助？显然，第二句话更能教会她如何练习。对有用的反馈和无用的反馈进行区分，这要求孩子进行批判性思考，而不是接受所有反馈。你可以问：哪个反馈让你了解了下一步该做什么？哪个反馈你可以不太在意或直接无视？

◆ 教会她自我指导，使用以下策略：

——将失败分解成她可以对照检查的步骤：她为什么从石墙上摔下来？是手够得不够高，还是脚滑了？还是她比平时更累？

——促进自我鼓励：教会孩子检查成长情况，庆祝她能看到的进步。使用看得见的证据，比如，回顾一下旧的练习本，看看她的拼写进步；或者查看记录，看看她这次跑得比上次远了多少。

3. 计划。利用反馈来推动她迈出下一步。

◆ 从已经行之有效的策略开始，让她对有帮助的策略进行反思，讨论下一次可以如何调整。

——比如说她想搭一个比平时更大的乐高，你感到结果可能会让她失望。讨论她上次是如何搭成的？你给她读说明书有帮助吗？她自己看册子上的图片有帮助吗？哪些策略可以用在这个新项目中？她有没有新的策略可以尝试？尽可能多让她自己做。一起思考探讨她的想法。

交谈习惯 2　哪些方法能有效增强独立性？

让孩子找到行之有效的策略，为成功做好计划。分解大项目，制定“蚕食”策略。例如，“这是一个比平常更复杂的项目，你认为我们应该要把它分成多少个部分？”以一天为基准，并将其作为第二天的指南。“昨天完成三页很容易，今天你能完成几页？”如果他倾向于小心谨慎，那就鼓励他的雄心壮志。哪怕他不能全部完成，那也不会是世界末日。

帮助孩子描绘充满自信的“自我形象”。也许他急于指出自己的缺点，却没有注意到积极的一面。或者他忽略了大背景，比如他拍摄的照片模糊，便说自己摄影技术很差，但事实是他今天才开始使用相机。或者他无法区分感到沮丧和感到被打垮之间的区别。在这些情况下，谈话可以澄清他对自己的看法和感受，也可以让他重新思考那些笼统的判断。用你的思考方式做示范。例如，如果你对正在做的手工活儿感到恼火，你可以说：“我现在不喜欢正在做的东西。我今晚不做了，明天我会重新看待它。”将你自己对生活的洞察告诉他，着眼于你如何注意到那些认为自己“本应该”能做的事情。正常地对待你遇到的问题。例如“当我觉得我本应该知道怎么修电脑时，我感到沮丧，但后来我意识到几乎一半的同事也有同样的问题。”不要强调“本应该”，而是强调一种自我同情的态度。

让孩子扮演表扬和批评的角色。试着从现实但充满希望的角度看待问题，而不是使用批判性的“评判”。你的孩子最喜欢照片的哪一部分？他想对哪些部分进行改进？

尽量不要过度支持。当答案显而易见，或者拼图只剩最后一块的时候，你会觉得难以做到退后一步不去管。但是你要承担多少孩子能自己完成的任务呢？把自己想象成一个翻译和向导，帮助孩子建立自己的衡量标准。

树立勇于奋斗的榜样。“我爬上了小石墙。”我听到朋友德博拉在攀岩馆说。她向她十几岁的儿子竖起大拇指，他爬得比妈妈更高。“干得好，妈妈。”他笑着说。这是一个开玩笑的互动，但它提供了一个有力的论据。那天早上，德博拉向我讲起她的恐高症。她解释说，她不是一个“攀登者”。但后来她想知道，“我这样说，是在传达什么信息？是在传达你要么是一个‘攀登者’，要么就不是的信息吗？”

为了反击这种想法，她系紧安全带，爬了上去。更重要的是，德博拉向儿子解释了为什么要这样做。“即使在他这个年纪，”她后来告诉我，“他也在观察我的反应。他在注意我如何应对恐惧。”攀岩并没有让恐惧消失，但她的话为如何在恐惧中行动树立了榜样。如果孩子看到你做事情很费力，但你仍在尽力应对，他就可能也这样做。

我们都混杂着固定型思维和成长型思维。注意这些思维在你生活中的表现。德韦克关于要注意你自己的固定型思维的建议，往往会启发我们。对一些人来说，这些想法往往与技术的使用有关。也许电脑死机时，你的第一反应是“我就是对电脑没办法。”扪心自问：什么时候你觉得自己被打败了，或者觉得自己“永远”做不好某件事？检查你的自我交谈。如果自我交谈经常是负面的，就要强调我们都在进步中。我们的尝试都值得同情，我们还应该对自己走出舒适区进行尝试表示肯定。

让孩子拓展自己。检查你的假设。我们非常了解自己的孩子，但我们仍然看不到他们的全部能力。或者我们想让他们一直保持舒适，所以没有尽可能地拓展他们。试试进行下述自我检查：

自我检查：测试你的假设

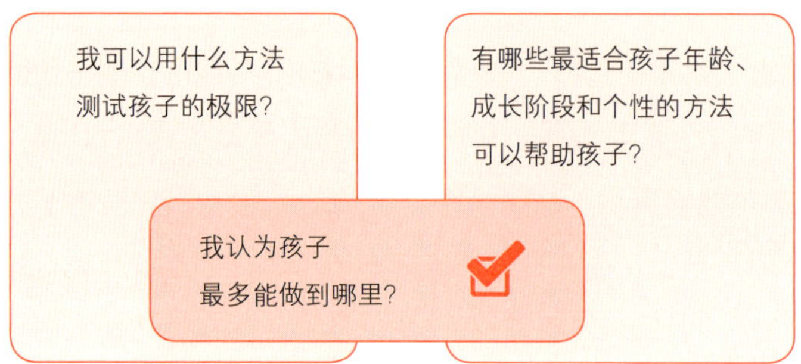

◆ 之后：

——磨炼兴趣和技能。即使是年幼的孩子，也要讨论他们在力所能及的范围内承担哪些家务。试试让一个喜欢数学的高中生锻炼做预算的技能，或者让一个喜欢清洁的10岁孩子掌握洗碗技能。强调他们的工作成果，以及谁会从中受益，如“全家人都会喜欢干净的盘子”。这些“奖励”提供了一种有根据的自豪感。

——专注于任何任务的最终目标，孩子越小目标应该越具体。假设孩子有件衬衫要让你洗，那么让她叠衣服或者检查烘干机是否烘干完成。如果孩子想要更多零用钱，试着问她该如何节省电费？提供对她有吸引力又能适当拓展她能力的选项。

交谈习惯3　想象成长旅程

专注于客观和比较的交谈。客观的交谈可以帮助孩子清楚、乐观地看待自己的技能，不因自己的缺陷责骂自己。试试下述过程：

◆ 使用具体的语言，帮助孩子了解当前的技能水平，并想象他的目标。他进了多少球？他跑了多远？他还想有多大的进步？

- 用优势作为杠杆支撑薄弱环节。如果孩子很容易交到朋友，但在运动项目上显得比较吃力，可以利用他的交友技巧获得朋友对体育方面的建议。

- 使用语义网（词汇网络），将失败重新定义为学习。语义网是我们将一个词与其他词关联起来形成的词汇网络。例如，许多孩子把“失败”等同于“愚蠢”或“糟糕”。注意你的孩子是否做出了消极关联，比如“失败令人尴尬”或“我是个彻头彻尾的失败者”。鼓励他转向更积极的谈话方式：“如果我正在尝试，就不必感到尴尬”，或者“继续练习就不是一个失败者”，或者“现在可能感觉很糟糕，但如果我继续努力，我会感觉更好”。

比较性对话可以帮助你的孩子看到他到达了什么程度，想要到达什么程度，使用他自己的衡量标准。尝试下述方法：

- 比较过去和现在的技能。指出显示成长的标志，尽可能使用看得见的证据。例如，“让我们读一读你去年写的故事，与现在有什么不同？从那时起，你都学到了什么具体技能？”

- 质疑负面标签。强调孩子的哪些做法使他离目标更近。帮助他注意到阻止他坚持下去的想法，比如“我知道这行不通”。给这些想法起个名字，比如“信心破坏者”。努力让孩子意识到这些问题，然后挑战它们。在我给孩子咨询的过程中，我注意到了心理学家所说的认知扭曲，重点关注以下几点：

  —— 非黑即白思维：“我要么擅长，要么很糟糕。”

  转向“看到灰色地带”：“我可能不擅长游泳，但我也不太差。此外，我是一个非常好的足球运动员。”

—— 预言思维：“我知道结果会很糟糕。”

转向“对可能性保持开放态度”：“我不确定它将如何发展，它可能会很好。”

—— 给你自己或孩子贴上标签：“我篮球打得太差了。”

转向“说出具体动作”：“我那次投篮动作不对，但我确实差一点就投中了。也许下次我会投进。”

孩子不会因为反复进行自我交谈就变得自信，而是行动和反思的交替循环使他们产生信心。当孩子学会接受更严峻的挑战，然后反思时，他们会提高自我意识和对有效策略的认识。这有助于孩子挑战困难，拥有远大的梦想，并展示勇气。相信自己并不意味着认为自己会一直成功，而是意味着即便知道可能不会成功，也尝试去迎接挑战。

这样做会有什么令人惊讶的好处吗？有，那就是建立他们的信心，同样重要的还有改变我们对他们的看法。当孩子提高对自己的要求时，我们也提高了对他们的期望。我们从欣赏的角度说话，欣然接纳失败——尽管看起来很难做到——因为这表明孩子正在拓展自己。这是最终取得成功的唯一途径。我们用同情来对待孩子的艰难努力，让他们看到，无论如何我们都爱他们。这会鼓励孩子进行更多的尝试。

Tips

交谈策略

试试用以下策略来开启交谈：

从幼儿到学龄前

从吸引孩子或孩子已经参与的事情开始，比如说他在铺桌布。你可以问：

- 我们下一步应该做什么？我们要把桌子降低一点或升高一些吗？
- 你把桌布铺了一半，你需要怎样做才能把桌布全铺上？
- 桌子对你来说太高了，我们能找到什么安全的方法来让你站高点？

鼓励庆祝小小的成功：

- 你最自豪的是这个项目的哪一部分？
- 画这么多画感觉如何？

小学生

强调遇到失败要坚持到底：

- 如果你的第一个计划不起作用怎么办？你还有别的办

法吗？

◆你怎么才能知道某件事究竟是难以做到，还是可以通过练习就能达到的呢？

◆去实现你最痴迷的那个目标，怎么样？

探索孩子对进步的感受：

◆你最喜欢这个项目的哪一部分？哪些部分你还没弄明白？

◆你怎么判断你完成了？你觉得结果应该是什么样子？

中学生

鼓励对一直存在的困难进行反思：

◆为什么你认为那项技能 / 任务总是出现问题？你如何帮助自己成功？

◆如果你的朋友也有这个问题，你会告诉他怎么做？

支持孩子看到长期的效果：

◆实现这个目标对你下个月有什么帮助？对你明年有什么帮助？

◆为什么完成那个项目 / 任务对你很重要？

◆如果你获得了这方面的技能，你会怎样帮助别人？

今天就可以试试：

进行一次“增强自信心”的交谈，相互提问：

1. 你认为到本周末、本月底或本年底能达到什么目标？
2. 你怎么知道你会实现目标？确定阶段性目标。
3. 当你达到目标时，你想如何庆祝？

第 5 章

改善人际关系的交谈：培养孩子的社交技能

Conversations for Building Relationships: Cultivating Your Child's Social Skills

如果一个人对另一个人说:“什么?你也是吗?我还以为只有我这样呢。”此时友谊就诞生了。

——C. S. 刘易斯

我会永远记得琳达，她是我在做论文时雇的照顾索菲的保姆。初为人母，我心情紧张，想到要离开索菲就难过。但我手头的研究正好在那一年展开。索菲几个月大时，我和丈夫开始寻找保姆。

琳达是我们遇到的第一位保姆，她是一位和我年龄相仿的瑞典女性，金色长发，满脸笑容。她刚走进来坐在索菲身边，我就感觉到她就是我们要找的人，她给人一种温暖能干的感觉。她抱起索菲，一向害怕生人的孩子安静地用眼光回视。我们喝咖啡时，琳达讲了她的故事。她做了多年保姆，最近和她的西班牙丈夫刚搬到波士顿。在索菲出生几周后，琳达的孩子马卢在同一家医院出生。

琳达提出一个问题：她能带马卢一起来吗？我说当然可以，这是个不错的主意。但很快，我担心起来：也许她会花更多时间照顾马卢；或者相反，牺牲她的时间来照顾我的女儿；也许两个女孩会相处不好；也许索菲会嫉妒马卢有妈妈在身边；也许我会感到内疚，因为我每天早上得出门，不能像偶尔希望的那样待在家里。尽管顾虑重重，琳达看上去很有能力，解决方案也很简单，我们都同意了。

我一点也没料到，后来几个月，琳达和马卢就像成了家人，俩女孩也亲如姐妹。事实证明，我之前的担心毫无根据，琳达把两个孩子都照顾得很好。我仍然保存着那时的许多照片。至今我还记得，有一年夏天，我在波士顿广场公园遇见琳达带着两个女孩的情景。她们躺在野餐垫上，索菲试着戴超大墨镜，马卢咯咯地笑着去抓。在阳光下，看着她们的滑稽动作，我真的感到很幸运找到了她们——不仅是琳达，还有马卢，她成了索菲的第一个伙伴，也让索菲第一次体验交朋友。两个孩子有时会吵架，但这似乎是友谊的一部分。任何关系都不可能没有瑕疵。事实上，我从研究中了解到，正是在这种安全关系的背景下，孩子们学会了互相关心和公平竞争。最早的友谊为后来的技能奠定了基础。

与马卢和琳达在一起的时光让我想起了约翰·鲍尔比（John Bowlby）的研究成果，他是“依恋理论”的创始人。他认为，早期的人际关系会给孩子打下一生的印记。从出生起，婴儿对面孔和声音的密切关注使他们的“社交大脑”逐渐成熟。无论结果如何，早期的体验在建立社交语言和社交技能方面都很重要。更重要的是，成年人的关系质量会影响到孩子。

正因如此，我永远记得琳达的离开。那时两个女孩才 1 岁半。一天早上，在我出门前，琳达探过身来说:“我有件事要告诉你。”

“怎么了？”我吓了一跳，放下了包。

“我怀孕了，”她露出灿烂的笑容，“是双胞胎，我们要搬到西班牙去。”

我拥抱她表示祝贺，然后说:“我想这是三个辞职的好理由。”我为她感到高兴，但还是感到自己在出去的路上浑身发抖。

琳达的出现是我们家的礼物，让我的离家工作变得可以忍受。也让我意识到，成人之间的友谊对我们的福祉多么重要，而这样的福祉反过来又影响着孩子。特别是在育儿的早期阶段，很幸运有能人“理解”这些。

而这一经历也突显了友谊和人际关系对儿童的重要性。孩子开始建立友谊的时间比我们想象的要早得多。即使是 6 个月大的婴儿，他们看到年龄相仿的孩子也会兴奋，会发出声音来吸引注意。到他们 1 岁时，就会对某些玩伴表现出更多的偏好。2 岁到 3 岁的孩子甚至可以发挥仍在发展中的设身处地的能力，对他人表示友善。我听到过一个 3 岁的孩子在朋友摔倒后安慰他说:“别担心，你爸爸会处理好的。”

我知道这些研究结果。但当我看到索菲和马卢的友谊每天都在发展时，还是感到惊讶。她们要求看同样的书，模仿彼此的游戏，跟着对方走下楼梯。看着她们之间日益紧密的纽带，我不禁想知道：友谊到底是什么？是什么让它如此重要——甚至非有不可？它是如何产生影响的？我们如何才能培养孩子们的友谊，以及更广泛地培养亲密关系所需的社交技能？

友谊是一种基本需求

社会关系是孩子健康、幸福和快乐的关键，怎样强调其重要性都不为过。当孩子绞尽脑汁想维持友谊时，我们感到担心是很自然的。孩提时代的友谊带来的快乐怎样夸大也不为过。我很少看到孩子会像在游乐场上遇到朋友似的那么高兴，她们认出朋友时会高声尖叫，然后骑着滑板车跑来跑去几个小时。这适用于不同文化、不同大洲的孩子。即使孩子们的游戏不一样，但当两个朋友相遇时，他们发出的微笑会让成人也感到快乐。

我们希望孩子自信和独立，希望他们拥有牢固的关系，包括结识好朋友。友谊不仅在孩子日常生活中意义重大，它给身心健康方面带来的好处还会延续至成年。一项研究发现，儿童时期，与朋友相处时间更长的男孩，成年后血压更低，超重的可能性更小。甚至从幼儿园开始，结识朋友就能促进幸福感。仅凭直觉我们就知道友谊的重要。在学校与孩子见面时，我们通常不会要求查看每一项作业。相反，我们想知道孩子如何与他人相处，他们是被霸凌还是受欢迎，以及我们如何做才能支持他们建立牢固的关系。

这也是几乎所有孩子都关心的。“如果孩子们写育儿书，”游戏专家彼得·格雷（Peter Gray）告诉我，“那些书看起来会和我们现在的书不同。他们的书会更多地涉及‘其他孩子怎么看我？’和‘我如何交朋友并保持友谊？’这些都是孩子希望有人来解答的问题。”

通过关注友谊，孩子的一些重要能力得到发展。友谊是基本的生理需要。在朋友中，孩子可以得到保护、感到舒适和感受联结，他们的神经系统甚至可以平静下来。友谊还能锻炼孩子的社交技能。科学家甚至认为，正是友谊让早期人类变得聪明。我们的大脑越来越大，不仅是为了更好地狩猎，还为了社交。在一个良性循环中，社交活动造就了我们的大脑。不仅人类有朋友，许多脑容量大的物种也有。马、斑马、鬣狗、猴子和海豚可以结成友谊，而且可以维持多年。

但友谊到底是什么？古希腊的亚里士多德曾论述“菲利亚”（友爱），即一种把人们联系在一起的深情关怀。它意味着对朋友的特别关注，关注他的本来面目。在健康的友谊中，人们希望对方快乐充实。从本质上讲，友谊建立在长期合作的基础上，而这又取决于你的记忆和计划：比如，回忆你参加过的有趣派对，或决定和谁一起度假。如果没有记忆和思考未来的能力，那么交朋友和保持朋友关系几乎不可能。

朋友意味着彼此关心。他们有亲密的关系，一起做事，依据彼此想要什么来选择活动。关心、亲密、一起做事，友谊的这三个部分关系到孩子的健康和幸福。有了深厚的友谊，他们会更愿意学习，对新思想更开放，更有内驱力。一般来说，有更多朋友的人会更快乐。他们在学校的表现更好，更受老师喜爱，甚至在成年找工作时也更轻松。相比之下，孩子缺少朋友或认为自己缺少朋友会感到痛苦。极端情况下，缺乏友谊就像贫困一样，会给身体和情感带来伤害。

友谊如此重要，是因为在很久以前友谊事关生存。早期人类需要朋友的帮助才能活下来。如今，生存更多指的是心理层面。实际上，有更多的朋友的确与更好的健康状况有关。孩子需要朋友来使自己感觉良好，应对成长过程中不可避免的风暴和压力。一项研究调查了400多名年龄在11岁到19岁之间，来自贫困家庭的孩子，研究发现，有一个好朋友能让他们更容易克服困难。

友谊还会促使孩子探索自己的个性。通过社交，他们了解到自己是什么样的人，想成为什么样的人。在最好的友谊中，孩子们可以放下戒备。朋友之间的交谈让孩子感到自己真正被听到和看到。一个 10 岁的孩子给我讲她最好的朋友时说："好像我们在说一种别人都不知道的语言。"辨识哪些人是好朋友，最简单方法之一就是听他们随意的对话。亲密的朋友通常会在对话中接过对方的话头，他们的对话局外人可能很难听明白。有了只有彼此能懂的笑话和谈话捷径，所以朋友之间的谈话不必从头开始。"你买了那个橙色带火花的吗？"我听到一个 7 岁的女孩问她的朋友，"特别版的最好，但我需要更多的零用钱。（悲伤表情符号）如果你有多余的，可以给我一个吗？"她们在讲买迷你过家家玩具的事。后来，我看到她转向母亲问："妈妈，我能用你的手机查一下特别版的吗？"显然，她已经在使用短信语言，还有表情符号了。

早在 1971 年，巴兹尔·伯恩斯坦（Basil Bernstein）就谈到了"受限代码"，即有共同背景和经验的人之间的谈话方式，使用此代码的人会感觉被对方视为自己人。他们用这种内部人的谈话来表露关心和感受被关心。

男孩和女孩可能以不同的方式表现这种关心，但二者的差异比想象的要小。从 20 世纪 80 年代末开始，心理学家埃莉诺·麦科比（Eleanor Maccoby）一直宣扬她提出的"两种文化理论"。在她看来，男孩和女孩是在两种不同的友谊文化中成长起来的。男孩到了中学往往拥有更大的朋友圈，注重体育游戏和共同爱好；而女孩倾向于拥有更多一对一的友谊，注重相互吐露秘密。近年来，科学家发现，男孩和女孩的友谊相似之处大于不同之处。只不过女孩可能更多地通过交谈来分享秘密和解决冲突，而男孩则倾向于一起做共同喜爱的事情。实际上，所有的友谊都是复杂的，不能按照性别简单分类。

为建立友谊，孩子需要利用从早期关系中学到的技能。父母的安慰教会他们如何关心别人。无论是快速换尿布还是在孩子发脾气时进行安抚，我们都向他们表明，我们时刻在身边，希望他们感觉更好。孩子认识到，他们哭泣或微笑时会有人回应，其他人可以在带来快乐和喜悦的互动中满足他们的需求。这些早期教育为孩子关心别人和被别人关心奠定了基础。

分阶段发展的友谊

最初几年过后，友谊往往会分阶段发展。哈佛大学心理学家罗伯特·塞尔曼（Robert Selman）认为，从 3 岁到 6 岁，孩子们拥有的是“暂时玩伴”，因为他们希望按照自己的方式玩耍，会避开其他有不同想法的孩子。从 5 岁左右开始，孩子们会认为朋友意味着彼此融洽相处，为他们做一些友好的事。但孩子经常会从“你能为我做些什么？”这个角度出发，正如我上面提到的那个 7 岁女孩。无论是一个很酷的玩具，还是在漂亮的游泳池里游泳的机会，孩子会优先考虑与那些能给自己带来好处的人做朋友。

直到 7 岁左右，孩子们才开始进行双向协作，塞尔曼称为“按规则”行事的阶段。孩子们可能会有僵化的公平观念，一旦觉得受到轻视，可能会放弃友谊，也可能开始注意到并害怕朋友的批评。一个 8 岁的女孩告诉我挑选万圣节服装的事：“我只想要一套我的朋友不会嘲笑我的服装。”从 8 岁左右开始，孩子（尤其是女孩）倾向于更多地倾诉，互相寻求帮助来解决问题。她们可能“如胶似漆”，在教室后面窃窃私语。更成熟的友谊大约在 12 岁及以上阶段出现，理想情况下，这时的友谊会更加注重相互信任和支持，而不是满足于占有欲和获得物质好处。

远非完美的友谊

不过，我很快发现，帮助孩子的友谊发展到成熟阶段并不容易，绝大部分孩子远没有达到友谊的完美阶段。我在工作中和游乐场上都遇到过感到孤独和被孤立的孩子，各个年龄段的都有。他们缺乏维持更深的友谊或修补友情裂痕的技能。

这些孩子面临的困难反映了整个国家呈现的趋势。心理学家、作家让·特温格（Jean Twenge）在一项对 800 多万名孩子的调查中发现，在高中高年级学生中，反映自己有孤独感的学生比例，从 2012 年的 26% 上升到 2017 年的 39%，经常感到被冷落的学生比例从 30% 上升到 38%。特温格提到了社交媒体和手机的影响，他认为，新一代的年轻人与朋友见面相聚的可能性正在下降，他们更可能独自玩手机。我见过的许多青少年都说，他们在现实生活中很少见到朋友，但他们能记住朋友虚拟生活的方方面面，从度假计划到舞会礼服。

实际上，技术只是谜团一角。友谊是复杂的，孤独也是如此。两者都与孩子拥有的朋友数量无关，而与他对社交生活的感受有关。在孤独研究课题中最有名的研究人员、芝加哥大学的约翰·卡乔波（John Cacioppo）和斯蒂芬妮·卡乔波（Stephanie Cacioppo）夫妇看来，社交媒体只是替罪羊，无法解释一切，最有可能的是还存在更深层的问题。皮尤研究中心的一项全国性调查显示，青少年把任务繁重列为不见朋友的最主要原因。其次呢？他们的朋友也太忙了。当孩子的日程排得过满，他们几乎没有时间结交朋友和维持友谊。

在我的研究中，我发现了导致孩子远离牢固友谊的三大挑战：首先是学业压力和大多数学校的结构导致社交活动被推到一边，或不作为优先事项；其次，密集式育儿的观念让父母觉得只能要么插手，要么置身事外；最后，数字设备干扰了孩子在成长中建立现实的人际关系。

孩子结交朋友和保持友谊时面临的挑战

第一，学业压力和传统的学校教学结构，让孩子没有太多时间来建立或维持牢固的友谊。每天要花数小时学习的孩子，几乎没有时间和精力去进行社交活动。当学校不太考虑孩子的社交活动时，就尤其成问题。如果学校着眼于个人成绩，通常便不会关注协作性学习和相关社交技能的培养。我在一所高中工作时，看到 14 岁的马克在一个小组项目中独自坐在一旁。我在马克的班上担任合作教师。这所学校采用了合作教学模式以丰富课堂，我的任务是和班主任老师一起教学，在讲课中注入新词汇和复杂的句子。我会预览和回顾学生在书中遇到的概念，教他们怎样理解要读的复杂单词。在对全班进行整体教学的过程中，我会重点关注在阅读和写作方面有困难的孩子。这种模式让我深入了解到孩子们是如何互动的，尤其是那些对他们的学习有帮助或有负面影响的社交动态。

我对马克说，按照计划，他本应该和同学们一起讨论。马克回答说：“我不想作弊。”显然，那一年他没有做过任何小组项目。他本来就是一个安静的孩子，有自我孤立的倾向，而他上学的体验让这一倾向越发强烈。马克在学校体验到的是要独自发奋，只有在回答老师问题或寻求帮助时才开口说话。课间休息和午餐是唯一可以增进友谊的社交谈话时间，但这段时间又常常被缩短。即便孩子在这个难得的时间进行交谈，他们也被要求要小声说话。

我在波士顿一所蒙氏学校里看到的情形，与马克的学校形成了鲜明对照。在那所学校里，我主要是和孩子们进行一对一或小组教学。我还向他们的老师建议用什么方法才能帮助学生学得最好。为了有效地做到这一点，我花了大量时间在课堂内外观察学生。一天早上，我去接一个孩子进行阅读评估，看到一群小学生聚在走廊里，俯身在地图和拼图上，他们互相聊天，甚至没注意到全班的孩子都从他们身边走过。我停下来听他们交谈。大孩子和小一点儿的孩子聚在一起，言谈中夹杂建议和戏谑。他们的对话像潮水一样起起伏伏。

“我认为津巴布韦应该在那里。”一个女孩对一个小男孩说，“你觉得对吗？”他们坐在一幅大的世界地图上，上面有五颜六色的按各个国家形状裁剪的拼图块。

“可能吧。”男孩把那一块放进去，笑了，“嘿，你妈妈说你这个周末会来，对吗？”

“对啊，”女孩捡起了第二块，“这是中国。试试那个。”

“你知道，我的宝宝昨天才开始爬。很酷。”

“你的宝宝？”

“好吧，我妈妈的宝宝，”那男孩趴在地图上，“但他也是我的宝宝。”

我看到，不同年龄不同年级的孩子都加入了这场舒适的互动交流：聊天、学习、思考和社交。他们玩得开心，发展了友谊，同时还学到了知识。他们的互动让我想起了一项研究结果，即：当老师关注社交技能时，孩子们会取得更好的成绩。一项研究发现，当老师教授同理心、合作和自信时，孩子们的数学和阅读成绩会提高。对于那些一开始成绩不佳的孩子来说尤其如此，这是一个良性循环。而学校教育大多不强调这个方面。作为家长，我们往往也会强调要遵照学校的做法。我们不再将友谊视为一种根深蒂固的愿望和需求，常常把它推到边缘位置。

第二个挑战，我们的文化鼓励密集式育儿。我们习惯性认为，我们要么只能一直盯着孩子，解决每一场冲突；要么只能完全放手不管。我们不想干涉，这是一种自然的倾向；但如果我们放任不管，孩子就无法得到支持去进行更深入的反思，或批判性地思考社交互动。

还有另一个极端。由于害怕被评判——尤其是来自其他家长的评判——我们可能会过度压抑矛盾，试图以此来阻止争吵。我们把孩子的冲突看作是我们自身的投射。和其他人一样，我也犯过这样的错误。一天，2 岁的保罗正在沙箱里玩。一个和他年龄相仿的女孩拿走了他用着的铲子，而且拒绝归还。我想，这不过是孩子们每天都会发生的冲突；我等待着，希望他们能解决问题。但很快女孩的母亲弯下腰，拿起铲子，然后递给保罗。

“她很抱歉，”这位母亲对我说，“她不是故意的。”

“没关系，我们没事。”我回答。争吵避免了，两个孩子继续玩。

后来我才意识到，我们两人在这次互动中表现得多荒谬：这位母亲为她孩子的行为道歉，而我也接受了道歉。我们为什么不能让他们自己解决呢？

还有一部分原因在于文化的影响。记者帕梅拉·德鲁克曼（Pamela Druckerman）在 2012 年出版的《法国妈妈育儿经》（*Bringing Up Bébé*）中说，法国父母往往不像美国人那样采用密集式育儿的方法。在巴黎的游乐场上，我看到大多数家长都待在一旁聊天或喝咖啡，而我也不得不忍住走进沙箱的冲动。而在美国，我们不只亲身参与孩子的活动，还倾向于过度控制谈话。这种情况不仅发生在孩子出生后的头几年。为了让孩子一直快乐——一个不可能实现的目标——我们会阻止他们听到负面信息，将冲突扼杀在萌芽之中。如果一个孩子不让妹妹参加玩伴聚会，我们可能甚至连妹妹是否真的会不高兴都没有搞清楚就告诉孩子：“你这样做是在排斥她。”或者，如果孩子在街机游戏中囤积游戏币，我们会告诉她：“不行，你不能留这么多游戏币。”

有时候，孩子需要这些指导和提醒，需要听取直接受到他们影响的人的反馈。来自同龄人的评论往往最有帮助。假设你的孩子囤积游戏币，她的朋友可能会抱怨说：“不公平！”无论你的孩子是归还游戏币，还是围绕公平问题进行争辩，她们都是在学习某种知识；而这不需要你付出任何努力。

事实上，有效地利用冲突和争论，会使孩子的语言技能得到提升。你可以在一群孩子身上很自然地看到这一点。一个月前，我听到朋友的孩子，4 岁的里斯，要求借用他朋友谢伊的卡车玩具。谢伊刚答应，里斯就抓过来并喊道："我的卡车。"谢伊猛冲过去，坚持说："那不是你的——是我的。"

"你说了我可以借的。"里斯埋怨说。

"好吧，"谢伊说，"只是要记住这是谁的卡车。"

事实上，谢伊并不介意里斯玩他的卡车，但他介意里斯说卡车是自己的（可能是因为谢伊担心里斯不还）。他们的对话有助于澄清状况，同时也拓展了他们的语言技能。

在另一些场合，负面反馈会帮助孩子明白如何维护自己。假设一个同学说孩子看起来"古怪"，你的孩子会怎样回应？他会改变自己的行为吗？也许他懂得这个评价的意思，但仍想保持怪异的风格。对得到的反馈进行反思，有助于孩子决定他们是否要顺从别人。这是具备情商的基础，能够以符合个性的方式适应环境。但当我们要么"袖手旁观"，要么过度管理时，就错过了帮助孩子进行反思的机会。

社交技能建设面临的第三个挑战，是数字技术带来的破坏。这里有一个悖论：良好的社交需要反思、离线时间和独处。正如卡尔·纽波特（Cal Newport）在《数字极简主义》（*Digital Minimalism*）中所说，反思能让孩子们解决社交困境，确定自己的价值观，并决定如何最好地在他人面前展示自己。如今，这样做变得越来越难，许多孩子在成长过程中"被剥夺了独处"——总是在忙碌、参与被安排好的活动或面对屏幕。孩子经常要面对来自其他人的信息输入，他们的观点可能融入了同辈的压力。由于很少有时间或得到支持进行内省，孩子很难弄清楚自己在想什么，别人在想什么。

刷屏和社交媒体的持续输入，可能让人觉得这是一种有趣的消遣，但也更易导致注意力分散。最糟糕的情况是，它使孩子处于紧张状态，对于别人如何看待自己非常警惕。孩子的人气成了公开信息并进行了量化——体现在朋友数量或点赞数量上，任何访问孩子社交页面的人都可以看到。即使孩子有自己的“个人网页”，当网页可以自由浏览时，防护也就失效了。孩子通常不会意识到有潜在“捕食者”存在，而且几乎可以肯定，孩子们无法保护自己。撇开这些危险不谈，孩子还会面临另一种麻烦，即陷入不断寻求家人、朋友和陌生人认可的模式。我听到许多青少年在发帖后抱怨：“我本以为我会得到更多的赞。”长远来看，专注于点赞量可能会让他们过度关注他人的反应，忽略自己真实的想法。

但与此同时，上网可以帮助孩子找到伙伴，尤其是在现实生活中很少有朋友跟他们有共同兴趣的时候。我认识一个住在得克萨斯州农村的青春期女孩，她在网上找到了对时尚有共同兴趣的朋友。几个月来，她们通过电子邮件互相发送设计草图，后来她们甚至一起申请大学。通过科技可以建立友谊，如果我们能帮助孩子更好地利用它的话。为了支持孩子发展，请试试下面的方法：

科技世界中进行社交谈话的原则

◎不要将“交谈时间”和“屏幕时间”混同。注重即时互动，孩子提问并得到回应，双方可以彼此看见并进行交谈。探讨不同的互动形式如何影响对话深度。比如说，探讨当面击掌庆祝与写一篇很长的评论，两者有何区别。

◎通过谈论朋友可能更喜欢哪种回应来建立同理心。比如一个朋友发帖说，他的祖母突然去世了。这时候，是在每个人都能看到的网页上回复更好，还是发私信回复更好？你的孩子更喜欢哪种？重点不是人为地限制屏幕时间，而在于如何使用技术来启动对话和反思。如果孩子们只是被动地刷屏，鼓励他们以更积极、更利于社交的方式去使用技术。比如，给朋友发信息，而不是反复查看朋友的个人资料。

◎把社交媒体作为出发点，讨论孩子和你的习惯。思考一下：有哪些线上方法可以帮助孩子感受到与他人的密切联结？探索如何使用科技手段来加强友谊。讨论如何建立关系，以及投入的程度。正如我与游戏设计师、《游戏改变人生》（*SuperBetter*）一书作者简·麦戈尼格尔（Jane McGonigal）讨论的那样，探索技术可能会怎样帮助你的孩子。例如，爱玩游戏的习惯是将孩子与同学联系在一起，还是使他感到孤立？如果他在一个人玩游戏，问问他能和别人一起玩吗，他需要在线多长时间来维持友谊。你也可以这样自问：孩子什么时候用手机聊天或发短信，什么时候只是无脑刷屏。一起检查他使用电子设备的情况。强调量体裁衣，孩子可能需要制定与他的哥哥不同的时间安排。制定这类规则可以避免因使用电子设备而发生争吵。你的目的是帮助孩子充分利用科技，在谈话中不应该唠叨，从更有建设性的地方谈起，使孩子在以后需要做选择时做得更好。

如何通过交谈建立和维系友谊

但现实生活中的互动呢？为防止过度育儿，当出现问题时，我们应该什么都不做，让孩子自行解决吗？也不是。我们可以充当导师和向导的角色，帮助孩子灵活地应对多变的情况。孩子通过反思自己的经历和情绪，会对人际关系产生更好的直觉，如：哪些关系值得维系，怎样更好地去维系，以及如何在社交中拓展自己。回想一下第 3 章中讨论的从别人的立场看问题的技能。孩子如果听过更多有关他人感受、愿望和需要的谈话，会比听这类谈话较少的孩子具备更强的为人着想的技能。这些技能是建立牢固友谊的基础。那些难以理解社交环境的孩子，总是更缺少良好的人际关系。

围绕友谊的讨论对难以交到朋友的孩子来说非常重要。就我看到的而言，语言方面存在困难常常会影响孩子交朋友。语言能力较低的孩子，在学前班阶段更容易用行动宣泄情绪，并会因此受到排斥。当孩子面临语言挑战时，他们可能没有心理空间来留意社交线索。遭到排斥会使孩子感到压抑和焦虑，甚至与孩子的成绩和辍学有关。我曾问一名中学生在新学校适应得如何，她回答："这里没人懂我，好像我跟任何人都无关。"被孤立与学业失败一样令人难以接受。

对容易交朋友的孩子来说，围绕友谊的交谈同样重要。孩子可以学会"善用"自己的社交优势，把群体凝聚在一起，支持外来者，而不是排斥同学或拉帮结派。围绕孩子和其他人如何做朋友展开对话，会让孩子学会灵活变通，轻松适应不同的社会环境。有时，孩子可能想融入团队；有时他们可能想突出自己的独特性和个体性。同样重要的是，这种交谈会使孩子更好地意识到他们该如何展示自己，如何与他人建立关系。拥有更牢固的友谊能建立孩子的信心，使他们更主动地接近不认识的人。这是建立更紧密关系和良好社交技能的关键。

社交谈话不一定是艰难的

为什么我们不容易想到要帮助孩子这样做呢？原因之一是我们很忙，孩子也经常很忙。如果社交问题没出现，我们就不会去问。我们认为，孩子交朋友时遇到困难自然会告诉我们。但孩子在这方面的技能是实时习得的，他们往往不知道自己不知道的事情。比如说，孩子说的一个笑话在朋友听起来很幼稚，或者孩子兴高采烈演绎了《小屁孩日记》中的角色，但对那些没有看过书的孩子来说意义不大。孩子可能不知道如何谈论在友谊中遇到的问题。当感到孤独或不合群时，他们很难表达清楚。结果就是，孩子可能被孤立，感到尴尬或自我感觉不好。找我咨询的许多孩子都把友谊中遇到的挑战描述为个人的失败。

“这是我的错，”发现自己没有被邀请参加派对后，15 岁的女孩玛丽亚眼泪汪汪地告诉我，“她们提起那个聚会时，我显得太急切了。她们都讨厌我。”当时，我每周和玛丽亚会面两次，帮助她提高阅读理解能力。虽然她能不费力地读出书上的词汇，却很难理解书中内容。当信息或情绪没有被直接表达时，玛丽亚很难通过推理得出结论。举个简单的例子：你在一个故事中读到，一个孩子养的鱼死了；孩子走到外面，盯着天空看了很长时间；然后她回家了，说不想吃晚饭。我们可以合理推想，故事中的孩子因为自己的鱼死了而悲伤，尽管她没有明确说出来。

但对玛丽亚来说，要实现这种思维的跳跃相当困难。她能回忆起故事的情节，但难以读出“言外之意”。我很快意识到，玛丽亚的这个困难也扩展到了社交场合。她有很多朋友，但进入高中后，朋友之间的谈话渐渐变得更微妙，言谈中有一些挖苦和玩笑，很多话不会直说。玛丽亚在与朋友的互动中遇到了困难。她变得更焦虑，开始将事情“灾难化”——心理学家用这个词来表示草率地得出最坏的结论。当朋友没有邀请玛丽亚参加聚会时，她立即认为朋友们都讨厌她，而这应该怪她自己。

像玛丽亚这样的情况，当她提起自己的恐惧时，交谈的另一方往往会表示叹息并改变话题，或者说一些类似“别傻了，我相信你的朋友们不会讨厌你”之类的话。但如果不就这个问题进行交谈，她便会失去一个验证自己感觉的机会，从而加剧她的焦虑，因为她的担忧仍未得到解决。许多孩子都遇到了类似问题，尤其是在9岁到13岁时期和青少年时期，孩子在这段时期不太会直截了当地表达自己的意思。误解和交流错位会带来戏剧化的反应和压力，尤其是当情绪（和荷尔蒙）高涨时。

尽管如此，一直紧盯孩子或打探他们社交生活的做法，却会适得其反。不要这样做，要努力成为可以一起思考的伙伴。虽然这并不简单，但如果你在反思讨论中给予足够的沉默和暂停时间，就有可能做到。当孩子更愿意和你谈论个人话题时，他们可能更容易表达自己的感受。具备良好的幽默感和自我同情，你可以在这个阶段与孩子建立更亲密的关系，并在这个黄金时期成为一名倾听者、导师和向导。

交谈如何促进人际关系：建立人际关系的“三个E”原则

和玛丽亚交谈时，我运用了“三个E”的原则，并进行了适当调整：

1. 拓展（Expand）。用温和的语气提问：“发生了什么事？”尽可能具体地阐明她对情况的看法。鼓励她转述朋友的原话，而不是仓促做出解释。如果你需要保持冷静，就休息一下。

2. 探索（Explore）。为什么你的朋友会说出这些话或做出这些事？试着给出朋友这么做的原因。与玛丽亚一起，我们讨论了造成她受轻视的潜在原因。我鼓励她质疑“每个人都恨我”的想法。她反思了过去几周与朋友的会面，意识到她们并没有故意伤害她。她会再去找她们聊聊。

3. 评估（Evaluate）。在孩子采取行动后，对结果进行评估：她学到了什么？玛丽亚后来得知，朋友的母亲把客人限制在10人以内，这位朋友选择了步行可以到她家的客人，这样她们的父母就不需要开车接送了。虽然玛丽亚仍然感到受伤，但她看到了自己的担心是没有道理的。我们的讨论帮助玛丽亚管理她的自我交谈。如果没有这样做，她可能会从此避开她的朋友——这是一个恶性循环，会加剧玛丽亚被排斥的感觉，也会导致她的朋友更加排斥她。相反，玛丽亚改变了局面，在这个过程中对朋友的处境有了更多了解。

如果朋友的确想把玛丽亚排除在外呢？这听上去一点也不有趣，但即便如此，说出来也会有所帮助。在你的支持下，玛丽亚可以想清楚这次没受邀请是偶然事件还是朋友原本就打算排斥她。如果是后者，她应该如何对应？她需要正面质问朋友吗？她们的友谊是否已变得过于一厢情愿了？父母经常会想要禁止孩子去见对他们不好的朋友，但对不是以相互支持为基础的无益关系，孩子需要得出自己的结论。如果父母真的试图“禁止”友谊，孩子反而觉得这些朋友的吸引力更大，就像禁果一样。

与玛丽亚的交谈提醒了我，在获取换位思考的技能方面，各个年龄段的孩子都非常需要帮助。虽然简单地斥责孩子或告诉他“你伤害了朋友的感情”更容易，但这不会给孩子带来任何成长。相反，当孩子进行自我反思时能够获得的好处，远比我们直接告诉他如何去做要大得多。随着时间的推移，孩子便更有可能注意到自己的情绪变化，比如何时给自己贴上了负面标签，或者是何时开始自我感觉不好的。这让他们能够有意识地做出改变，及时做出转变，并愿意在今后拥抱变化。

帮助孩子看到社交中的多个方面

孩子并不总能看到自己的进步过程。随着时间推移，他们可能会在社交中陷入怪圈。如果孩子以某种方式行事，朋友会对孩子的行为做出反应，并给孩子贴上“小丑”“害羞的孩子”或“易受摆布”等标签。被贴上这些标签后，孩子往往会变本加厉，甚至表现得更像这样。

我刚开始临床实习期四处走访时，还没有意识到这些社交怪圈是如何形成的。我奔走于波士顿郊外的各个社区——从查尔斯顿的一所中学，到切尔西的一家诊所，再到温斯罗普的一所小学——在很短的时间内见了许多孩子。这些不同社区居民的背景天差地别，即使是相距不到30分钟车程的社区，也存在着丰富的多样性。

查尔斯顿的一所中学，位置上靠近城里的社区大学，大多数孩子都步行或乘地铁回家。许多人的第一语言是西班牙语，而我自己只懂得一些皮毛。在为幼儿及其家人服务的切尔西诊所，许多社区成员说纯正的西班牙语，大多数临床医生会说两三种语言。许多家庭的父母做好几份工作以维持生计，一些孩子只能与兄弟姐妹共享电脑。而坐落于温斯罗普的一所学校，位置靠近海边，那里几乎全是白种人，生活也更加富裕。我在那里走访的许多家庭都有多台电脑，以及方便的互联网。孩子们周末去玩帆船或游泳是很寻常的事。

这些来自不同社区的孩子，证实了我的理解：环境很大程度上影响着他们的视角和日常生活。我亲眼看见了系统性的种族主义、不平等和贫困对孩子的影响。我也开始看到这些严重的不平等是如何影响学生个体的，比如贫困地区的学生接受学校辅导员咨询的机会要少得多。在一所学校里，学生出现问题会去找咨询；而在另一所学校，出现问题会被留堂，没有机会说话。这些体验本身就是一种教育。不过，我见到这些孩子的时间不够长，无法了解他们独特的成长轨迹，也无法看到这些轨迹如何随着时间的推移而不断变化。

后来我在一所高中工作了6个月，有机会看到了这种演变。例如，我知道8年级的耶利米安静好学。他一头棕发，留着平头，时常面带轻松的笑容，有几个亲密的朋友，数学学得很扎实，尽管阅读对他来说很难。在我们专注于阅读理解和写作的咨询课中，他表现得很含蓄，但总是彬彬有礼。耶利米对学习尽了最大努力，尽管他告诉我，大声朗读让他感到尴尬甚至羞愧。有一天，我听说他被送到校长办公室了，无法参加我的咨询课。我想了解更多情况，于是就去找他。

“他的行为真成问题。”我在外边等待的时候，一位老师说。

后来，在我的办公室，耶利米低头坐着，盯着他的鞋子。过了一会儿，他告诉我发生了什么：他的同学布伦丹明显口吃。几周前，耶利米开玩笑地模仿他，全班同学都笑了。

“他们觉得这很有趣。”他说，看上去很难为情。

“后来呢？”我问。

“所以我又这样做了。”

每天早上，耶利米都让布伦丹说出让他结巴的那些词，然后取笑他。耶利米的朋友们笑了，注意到了他。老师让耶利米停止开这种玩笑，但他没有停下来。而这并不是因为耶利米和布伦丹是敌人。事实上，耶利米告诉我：“我喜欢布伦丹。他是个很酷的家伙。”是来自同伴的压力和自己的不安全感推着耶利米继续这样做。取笑布伦丹让他感觉自己的形象更高大了。

“我想我就不是个好人。”他闷闷不乐地说。

我感觉到，他的行为促使他有了这样的自我言谈，这是一个需要改变的负面循环。

培养社交能力的谈话原则

◎要充满抱负。帮助孩子发展他们最好的自我，着眼于他们的社会价值观。强调为什么他们已经是合格的朋友了，以及怎样做得更好。在上面的例子中，我请耶利米澄清：他想让朋友们怎么看他？他最自豪的品质是什么？耶利米振作起来告诉我，他想被别人尊重并喜欢和他在一起，他的哥哥是他的榜样。

"他很酷，"他说，"但他仍然很友善，甚至让我陪他参加派对。"

我们从耶利米的这个评论出发，描述他想要培养的品质。他绞尽脑汁想到了"风趣""慷慨""酷"和"友善"。我们把它简化为两种品质："风趣"和"慷慨"。然后我们制定了一个计划。在行动之前，耶利米先思考自己的行为是否展现了这些品质，如果没有，他可以尝试采取不同的行动；如果他搞砸了，就去道歉或想办法修复。把这些品质想象成引导孩子回归并且牢记在心的北斗星。

关于这些理想品质的讨论至关重要，尤其是在青少年时期，孩子们可能会体贴别人但难免行事冲动。当跳过这一步时，我们就失去了给他们解释为什么应该做出改变的机会。直接的行为改变不太可能让人感觉发自内心，也很难坚持。但通过反思，孩子可以发展出他们想要成为什么样的人的愿景。你们可以一起制定战略：找到实现这一愿景的最佳方法。

◎讨论抱负与现实。探索孩子认为他人如何看待他和他希望自己如何被看待之间的差异。耶利米告诉我，他的同学开始把他视为捣蛋鬼和小丑，他对此感到不高兴。怀着建设性的心态，我问他能怎样改变。我请耶利米尽可能具体地描述他的日常生活。他描述说，他坐在布伦丹旁边，让他说出以"S"开头的词（他会"结巴"的词），然后傻笑。

"我刚坐下就开始这样做。"他说。

这些习惯就像许多常规一样，经常是无意识的。注意到一个习惯性做法是如何逐步展现的，这是做出改变的关键基础。

◎帮助孩子做出改变，然后评估效果。起初，耶利米以为自己摆脱不了这个坏习惯；但我表示他可以打破这个循环，我们一起探讨了如何打破它。也许他可以从简单的事情开始，比如，选择一个不同的座位，或者先和其他人交谈。然后，他不再模仿布伦丹，而只是跟他打招呼。

之后，耶利米可以评估自己的感受以及每个人的反应，再考虑下一步。专注于培养同理心并修复关系，提出诸如“你的朋友需要什么才能感觉更好？”等问题。耶利米决定向布伦丹道歉，但他不想在他们共同的朋友面前这样做。他会在放学后找布伦丹，与他聊天，然后道歉。我们的谈话提高了耶利米的自我意识，帮助他在保持社交舒适度的同时践行自己的价值观。

为了支持这种自我意识，我们可以通过鼓励谈话，探讨孩子在社交中的多个方面。想想孩子是怎样做的，为什么会这样做，他是在哪里做的，和谁在一起。例如，在网球夏令营等有组织的活动中，孩子可能很容易交到朋友；但也许他会在不认识任何人的派对上缄默不言。

当孩子给自己贴上负面标签时，如“坏”或“刻薄”，鼓励他回想自己被别人视为真心朋友的时候。将行为与描述关联起来，例如“不用询问就分享你的玩具，这真是慷慨之举”，或者“你问了朋友的母亲是否感觉好些，这是富有同理心的表现”。建立这些关联，可以培养孩子将行为与态度联系起来的能力，有助于他以后也这样做。与此同时，也让孩子看到自己的复杂性，就像我们所有人一样，做出消极选择并不意味着他本质不好。

帮助孩子理解社交困境

看到孩子在社交中的复杂性，还意味着要注意到孩子或其他人不按社交“规则”出牌的时候。把社交倾向看成是橡皮筋，给它一些拉力，可以让孩子获得一个全新的视角，让他适应新的环境；但拉力过大或方向错误，会导致橡皮筋断裂。当然，孩子是有弹性的，你明白我的意思。鼓励孩子质疑对自己的看法。也许一个“安静”的孩子会第一个向他的朋友提建议。之后，评估孩子的感受和他的朋友反应如何。

关注孩子天生擅长的事情。《情绪可控力》的作者苏珊·戴维告诉我，她曾为一个男孩提供咨询，他担心在夏令营结交不到新朋友。这个男孩喜欢策略类游戏，享受计划好每一个步骤。苏珊利用了这一点，从和这个男孩一起坐公交车的孩子们开始，让男孩计划好先和哪些孩子进行交谈。这样做既符合男孩的个人风格，又能让他掌控局面。

其他孩子可能需要一种更有趣的方法。比如，加入一个正在进行的游戏，或计划在游乐场上与人见面。强调以一种放松的方式检验新策略，让孩子体会其中的乐趣。他总是可以回到原来的方式。如果孩子表示焦虑，那就认可他的感受。比如，告诉孩子“新加入派对可能会让人感到压力”。耶鲁大学的心理学家伊莱·勒博维茨（Eli Lebowitz）提到，焦虑在儿童与成人身上的表现不同。对孩子来说，焦虑来自社交方面。他们来找我们是为了安慰，而我们的反应往往是“修复”事物，比如说，干脆不参加派对。我们想让孩子避免不适，但这无助于他们培养技能。相反，正如勒博维茨所建议的，告诉孩子他能应付一些压力。让朋友、兄弟姐妹和老师一起传达类似的信息，支持孩子努力拓展自己。

详细探讨孩子的期望。问问他预期会发生什么，讨论谁可能参加聚会，以及他可能会说些什么。练习如何做自我介绍，探索孩子以前用过的策略。试试这样说："我打赌其他孩子也感到紧张。"这有助于使孩子觉得自己的感觉是正常的，提高他对感受的自我意识。

社交语用学

有些社交场合很难驾驭，尤其是当它们首次出现的时候——第一次聚会，第一次跳舞或第一次面试。实际上，任何场合都可能带来社交挑战，比如朋友的期望发生变化，或者孩子随着成长行为有所改变。比如说，也许他变得更自信了，开始讲笑话——只有一部分笑话让人觉得好笑。你可以从社交语用学——语言在社交中的应用——这个角度进行反思，从而给孩子提供帮助。社交语用学是指我们所使用的词汇以及使用它们的方式：时间、语调，以及言外之意。它涉及理解语境——比如，与老师交谈和与朋友交谈的语境就不一样——以及管理对话。比如决定是否要继续当前的话题。

如果把社交语用学比作舞蹈，那么承接这一舞蹈的地板自然就显得重要了。"我会抓住你"这句话如果是陌生人喊出来的，你会感觉可怕；但如果是别人在和你玩游戏时喊出来的，你可能就会觉得有趣。绕开话题也需要社交语用学技能。假设在一次教师会议上，你问："迈克尔的数学怎么样？"老师回答说："他的阅读有进步。"老师没有直截了当地回答，这件事本身就说明了很多问题。

随着孩子的成长，他们会在这种应用社交语言的"舞蹈"中发展技能，但他们的"舞步"可能会趔趄不稳。这些技能虽然很重要，但往往发展较晚。学习这些技能并不像听起来那么容易，例如：何时打断谈话，怎样打断，如何轮流说话，以及如何对谈话进行补充才能保障交流继续下去。不像健谈者那样进行过大量的练习，年幼的孩子往往会"打破规则”，其方式可能令人觉得好玩，可能令人恼火、生气，也可能令人哭笑不得。我最近听到两个 7 岁左右的女孩在玩具店里看洋娃娃时的对话。

“这个 20 美元，”其中一个说，“我妈妈永远都不会买。”

“什么，你妈妈很穷？”第二个女孩问道。

“我没那么说。”

显然，基于第一个女孩的话，第二个女孩做了一个假设。孩子们一般来说都不会有意做这样的假设。他们可能说话冲动，不知道自己的话会被怎样解读，或者缺乏必要的换位思考技巧。我认识很多孩子，他们很难注意到别人想改变话题或让对方说话的暗示。有一天，在一个读书小组里，我和中学生们一起讨论一本书。

“你认为故事会怎样结束？”我问布莱恩，他是小组里最安静的一个。

“我知道。”他的朋友泽维尔说。

“布莱恩是怎么想的？”我点名问道。

泽维尔没停下，继续说话，他没有注意到布莱恩的脸涨红了。如此反复两次后，我让泽维尔停下来，注意看布莱恩的表情和肢体语言在告诉他什么。虽然布莱恩并没有说出他在想什么，但他脸上的不安显而易见。我们注意到这些隐含的信号，并把它们引入对话中。泽维尔说布莱恩看起来很沮丧，布莱恩说他的确如此。我让布莱恩解释他为什么不高兴。

“你从来不给我说话的机会。”布莱恩对泽维尔说。

“嗯，你从来没有要求过。”泽维尔说。

他们的互动为我们敞开了大门，让我们可以公开讨论小组内的互动状况。然后，我们讨论了大家希望怎样轮换发言，每个人应该有多少发言时间，以及如果觉得有人没有得到应有的发言时间时应该怎么办。重要的不是制定严格的规则，而是澄清大家想做什么和需要做什么，从而使团队良好运转。在这个例子中，泽维尔并不需要我给他上一堂课，教他如何轮流发言。他需要有人发出一个更清晰的信号，让他看到自己正在阻止朋友说话，让朋友感到了沮丧。

帮助孩子掌握社交中的语言

更广泛地说，为支持孩子学好社交语用学的“舞蹈”，可以尝试以下方法：

- 谈论预期：规则是什么？也许孩子不知道在某种情况下应该有什么样的预期。尤其当她第一次去某个地方时更是如此。记得我第一次去听古典音乐会，我在第一首曲子结束后就鼓掌，却听到了别人的嘲笑。我意识到，那首“歌”其实只是乐器在调音。在去一个新地方之前，搞清楚孩子已经知道什么，让潜在的规则变得明确。例如，如果看到孩子们在踢足球，你不应该立刻加入；相反，可以先询问自己能否参加，或者在场边等待，看看其中一支球队是否需要增补球员。

- 谈论违背预期的后果：代价是什么？也许孩子知道这些期望，却选择了不去遵循它们。这可能很尴尬，但也不总是消极的。有时，这要求我们后退一步，放手由他去做。这并不是因为我们想让孩子以这种方式行事，而是这可以使孩子认识到这样做的代价。也许，如果孩子不听从教练的指示，他会被留在场边坐冷板凳。关注孩子的长期需求。可以问问他：对方可能会怎样回应？你觉得怎么样？你希望他对你有什么感觉？

◆ 问问孩子想如何表现：你的选择是什么？采取中立的立场，帮助孩子制定策略，权衡各种可能性，并做出选择。也许孩子想随大流，也许他不在乎后果。讨论如何让他的选择与价值观保持一致，认识到这些选择可能会随着时间的推移而改变。

带着幽默进行角色扮演

角色扮演就是想象你和孩子扮演别人的角色，讨论该如何处理某个情形，这是弄清社交规范的绝佳机会。这意味着，想象你和孩子分别扮演老师和学生，或者足球教练和球员，甚至是两个同学或朋友。角色扮演可以让你们以轻松好玩的方式面对困难或微妙的话题。它不会枯燥乏味。事实上，这比一堂教导该如何行事的课程要有趣得多。

我经常和学生一起做角色扮演，我的许多同事也是。作为启发，我参考了米歇尔·加西亚·温纳（Michelle Garcia Winner）的方法。她是一位语言病理学家，也是社交思维中心的创始人。她的方法最初针对的是自闭症儿童，强调“全身心倾听”或“用眼睛和大脑倾听”的必要性。按照这种方式，你会主动留意社交线索，帮助孩子学习如何注意它们。加西亚·温纳同样专注于帮助孩子在听到讽刺或笑话时做出推断，支持他们理解他人的观点。这项工作帮助孩子以全局的眼光看待自己听到或读到的东西。

我发现，她提出的原则对所有年龄段的孩子都有帮助，不仅仅是那些有障碍的孩子。通常情况下，从社交方面来说，孩子不知道哪些是他们不知道的。他们可能有盲点，尤其是当他们进入新环境时。例如，我看到许多孩子升到中学后很难维持友谊。他们不再只和一群朋友待在一起，因为上课会频繁换教室，而且青春期的谈话中往往包含着更多的讽刺或笑话。在这些过渡时期，对话是帮助孩子维护友谊和处理各种情绪冲突的关键。同样的道理也适用于帮助孩子应对挑战，或者第一次尝试新鲜事物。角色扮演是主动应对这些挑战的绝佳方式，尤其是当你感觉孩子有所担心或感到吃力的时候。

我和我的同事将角色扮演应用在有语言困难的学生，以及那些难以将语言技能运用到生活中的学生身上。许多孩子能够告诉你在某种情况下应该做什么——但当他们真正身处其中时，却会束手无策。角色扮演可以帮助你和孩子准确发现可能遇到麻烦的地方。然后你们可以集思广益制定策略，从而使交谈更加顺畅。角色扮演还可以帮助焦虑的孩子缓解潜在的压力，为难以承受的情况做好准备。孩子不再觉得自己在面对未知。要开启的对话可能并不容易，但孩子已经获得了极大的掌控感。当他们对自己的感觉更良好，周围的人也往往会做出更积极的反应。

你不必把这类角色扮演当成“应该做什么”的讲座或规则。事实上，可以采取相反的方法，甚至以一种好玩的方式，尝试把那些不该做的事情做到极致。这能帮助孩子以无压力的方式弄清并践行社交规范，当然具体做法取决于孩子的个性。

我记得，在我自己这样做之前，看到过一位同事的角色扮演。一天下午，我走进我的共享办公室，发现同事坐在“莱诺尔”旁边，“莱诺尔”是一名 15 岁的学生，此时正靠在椅子上，嚼着口香糖。

“我星期五不工作，”莱诺尔说，露出无聊的表情，“我希望手机随时都在身边。”

“让我们看看吧，”我的同事皱了皱眉，“我们通常不允许……”

“而且我也不想打卡，”莱诺尔打断了他的话，“这里不是中学，好吗？”

很快，我的同事被莱诺尔的表演逗笑，停止了“面试”，开始讨论真正的面试应该如何进行。事实上，莱诺尔是在扮演“最差”面试者，为即将到来的实习面试做准备。我的同事让她打开思路，想出“反面示例”，也就是与她应该做的相反的事情，然后表演出来。他们以反面例子作为讨论的出发点。莱诺尔没有谈论她不打算做的工作，而是强调她强烈的职业道德。她不再没精打采，坐得笔直。

让孩子通过别人的反馈和印象，看到这种“反面示例”的影响，比唠唠叨叨劝告他们“要友善”有效得多。这种非正统的方法，可以帮助孩子为迎接社交挑战做好准备，尤其是当他们感到紧张的时候。表演荒谬的“反面示例”向他们展示出，他们对如何行事的了解远远超过他们的想象。

解决冲突：事后反思

详细说出孩子已经知道的知识，能在多个层面上给他们支持。以冲突为例，通常，孩子们会含蓄地理解彼此的需求，但难以将认识付诸行动，尤其是在争吵中。孩子们情绪“火爆”时不可能有反思。等他们冷静下来，你就有机会帮助他们解决冲突，建立同理心，并为以后做好准备。

毫无疑问，发生冲突让人感觉不佳。然而，它们也常常蕴藏着机会。去年情人节，我从办公室派对上带回了一个巨大的红丝绒纸杯蛋糕，打算分给两个孩子（也不知道我在想什么）。没隔多久保罗就嚷嚷道：“别切了！我要整个蛋糕！”争吵之后，索菲大喊：“好吧！他可以吃一整个。”然后怒气冲冲地走了。我责备自己没有带回两个纸杯蛋糕。但之后，我使用了自己在临床工作中的策略，我称之为“反馈、广开思路、妥协”：

- 反馈每个人的需求
- 广开思路寻求解决方案
- 讨论可能达成的妥协

首先，反馈信息。鼓励每个孩子明确表达具体的愿望和需求。运用

“三个 E”原则。拓展（Expand）：弄清谁想要什么？探索（Explore）：每个人的欲望背后是什么？探究第一反应的背后动机。他是担心对朋友不公平，还是担心他得到的不够多？对于兄弟姐妹，重视孩子不同的发展阶段。你可以问：他或她了解到了什么？尝试妥协。然后评估（Evaluate）：进展如何？每个人的满意度如何？还有哪些策略在未来同样有效或更有效？

对索菲，我首先认可了她把蛋糕都给保罗的善意。然而，这并不会让保罗得到他需要获取的教训——而且这对索菲不公平。我问索菲她当时感觉如何，她解释说她听烦了保罗的哭声。

“他哭的时候，我没机会和你说话。”索菲补充道。

我倾听索菲的话，并把我的理解反馈给她，向她保证我们都希望晚餐时间需要更安静。如果做不到，我们会在睡觉前找时间谈一谈。我们一起探索保罗的需求。保罗通常在与人分享方面做得很好，他不喜欢的是把东西“切开”。在以往晚餐时我们曾看到，他喜欢吃“整个东西”，哪怕是很小的东西。如果必须切开的话，他想自己动手，我想这会让他获得更多的掌控感。有鉴于此，我和索菲广开思路，想出了很多解决方案。

“我们可以把什么都让他处理，对吗？”索菲问道。

我说，这样的话保罗当时会很高兴，但以后呢？那你呢？

“他会被宠坏的，”她说，“我也会觉得很生气。”

然后我问，如果她是保罗，她希望有什么感觉。

“我希望感觉我得到了应得的份额，哪怕我还很小。”

“我们怎样才能帮助保罗感觉到这一点——但同时也学到这一点呢？”

“让他把它切成两半吧，”她说，“但让我来选择我要哪份。”

我同意了。虽然这不是一个完美的解决方案，但它是一个开始。它认可了索菲“姐姐”的角色，同时确保她的需求得到满足。同时也鼓励索菲从保罗现阶段的视角来看待他的行为。尽管保罗还在学习阶段，但他不能随心所欲地行事。我们达成的妥协方案使保罗能够继续学习，又不会越俎代庖替别人做主。

当冲突演变成霸凌

如果冲突不是那么简单怎么办？埃伦是我的朋友，她的儿子迈克 11 岁。她打电话给我，说另一个孩子奎恩在霸凌迈克——把他推到储物柜上，踩他的作业本，甚至让他交钱。这种情况已经持续了好几个礼拜，而且越来越严重。埃伦请老师干预。老师建议奎恩和迈克在他们的监督下见面交谈。

“你觉得这样做行吗？”埃伦问。她对此并不乐观。每次迈克进行防卫时，奎恩会等到老师不注意的时候变本加厉地霸凌他。

事实上，冲突并不等同于霸凌。霸凌是一种反复发生，具有攻击性的冲突，其中包含了力量失衡。例如，一个受欢迎的孩子与一个不太受欢迎的孩子之间的冲突。可悲的是，这种情况出乎意料地普遍。截至 2017 年，美国每 5 个学龄儿童中就有一个报告称受到霸凌。近年来，利用网络技术作为霸凌手段（例如，发布令人尴尬的图片或冒充他人以造成伤害），已经变得更加棘手，而且可能更难发现。一项综合研究发现，20% 至 40% 的儿童和青少年反映曾受到网络霸凌，女孩的风险更高。另一项研究发现，网络霸凌最常见的原因是人际关系问题，而女孩大多是被霸凌的对象。这种霸凌行为对孩子和他们的父母来说，可能是毁灭性的。我见过家长在学校会议上哭泣，为孩子受伤而感到痛心。父母常常觉得失控，不知道该说什么或如何干预。最痛苦的当然是孩子们自己。除了当下的痛苦外，被霸凌与许多短期和长期的心理健康问题存在着根深蒂固的联系，包括抑郁症、自杀和药物使用。研究还发现，霸凌的后果会一直影响一些孩子，甚至延续到中年。考虑到所有这些，霸凌行为永远不应该被忽视。

那么让孩子"说出来"怎么样？事实上，这样做往往适得其反。被霸凌的孩子会感觉更糟，实施霸凌的孩子也会变得更残忍。相反，被霸凌的孩子需要得到保护，霸凌需要被制止。当霸凌成为长期性的行为时，其影响更有可能在受害者身上持续多年。理想情况下，防止霸凌需要采取全校性的方法。孩子们要学会大胆表示反对霸凌，敢于挺身而出保护朋友；而不是袖手旁观，一言不发。成年人要创造一种相互尊重的文化。但这一切都需要时间。与此同时，你能做些什么？

面对一个受霸凌的孩子，可以从询问细节开始：霸凌发生的地点、时间和方式。鼓励他告诉老师。讨论他想到的阻止霸凌的最佳策略。跟进老师的处理情况，确保他们采取了行动。问问老师是如何处理的，效果如何。定期评估，弄清孩子的感受。此外，试试采用以下方法：

1. 拓展孩子的自我交谈。如果他开始感到自己很糟糕，那就强调自我同情，并传达这样一个信息：他没有做过任何让他理应遭受这种对待的事情。专注于保持孩子的自我价值感。提醒孩子，你和他站在一边，会帮助他渡过难关，他不必孤身保护自己。

2. 探索霸凌者的感受。通常，孩子如果找不到引起他关注的事情，往往会霸凌他人。这是一种后天习得的行为。虽然这一行为表明他们缺乏同理心，但并不意味着他们本质是"坏的"。憎恨恶霸是很自然的。尽管如此，还是要鼓励你的孩子意识到，霸凌者通常不会觉得快乐和有安全感，有可能是他自己过得不好。当然，当孩子受到伤害时，你不能指望他表现出同情。但随着时间推移，心怀同情让孩子看到自己不仅仅是一个受害者，这会给他一种掌控感。

3. 评估更深层的影响因素。正如耶鲁儿童研究中心的教授丹尼斯·苏霍多利斯基（Denis Sukhodolsky）所说，无论是霸凌者还是被霸凌者，他们在成长和学习中的差距需要引起关注。霸凌儿童需要理解霸凌行为是错误的。他可能需要有人帮助他学会控制愤怒和注意非语言线索。多动症等问题也可能是导致霸凌的原因之一。的确，是他在伤害别人，但他可能也需要帮助。

即使是一个没有任何霸凌问题的孩子，讨论如何支持朋友这个话题也对他有好处。当一个实施霸凌的孩子看到其他人反对他时，他通常会停下来。你的孩子将懂得，成为一个“挺身而出的人”，成为一个有道德的人意味着什么。这种勇气无论是现在还是将来，都会使他受益。他会成为更好的朋友，他获得的奖赏就是知道自己做了正确的事情。更广泛地说，试着培养以下交谈习惯：

交谈习惯 1　编故事

为帮助孩子灵活地换位思考，可以练习编故事。这些故事不需要太复杂：只需要一个或多个角色，一个地方和一个问题。你描述一个问题或冲突的整个过程，探索一个人如何试着实现她的目标，她的感受如何，以及她有无什么改变。对所有策略进行推理，让孩子明白，每个人都以不同的方式思考或解决问题。从你自己的生活和日常情况开始。

例如，假设，某天早上你无法启动汽车。你可以说：“开始的时候，我打了火，但没有反应。我十分沮丧。最后，我检查了油箱，发现没多少油了。后来我就把问题解决了，结果感觉好了很多。我能做的比我想象的更多。”

◆ 给我人物、地方，还有问题。我经常鼓励孩子们玩讲故事的游戏，尤其是在他们不想谈论自己的时候。这些游戏帮助孩子们思考角色、情感和动机，既有趣又没有危险。

试一试：“给我三个角色，一个场景和一个问题。”或者，对于年幼的孩子：“告诉我三个动物或人物，一个地方和一个问题。”面对年幼的孩子，给他们举个例子，给他们一个尝试的机会。

例如："角色是警察，垃圾工和老师；地点是学校；问题是灯不亮。"也许警察来检查开关，老师找灯泡，垃圾工打开垃圾桶。警察因没去上班而感到不安；老师很沮丧，因为她没法上课；垃圾工很高兴可以休息一下。最后，灯又亮了。结果表明，是一场暴风雨切断了电力供应。虽然垃圾工生气，但另外两人都松了一口气。

挑战消极的社交谈话：描述行为。当孩子对自己或其他人使用负面标签（"我是一个非常坏的朋友""她很刻薄"）的时候，你要强调成长和改变的可能性。提醒孩子，她在其他时候的表现与标签截然相反。如果她在和妹妹争吵，提醒她："你昨天帮她做作业了。"着眼于具体的行动。"我没跟新来的女孩打招呼"和"她偷了我朋友的玩具"，比"我害羞"或"她粗鲁"的描述更为客观。这样说就为探索这个人怎样行事和找到个中原因提供了空间，而不会陷入责备游戏之中。你可能会发现另一个人的行为有很好的理由。最起码，孩子练习了如何从移情的角度看问题。

尝试挽救行动，讨论应对挑战带来的积极影响。在不淡化困难的情况下，探讨从艰苦的经历中学到的东西，以及获得的成长。也许是因为被篮球队裁掉，孩子才有机会和朋友一起练习；或者因为某次考试不及格，却让她与更勤奋的同学建立了联系。鼓励她和朋友一起尝试这些做法。当她听说同学因错过一次旅行而感到难过时，帮助她认可同学的难过情绪，寻找积极的方面。可以问："这带来了哪些好处？"或者"你有什么办法可以让你的朋友好受一点？"

交谈习惯 2　玩"相信游戏"

想象一个人古怪或恶劣行为背后的故事，做无辜推断。也许在图书馆哭泣的孩子之所以伤心，是因为有人借走了她最喜欢的书；也许杂货店里那个少年满脸愁容，是希望出去踢足球。着重玩彼得·艾尔博（Peter Elbow）所说的“相信游戏”，即对许多想法保持开放与接纳的态度，充满同情地讲述关于他人需求的故事。

“不良行为”是孩子需要成长的信号，围绕这个话题进行讨论。把“她在分享方面做得很糟”的说法变成“她还没有学会按次序来”，或者把“她是一个很糟糕的攀岩者”变成“她还在努力爬过第二级”。强调所有孩子都在成长，我们所有人（包括成年人）都会犯错。

做出示范表明，在社交方面我们都在持续进步中，小失误没关系。当孩子看到有人不高兴或伤害了某人时，教他们一个“三部分”谈话策略：“对不起！你没事吧？我能帮你什么忙吗？”这个策略用一种适合所有人的方式表达了同理心和帮助他人的愿望。

探讨书籍和电影中的人物和冲突。重点关注表达出来的动机与未表达出来的动机，也就是搞清“他说他想要的东西”和“他真正想要的东西”之间的区别。也许一个朋友说，他想赢得一场科学竞赛，但实际上他是想击败对手。把这两种情况都想到，有助于孩子们更深入地理解他们的朋友，并对朋友们的真实需求做出回应。

注重使用具体的语言。不要用“那些人”或“那个群体”，要使用更具体客观的语言。不要说“那些刻薄的女孩”，鼓励孩子说“珍妮和贾丝明，她们在聊另一个朋友”。帮助孩子超越对群体的总体判断，着眼于真正发生的事情。通常，情况比孩子们一开始看到的要微妙得多。

许多人在生命的尽头会提到，他们最大的遗憾之一是没有与朋友保持联系，这是有道理的。我们每天忙忙碌碌，很容易把友谊抛在一边。一项研究发现，作为成年人，我们在 25 岁时就开始失去朋友，这种情况一直持续到退休。但关注友谊和其他关系，可以帮助孩子和我们放慢脚步，重新确定轻重缓急。通过深度的交谈，我们可以帮助孩子学会从别人的立场看问题，让他们更容易建立与他人的联结。冲突也能加深友谊，只要我们能通过对话来解决冲突，明确每个人的需求。将友谊面临的挑战与困境，重新界定为反思的机会。我们可以帮助孩子改变视角，使他们对修补裂痕和建立新关系保持更加开放的态度。假以时日，随着制定和实施这些策略变得越来越容易，孩子们更有可能找到长期友谊给当下带来的乐趣、健康和幸福。请记住，这类交谈需要时间，朋友不是只用一次谈话或一天时间就可以找到的。用古希腊哲学家亚里士多德的话说："希望成为朋友是一件很快的事，但友谊是一种缓慢成熟的果实。"

Tips

交谈策略

试试用以下策略来开启交谈：

从幼儿到学龄前

关注好朋友的具体品质。你可以问：

- 我看到你的朋友看起来很失望，你怎样做才能让她感觉好一点？
- 那次争吵听起来很激烈，你怎么去和好？
- 你妹妹看起来还是很生气，你如何才能让她看到你是真的歉疚？

鼓励孩子拓展社交技能：

- 我看到你和她说话时很紧张，你还能用什么别的办法打招呼呢？
- 你怎样做才能让你的新朋友感到他被接纳？要想帮上忙，想象如果你是他，你希望朋友怎么做。

小学生

强调把面临的社交困境想清楚。使用以下问题：

- 如果朋友告诉你一个秘密，让你不要告诉别人，但你最好的朋友向你打听，怎么办？
- 如果班上来了一个新同学，而你的朋友对他刻薄，怎么办？
- 你怎么告诉朋友你想单独待一会儿，而又不伤害他的感情？

探索孩子对友谊的感受：

- 你认为你的朋友够多吗？亲密的朋友呢？为什么够多？为什么不多？
- 如果你拥有完美的友谊，你觉得它会是什么样子？

中学生

鼓励讨论更复杂的困境：

- 如果你的朋友开始和一个你受不了的男孩约会，你该怎么办？
- 如果你最好的朋友说，她哥哥接触了毒品，但不让你告诉任何人，你该怎么办？

支持孩子评估自己的友谊和交友技能：

- 为什么你和那个朋友如此亲密？你最欣赏她什么？
- 什么事会让你不再和某人做朋友？为什么？
- 你怎么知道你与某个人的友情对你来说不是良性的？

今天就可以试试：

进行一次“改善关系”的对话，相互问答：

1. 作为朋友，你最好的品质是什么？你在哪些方面可以改进？
2. 你最欣赏好朋友身上的什么品质？
3. 你希望人们怎么看你？你想让他们记住什么？

第 6 章

通过游戏进行交谈：提升孩子的快乐和创造力

Conversations for—and Through—Play: Promoting Your Child's Joy and Creativity

最富有成效，最自然的心智游戏存在于交谈之中。我发现它比生活中的任何事都更令人愉快。

——米歇尔·德·蒙田

“我的老师不想让我浪费时间玩，她想让我做功课。”第一次听到这句话时，我没怎么放在心上。

这句话是我在一所小学里听到的。那是一个周五下午，放寒假的前一天。孩子们在大厅排练音乐剧，家长们在外面举办的烹饪派对上烤姜饼。我当时的工作是参与“干预反应”模式教学，即根据学生在学业上的进步程度，为他们提供支持——学生从没有任何支持（在课堂上接受常规教育），到参加额外的小组课，再到接受一对一的额外授课。理想情况下，这种模式的运作就像一场对话，在过程中根据学生的需求随时加以调整。

在这所学校，我负责与老师合作，评估孩子们的语言和学习需求。我会基于自己的发现建议老师以小组形式给一些孩子上课，我自己则直接与最需要帮助的学生合作。

我喜欢这项工作的部分原因是，它使我能够随意进出教室。我慢慢认识了这些同学，了解了他们在课堂上的表现。当我看到他们与其他学生或老师互动时，我开始明白什么能让他们表现出最好的一面，什么会让他们沮丧。在这个特殊的星期五，我协助 5 年级学生乔西写一篇老师布置的文章。她不知如何开头，我让她在白板上把各种思路写下来。我不想给她压力，便告诉她我们可以围绕这些思路来做游戏。乔西多年来一直在焦虑中挣扎，最近更是在课堂上一言不发，并说老师的点名提问会让她不知所措。

但乔西告诉我，她没有时间玩游戏，她想把作文写完。

“我们玩的游戏会对你的作文有启发。”我说。

“我说了这是浪费时间，”乔西叹了口气，“你就不能告诉我该写什么吗？”

我回答她，我不能这么做，但我们可以试试另一种办法。乔西半信半疑地同意了。我们开始着手将她的想法列出提纲。我们结束时，她似乎松了一口气。时间慢慢过去，我确信这是个糟糕的时机——没人喜欢在放假前工作，我也相信她会在假期后带着更大的动力回来。我告诉自己，是她的焦虑让她感觉我的建议不好玩；如果她放松紧绷的神经，她会好过一些。

在随后的几个月里，我意识到乔西对“浪费时间”的看法并非孤例。事实上，我开始在各处听到这种回应，通常与孩子们的学习方法有关。一名 3 年级学生告诉我：“我写这首歌是为了学习乘法表，但我妈妈说只要看书上的表就行了。”另一个孩子给我看了她的词汇表，然后说：“我必须记住它们。学习它们在句子中的使用没有意义，那是在玩。”

我意识到，“游戏”和“学习”成了对立的两个方面——至少孩子们和老师经常这么说。观察年幼的孩子时，让我更清楚地看到了这种对立。我经常走进教室，目的是了解某个可能有学习困难的孩子在课堂上的表现。然而，我还是忍不住注意到其他所有的孩子。我看到的情形往往都发人深省。很多时候，即使是在年幼孩子的教室里，我看到玩耍被放到了次要的位置。我看到幼儿园的孩子们一动不动地坐在前面的椅子上，久坐使他们感到单调乏味，在椅子上扭来扭去；或者看到孩子们在回答一些他们不感兴趣的问题。“这是星期几？”老师指着日历问道，“星期四还是星期五？”

“这儿有一只萤火虫。”其中一个孩子小声说着跑向窗户。

“不，是一只蜻蜓。”第二个孩子一边回答，一边把手卷成望远镜形状盯着它。

“这是星期五，星期五。”其他孩子跟着老师的歌唱道。

“回到座位上，好吗？”老师向窗口的孩子们要求。

大多数孩子都咕咕哝哝，其中一个最遵守规则的孩子告诉大家：“别胡闹了。”

我感觉到，玩耍是一件遥远的事情，是孩子们等到课间休息时才能发现的闪亮的灯塔。但课间休息也不过 20 分钟，几乎没来得及穿上外套到外面去，铃声就响了，他们回到教室，面色阴郁，仍然不停折腾。他们没有时间去找蜻蜓或其他东西，甚至没有时间和他们的朋友多说几句话。这所学校缩短了课间休息时间，跟全国平均课间时长差不多。它没有一些学校那么极端，比如亚拉巴马州加兹登市的学校，减少幼儿园的午睡时间，转而增加“教学时间”。这是一个可悲的讽刺，因为就连美国儿科学会也在 2013 年发布了一份声明称，课间休息有助于孩子的学习，是“孩子发展的关键和必要的组成部分”。

事实上，休息时间对所有年级的孩子都有好处。研究表明，更多的睡眠可以改善健康状况，甚至可以提高智力。中国一项对近 3000 名 10 岁到 12 岁的儿童进行的研究发现，与不午休的儿童相比，每周午睡 3 次的儿童总体上更快乐，更有自制力和毅力，行为问题也会更少；他们在学校的表现也会更好。虽然这些研究只显示了两者的相关性，而没有显示因果关系；但值得考虑的是，一个看起来没有动力的孩子可能只是因为过度疲劳。

另一方面，不让孩子玩耍可能会导致其他问题。当我们取消游戏时间时，很少有孩子能坐下来并集中注意力——他们就是精力过剩。如果学校采取传统的学习方式，即孩子们坐在课桌前听老师讲课，情况就尤其如此。我们常常认为，多就是好——更多的指导，更多的听课时间——反而忘记了玩耍是学习的基本方式，这是早已度过幼年期的孩子学习处世的基本方式。我看到太多的孩子都不被允许玩耍，以至于我想起了近来流行的说法，“学前班变成幼儿园，幼儿园变成 1 年级”（美国的学前班在幼儿园之前——译者注）。埃里卡·克里斯塔基斯（Erika Christakis）在2016年出版的《给孩子最好的成长力》（*The Importance of Being Little*）一书中指出，尽管研究表明，最深度的学习来自与游戏相关的探索和试错，但现在人们在推动学术发展的过程中，并没有让游戏发挥应有的作用。

看到那些幼儿园孩子之后，我开始想：孩子们是怎样玩耍的？我开始更仔细地观察。我发现，通常情况下，游戏是按性别分开的，尤其是年幼孩子的玩耍。女孩玩芭比娃娃，黏糊糊的玩具，有香味的贴纸和上锁的日记本；男孩玩消防帽，万圣节留下来的恐龙装，还有剑和变形金刚。（“粉色的是给女孩玩的。”一个4岁的孩子告诉我，当时我要给他一个粉色的变形金刚。）对性别的刻板印象在这么早的时候就形成了，这让我感到震惊。带索菲去玩具店时，我更为惊讶地看到，这种刻板印象是怎样僵化地展示出来的：店里分出了“男孩玩具”和“女孩玩具”，一边是机器人和战舰，另一边是公主和玩具小马。社会学家伊丽莎白·斯威特（Elizabeth Sweet）指出，玩具公司从20世纪80年代开始施行这种彻底的区分性别的营销策略，自2000年以来更是加大了推动力度，它们对孩子们想要的东西做出了更加大胆的假设。

公平地说，我看到大一点的孩子仍有旅行运动队、梦幻足球、屏幕和主机游戏、在线纸牌，以及攀岩旅行的选择。但对我交谈过的许多孩子和家长来说，游戏——以及游戏的态度——已被冷落一旁，因为我们更关注成绩和进步。

是的，我们希望孩子们成功，有同情心，有自信，能够交到朋友；但我们也希望培养有创造力的孩子，希望他们知道如何去笑，不把自己太当回事，快乐地与人交往。我们希望孩子们能与他人和自己玩得很好。我们偶尔也会想和孩子一起玩，让我们彼此开心。为实现这一目标，我们需要思考游戏到底是什么，认识到它在我们所有人的生活中发挥的强大作用。

游戏是一种态度

当你听到“游戏”这个词时，马上想到的是什么？对大多数人来说，答案与有规则的游戏有关：运动游戏、棋盘游戏、电子游戏或儿童玩的捉人游戏。它涉及一个活动，而且有规则，你可以选择遵守或不遵守。比如大富翁游戏，你可能会玩“真实”版的，也可能会玩“骗子”版（实际上这个版本还可以买到），有选择地违反规则。当然你也可能会想到孩子们在沙箱里玩耍或爬树：它涉及无组织的游戏，没有预先设定的规则。作为一个概念，游戏可能让人感觉模糊，或者充满田园气息，让人联想到在开阔的田野里爬来爬去，或者联想到 20 世纪 50 年代流行的在别人家的后院里玩弹珠。这让人将游戏与快乐的童年联系起来，仿佛二者完全交织在一起。

事实上，根据年龄和阶段的不同，游戏表现得完全不同。想象一个孩子在打曲棍球，一个青少年在下棋，一个 10 岁的孩子在做一个科学项目，一个蹒跚学步的孩子在搭积木，或一个婴儿在检查他的脚趾。在理想的世界里，游戏可以让孩子获得掌控感，使他在好奇心的驱使下去探索。根据美国国家游戏研究所的创始人斯图尔特·布朗（Stuart Brown）的说法，游戏是指任何“出于它本身的原因而做的事情”，它能引导人们更熟练地掌握其中的技巧。游戏需要有挑战性，但不至于让人沮丧。在布朗看来，游戏的理想境界是愉快和有趣：它受内在动力驱使，不需要外在奖励；以过程为导向，不用担心结果；它与输赢关系不大，更多与过程有关。我很惊讶地看到保罗搭了一个复杂的乐高结构后只是说“我完成了”，或者“让我们摧毁它”，然后把它推倒。他就像许多年幼的孩子一样，沉浸在当下的一刻，一遍又一遍地建造沙堡，每次都让大海把它们带走。

这种搭建类游戏对孩子的发展非常重要。同样至关重要的是引导式游戏，即父母也参与其中的儿童游戏，并在过程中引入新的单词和概念。你的孩子指挥游戏，并从中获得乐趣；你在一旁提供温和的指导。例如，你的学龄前儿童摇动一个盒子，里面装着珠子，并说："声音很大。"你表示同意，鼓励他更用力地摇晃，看看声音有什么变化。你可以鼓励他找到规律，什么时候声音更大，什么时候声音更小；或者你问他认为珠子可能是什么形状，然后打开盒子看看他说对了没有。人们发现，这种游戏可以促进语言学习和早期的形状学习，以及儿童进行多任务处理和做计划的能力。

但如果把游戏看作一种活动，我们就只看到了它潜力的一小部分。相反，要把游戏视为一种态度。这是一种不断修补和测试，广开思路，从头再来的意愿，不必担心自己态度是否正确。这种不当真的态度是创造力的根源，它能让孩子们发挥最好的一面。实际上，它与你在做什么无关，而与你或孩子们如何处理一项活动或任务有关。

假设你出去骑自行车，你可能是为了开心，也可能是为了锻炼。孩子们闹着玩的时候，他们不需要很多东西就能玩得很开心。一个垃圾桶可以变成玩具卡车，一个纸板箱可以被剪切成游戏机的样子。

作为一个家庭，游戏的态度可以成为联结你们的纽带，让你们更放松，更容易解决冲突。它可以帮助孩子积极应对艰难的挑战。当孩子以游戏的态度进行思考时，他们不太可能像我听到的学生那样抱怨"我就是做不到"，而是会尝试新的方法。

儿童的游戏思维和学习受兴趣和问题的驱动，与他们的生活有着意义非凡的联系。当孩子喜欢某些活动并发现它们有意义时，便会更加投入，并愿意进行思考。他们会注意到是否需要采用新方法或调整方向。他们会更加努力，坚持的时间更长，因为他们真正对它感兴趣。不断地克服失败会让孩子更有韧性。当实验成功或找到问题的答案时，孩子就变得更加独立和自信。游戏的态度让孩子在项目上坚持到底，不会因为感到无法承受挫折而放弃。

令人不安的是，这种态度正在快速消失，取而代之的是对成功或把事情做好的迫切需要。游戏很快开始变得面目模糊。如果一个孩子因为不得不踢足球而哭，会怎么样？或者害怕赢不了的话他的球队就进不了决赛，又会怎么样？孩子可能会玩得不开心。他的动机是压力，而不是对这项运动的热爱，而且他非常担心结果。在这种情况下，孩子的确在“游戏”，但这与游戏的理想状态相去甚远。

为什么游戏不可小视

对孩子来说，理想状态下的游戏很重要。事实上，游戏对孩子的大脑发展至关重要，也是他们了解自己和世界最有力的方式之一。当孩子们自由玩耍——指他们自己制定或采用他人的规则——协商复杂的社交互动时，他们的大脑会在前额叶皮层中建立起新的回路。前额叶皮层是大脑中负责制定计划和控制冲动的部分。

更广泛地说，游戏为身心提供营养。它不仅有趣，还能让孩子处理强烈情绪，真心沟通，平复争论，抚慰受伤的感觉。谈论情绪可以帮助孩子将“思考”和“感觉”结合起来，因为他们会猜想角色为什么会有这样的感觉。当保罗说“狗狗生病了，它很难过”的时候，他就把一种感觉和一种情况联系了起来。当他补充说“我生病的时候也会难过”时，他就是辨识出了自己的感觉并用言语表达了出来。日积月累，这样的谈话可以帮助孩子意识到并辨识情绪，这是孩子理解情绪并学会以健康的方式管理情绪的第一步。

游戏对建立社会关系同样重要。在游戏中，孩子互相结盟，加强友谊，建立起容忍未知事物的能力。当一个朋友想玩搭房子而不想玩火箭船，或者孩子们花了几个小时建造起来的桥梁突然倒塌时，他们会如何反应？在游戏中，他们可以用好笑或夸张的方式道歉，在不丢面子的情况下表示歉意。

最后，游戏以独特的方式促进深度思考和扩展思维。通过修修补补来解决问题，为孩子们日后解决复杂问题所需的创造性思维打下了基础。即使是年幼的孩子，也可以在向桶里倒水或将绳子绕圈的过程中提出有深度的问题。我特别喜欢研究年幼孩子的游戏。一个夏日，我和一群 3 岁的女孩坐在游乐场上。她们围着一个喷水器跑，用水桶集水，把花茎放进水里，让它们顺着台阶流下去。然后她们跑到台阶上，专注地看着花茎向下漂流进一个泥潭里。她们把花茎捡起来，给它们抹上泥，再把这堆花茎和泥放进洒水器里。

“更多的花。”一个女孩边捡起花茎边喊。另一个女孩喊道:“更多的泥。”

很多这样的时刻，我看到年幼的孩子是多么容易进入心流状态。所谓心流，是指一种全神贯注于某项活动时的体验，你沉浸其中，忘记了时间。不用同时处理多项任务，一心一意地沉浸于某个问题或活动。在这个经常让我们和孩子分心的世界里，为孩子体验心流而留出时间，可以作为一个值得追求的目标。

但游戏的潜力远不止于此。许多获得诺贝尔奖的科学家，都会在盯着溪流中的水珠，看着窗户上闪烁的灯光，或在树林中散步时，体验到“茅塞顿开”的时刻。这是有原因的。这样的时刻可以让孩子得到安静，产生更深层次的思考；也可以让孩子保持专注，帮助他们去探索世界中的各种“为什么”。在游戏中提出问题会激发好奇心和科学思维：一片树叶需要戳几下才能从树枝上飞下来？当你吹气时，蒲公英种子会朝哪个方向散落？为什么？为什么你看不到种子落在地上的时刻？

这不仅限于探寻自然问题。哪怕是最简单的电子游戏，如果我把这个角色推到右边会怎么样？他会倒下吗？如果你抓住那条龙，它只会喷火吗？它会吐金币吗？这些问题比你在自然界中发现的问题更需要预先准备——但这并不会降低探索它们的乐趣。

年深日久，随着孩子的问题逐渐深入，她会注意到最吸引自己的是什么，也能让她更有效地追寻自己的兴趣。7 岁的索菲告诉我："我真的很喜欢科学。比如身体是如何运转的？星星是如何形成的？你知道的——神秘！"随着问题和兴趣的发展，孩子开始发现自己的激情所在，因此不需要因焦急地寻找目标而束缚自己。也许对星星的兴趣会引导孩子日后从事天文学研究，也许对编织的热爱会发展成对时尚的兴趣。这并不是说孩子需要考虑他们未来的职业。事实恰恰相反，沉浸在当下才是关键。而且，随着时间推移，兴趣逐渐加深和发展，这会让孩子的好奇心旺盛地成长。

在充满想象力的游戏中，孩子们会创造各种场景和角色，他们的好奇心显而易见。最近的某天早上，保罗把一个用乐高搭成的冰激凌店模型拿到我面前，用严肃的声音问道："你想要什么冰激凌？巧克力味还是香草味的？还是热狗味的？泡菜味的？"当我问他是否有咖啡味的冰激凌时，他笑了，建议我改选仙人掌味。这种互动对话是培养语言和社交技能的关键。它有助于发展心理灵活性，因为孩子可能随时改变角色和产生新想法。这样的互动还与长期创造力有关。一项研究发现，创造力显著的人，比如诺贝尔奖获得者，在儿童时期会比对照组花更多的时间玩虚构游戏。

游戏与创造力的关联

但现实是，孩子们的创造力似乎正在下降，尤其是年幼的孩子。2010 年，威廉和玛丽学院的金敬熙（Kyung Hee Kim）在一系列研究中分析了过去 30 年 30 多万次创造力测试的结果。她发现，自 1990 年以来，孩子们平均产生独特创意的能力有所下降。根据研究评估的结果，孩子们也更不风趣了，并且不太能详细阐述自己的想法。为什么会这样？我们很容易说出“现在的孩子们”不像过去那么有创意，也许他们生来就是这样，但这样说并没有多大意义。其实，孩子天生具有创造力。根据俄勒冈大学心理学家罗恩·贝格托（Ron Beghetto）的观点，影响更大的因素是，孩子的创造力既可以得到培养，也可能受到抑制。

自从十多年前我开始和孩子打交道以来，我注意到，在面对创造性任务时，孩子们越来越无从下手。对大一些的孩子来说是这样，但对那些离大学还很远的孩子来说，也是如此。

有一次，我在讲诗歌单元时，我问同学们愿意去哪里旅行。一个5年级的女孩问我：“是虚构还是事实？我认为我们还没有学到这里。”当我解释说她应该发挥想象力时，她说她不喜欢想象她没去过的地方。

“想象太困难了，”她不安地笑着说，“我不了解事实，我不喜欢从一张白纸开始。”

她的话与我见过的许多孩子的经历相呼应，他们在选择题或填空测试题测试中表现良好，却很难发挥想象或从零开始。许多孩子都急切希望马上把事情做对。如果我们不抽出时间鼓励孩子进行创造性的游戏，并围绕随之而来的问题进行开放式交谈，这种情况只会变得更糟。要考虑提出问题而不是回答问题，考虑自由地进行头脑风暴而不是感到束手无策。通过游戏增强孩子的提问能力和进行头脑风暴的能力，这是培养孩子创造力的关键。

那么，我们为什么没有为这样的游戏留出时间和空间呢？虽然我们比以往任何时候都更加了解游戏对心理、社交和身体发展的重要性，为什么我们的谈话在促进游戏方面却做得越来越少？

当我们不再讨论游戏

我们常说游戏有其价值，但即便在孩子的幼儿时期，我们也没有安排所需的放松时间，让他们痛快地玩耍。在学校强调“学业唯一”的情况下，许多孩子再也体验不到心流，更别说主动去寻求这种体验了。游戏和学习之间的战争没有留下多少让这两者可以相互交织的空间。更有甚者，孩子放学回家后，游戏往往成为一项需要大量投钱的活动。在广告的冲击下，孩子倾向于相信，游戏得有最新、最棒的玩具，这样才会更有趣。通常，我们的谈话也会附和这个宣传。

玩具应该是孩子发挥想象力的跳板。开放式玩具可以让孩子将一个物体想象成另一个物体，在探索内心世界的同时想象出各种可能性。这些玩具通常很简单：它们自己几乎不会动，不说话也不发出电子声音。面对这样的玩具，孩子们会更多地自己说话和思考。

我曾无意中听到一个 4 岁的女孩说：“这个医生给狗狗一个紫色的大气球。狗狗吃了气球就好了。”我走进去，看到她正拿着一套兽医玩具，递给她的狗狗玩偶一根塑料香蕉。这听起来可能没什么，但这样的玩耍可以自然地激发孩子的思维和语言。它可以让孩子处理日常生活中的情景，就像大脑在梦里处理信息那样。塑造出目标相互冲突的角色，可以培养孩子设身处地看问题的能力。当孩子进行头脑风暴设计故事情节时，考虑多种可能性的发散性思维会得到提升。这是创造力的标志。

然而更常见的是，孩子会展示他们的塑料动物玩具，并询问我们是否可以下载附带的应用程序。孩子将玩具视为上网的一种方式。在不知情的情况下，他们掉入了一个陷阱，系统利用他们的点击作为手段，以便更好地针对孩子（还有我们）投放广告。

孩子们玩这些玩具时会谈论什么？常见的情况是，他们会匆匆跳转到网络预先制定的玩法中。甚至连角色的名字都是预先确定的。谈话会顺着玩具制造商设计好的方向展开，开放式的探索性谈话大大减少。在极端情况下，会说话的娃娃等玩具会入侵儿童生活的隐私。这些玩具打着“朋友”的幌子，问孩子们在干什么，甚至问他们住在哪里。一些玩具，比如一款会说话的玩具娃娃“我的朋友凯拉”，甚至会记录孩子的回答并将其发送到外部计算机服务器。

如果孩子告诉这些玩具说，他们被人嘲笑了或欺负了，他们感到难过或焦虑，结果会怎么样？他们也许觉得自己得到了倾听。但这些玩具即使会做出回应，也是空洞而无价值的。比如它可能会这样回答：“和父母谈谈这件事。”孩子们真的会照做吗？

纸箱原则

在购买这些会说话的玩具和任何花哨的小玩意儿时，我们往往会忘记纸箱原则。你挑选了一些昂贵的东西，当包裹寄到家时，孩子却只想要装东西的纸箱。事实上，他们很聪明。最简单的东西玩起来才最有意义。你挑选的东西越多，就越难看到隐藏着的挖掘游戏思维的机会。

几周前，我看到了这一原则的实际应用。晚饭后，索菲和保罗带着在工具箱里找到的手电筒，走进了一间黑屋子。他们已经度过了一个漫长的星期天，把所有玩具都玩遍了，一直争论不休到了厌倦争论的地步。不久，保罗伸出双臂，让指尖的阴影触到天花板。

“这是小鸡在跳舞。”保罗说，他们俩都笑了。在把影子变成“巨人”后，他们拿出一个玩具海滩屋，为“巨人”举办了一个海滩派对。玩了一会儿之后，他们俩静静地坐着。我想拿出更多的玩具或书，但是看到两个孩子如此投入，我便试着问他们，怎样才能把阴影变小。

“像这样？”索菲站开一点，“不，那还是大了。让我再试一次。”

“要不，你能让它碰到窗户吗？”我补充道，“或者让它消失？”

“我们能让我们的影子打架吗？”索菲问。他俩撞在一起，然后倒在地上，咯咯地笑着。

“是什么改变了你们影子的大小？”我问索菲。

“我们离光更远，”她说，“不，是离墙更远。”保罗打开手电筒，然后问为什么他的影子“没有了”。

“那是因为没有黑暗了。”索菲回答，带着保罗去了一个更暗的房间。

如果不是因为孩子的无聊，就不会有这场游戏。如果我遵循自己的冲动拿出更多的玩具，情况也是如此。孩子通过为旧东西找到新玩法，拓展了最初的想法，才能让自己真正地沉醉其中。

密集式育儿使游戏被冷落

那一幕也提醒我，作为父母，退后一步去观察孩子有多么重要。尤其是对于年幼的孩子，我们经常认为，父母需要成为片刻不离的玩伴，永远与孩子“在一起”。我们坐在沙箱里或乐高玩具箱旁边。当我们交谈时，经常会问一连串的问题：“这是小狗吗？”“那是蓝色的吗？”

是的，这样交谈可以增加孩子词汇量。但是，如果将它变成一种习惯，它就没有给孩子留下进行内在思考和自我交谈的空间，而内在思考和自我交谈是孩子说出自己的计划或让简单的问题酝酿成更深层次问题的机会。这样做也让人身心疲惫。玩耍成了育儿的又一项职责，而不是鼓励孩子们的观点和做法进一步发展。我认识的许多父母也一样，将玩耍当成育儿责任，觉得有必要一直参与其中，确保每个人都玩得开心。那么如果我们心情不好或疲惫不堪时该怎么办呢？这种情况难道是不可避免的吗？

更糟糕的是，如果我们总是“置身其中”，结果可能是孩子和父母都感到沮丧。尤其是年幼的孩子往往痴迷于一遍遍地做同样的事情。重复可以促进学习，让人感到内在的满足；但是，孩子的游戏可能会看起来没完没了并且相当无聊。我们一定会对一直看孩子做同样的事感到无聊。把游戏变成教育机会的做法也会导致这一结果，比如给物品贴标签，教孩子学颜色，问“那边有多少了？”等。并不是说我们不应该问问题，但当这些问题排挤了探索的机会时，游戏的意义便失去了。

游戏应该是令人愉快的，但当把游戏看作负担时，我们往往会敷衍了事。我们很无聊，但想尽量表现出兴奋。孩子们会注意到假装出来的情绪。他们希望我们表现真实的自我，并就他们的游戏展开对话。孩子们希望有人观察和注意他们（一个蹒跚学步的孩子不停地说：“看着我！”），并对他们的想法进行评论。孩子们想让我们在交谈中看到他们，拓展他们，挑战他们，并且偶尔能以愉快的眼光看待他们。挑战来自他们的宏大想法，如“我怎么才能让这只恐龙飞起来？”，这个问题比“它是什么颜色？”更有趣，更复杂。

对年龄较大的孩子来说也是如此。我们并不总是能如实地看待孩子的心流体验，也不会在交谈中表示自己重视孩子的这种体验。电子游戏就是一个明显的例子。与我交谈的许多家长认为，玩电子游戏就是浪费时间，会损耗孩子的心理健康。其实，这方面的研究并没有明确的结论。电子游戏会带来一些潜在的负面影响，比如游戏与孩子变得更具攻击性之间存在关联。但即便是这种关联也远未确定。一项围绕暴力电子游戏的长期影响的研究发现，没有找到证据表明这类游戏会降低同理心，甚至没有找到证据表明游戏玩家会出现可能导致这一结果的大脑反应。

事实上，游戏可以帮助孩子进行多任务处理，甚至提高认知能力。许多游戏鼓励孩子扮演新角色，想象自己是骑士或士兵，或者创造想象的世界。还有一些游戏，如堡垒之夜，要求孩子们合作收集资源、拯救幸存者和保护装备。虽然规则是预先确定的，但毫无疑问，角色扮演和战略制定确实锻炼了他们的“游戏肌肉”，并鼓励他们思考许多可能性。一些早期研究表明，某些“亲社会”的电子游戏，会在设计时将协作和共同解决问题作为目标，这实际上会提高玩家设身处地看问题的能力。

游戏使谈话变成战场

比游戏本身更令人担忧的是，我们的谈话是如何变成以恐惧为基调的。2017 年，皮尤研究中心一项全国性的研究发现，65% 的美国成年人认为，电子游戏助长了枪支暴力。这种恐惧限制了我们的交谈，也让孩子们觉得不能谈论游戏，或者不得不隐瞒。当这种情况发生时，我们就失去了帮助孩子们正确处理事情的机会。很多时候，我们的谈话变成了战场。

这个战场不仅限于游戏，往往也包含有组织的体育运动。运动显然是健康的，提供了情绪发泄的出口，以及学习团队合作的机会。运动自身也趣味盎然。但近年来，有股推力推动孩子在越来越小的年龄段里全年专注于一项运动。我见过许多家长，他们担心自己的孩子在 10 岁或 11 岁时还没有“挑出”一项运动。有这种想法的原因是，家长认为如果孩子专注于自己最擅长的事情，就会更加成功。

但过早的专业化让很多孩子疲惫不堪。2018 年，一项针对 12000 多名儿童的研究显示，这种做法增加了男孩和女孩受伤的风险。在情感上，孩子们要承载期望过高的负担，结果孩子往往不是放弃就是精疲力竭。在一项研究中，过早专业化的孩子往往最先放弃他们所做的体育活动，进入成年后他们从事体力活动的积极性也在下降。尽早专业化甚至不是在大学体育运动中获得成功的必要条件。一项研究发现，平均而言，大学生运动员直到 15 岁才会开始专攻某一项运动。

更重要的是，让孩子们早期专攻某项活动改变了我们的交谈。我们经常会强调让孩子在已经擅长的方面加倍努力，或者专注于他们似乎天生就具备的技能。许多孩子更注重取悦教练和家长，而不是培养技能。如果孩子失败，哪怕只有一次，他们的自我评价也会变得消极。孩子的自我价值感与最近一次的输赢息息相关。这些孩子尤其需要重新看待游戏。

那么我们该怎么重构观念呢？出发点就是着眼于游戏的态度。

游戏与游戏思维都很重要

早上 7 点半，在密歇根大峡谷州立大学的一间教室里，原本从来无法在早上精力充沛做事的我却完全清醒。我正在参加一个全国性的科学奥林匹克竞赛。在比赛中，高中生要参加无数的活动：识别树木种类，测试将网球射入罐子的机器，以及只用指南针确定各种方位。我参加的活动被称为“写出来，做出来”，其安排是这样的：一个孩子被安排在一个房间里，面对一个结构复杂的模型；另一个孩子被安排在另一个房间里，但同样的模型被拆开，所有的东西都堆在一个盒子里。活动的目标是：第一个孩子作为“书写者”，要写出精确的说明，让第二个孩子，即“行动者”，能够在指定的时间内正确地搭出模型。之后，评委对每一个正确的步骤加分，对错误的步骤进行扣分，得分最高的获胜。

活动的那天早上，我和十几个年龄相仿的孩子坐在一起，每个孩子都拿着一摞横格纸，一支铅笔，还有一个由乐高积木和泡沫塑料搭成的古怪玩意儿。我盯着这个装置：6 英寸（约 15 厘米）高，1 英尺（约 30 厘米）宽，像太阳一样圆，光线不规则。几十根冰棒棍随意插在上面，还有贴纸、星形珠子，甚至薯片。真是乱七八糟。在我周围，孩子们都在忙着动笔写。一股凉气直透我的脊背。还有一个小时，但我还没开始。我的搭档坐在大厅那头的一个房间里。如果她拿到一张白纸，她会大发雷霆的。

我感觉到自己的脑子僵住了，因此开始深呼吸，并闭上眼睛。有那么一秒钟，我不再担心我的搭档，也不担心胜利，而开始思考起来。我怎样才能在最短的时间内用文字描绘出最准确的图纸？得寻找规律。我弯下腰来。

散发着工艺胶水的气味，这东西看起来并不怎么样。但后来我看出来了：冰棒棍被排列成笑脸的形状，两片薯片用来做眼睛。一张笑脸。这就是关键。我从几周的练习中学到要寻找规律。此刻我充满了找规律的冲动。我急忙回到自己的桌前，开始在纸上写起来。

回首往事，我发现这次活动很有意义，不仅仅是因为我在赛前见面会上收集了奶酪帽和金属别针。而且，它启发我懂得了写作的作用。我只有一支铅笔、一张纸和一件奇怪的东西。我必须对它做出最精确的描述。画画是禁止的，我不得不依靠文字。

同时，这件事提醒了我，为什么游戏——和游戏思维——就是我们的态度。这是一场比赛，结果有“赢家”和“输家”。这种人为设计的情形似乎不适合游戏。事实上，当我听到孩子交卷后的谈论时，意识到许多人的体验与我非常不同。

“我失败了，”一个孩子边寻找家长边抱怨，“我花了太长时间做第一部分，薯片部分没有时间写。”

“谁在乎？”另一个用酸溜溜的语气说，“这太愚蠢了。是我妈妈让我来的。”

在他们身后，两个小一点儿的孩子跳来跳去，相互击掌庆贺。

“那当然是第一啦！”其中一个说，“我们肯定会举办比萨派对的。”

至少对那两个觉得会得第一的孩子来说，游戏是不愉快的。他们关注的是外在奖励，而不是他们自己的动机；他们强调的是结果，而不是过程。按照布朗的定义，这个“游戏”根本就称不上游戏。虽然我发现自己在无数场合有着跟他们一样的想法，但这次不同了。在比赛中，我尽量采取了一种游戏的方式。我开动脑筋思考各种办法，问自己："我应该这样做吗？还是那样？"我让自己忘记了输赢，一心探索。我发现自己比平常快乐得多。

游戏式交谈能激发想象力

培养这种游戏的态度并不难。事实上，可以从关于自然界和你周围世界的最简单的交谈开始：在现实生活中，在故事和书籍中。比如看到一朵云，你可以将它想象成一艘船或一只恐龙；看到一堆砖头，你可以垒出火箭造型。你不需要飞到密歇根州或其他任何地方。但我们常常忘记去做这些小的想象；相反，经常把游戏误认为是一个问题，因为孩子们似乎分心了，或者比分心还糟。

几年前，我和一位幼儿园老师谈过一个学生，5 岁的布雷特。她和布雷特的父母都有所担心，因为布雷特的学习步伐与同龄人不一样。布雷特还经常忽视朋友，当朋友叫他的名字时，他不应答。在课堂上，布雷特经常不做任何事情：四处游荡，甚至偶尔会撞到墙上。

"你认为他需要戴眼镜吗？"我问。老师解释说，他的父母已经带他检查了视力和听力，并且排除了注意力缺失障碍。老师沮丧而困惑地告诉我，布雷特的母亲说他在家里也出现过类似问题。

我单独见到布雷特时问他，他觉得正在发生什么事。布雷特从座位上跳下来，假装挥舞着一把剑说："我假装我在戈壁沙漠，闭上眼睛，感觉到风在呼啸，想象着自己骑在骆驼上。"

"真的，"我没料到，"你是从哪里听说戈壁沙漠的？"

"纪录片，"他咧嘴一笑，"我已经看了 6 遍了，我能把每个词都复述出来。"

"我敢打赌你能做到。"我们太容易得出结论了。布雷特没有注意力问题，他只是沉浸在想象的世界里。他需要有人跟他交谈，既肯定他游戏的价值，又让他知道在什么时候需要把注意力转向其他事情上。

假想游戏的原则：使用“三个 E”

为帮助布雷特，我请他先详细说出他想象中的场景，发挥他所有的感官：沙漠是什么感觉和声音？闻起来怎么样？还有其他人和他在一起吗？他在现实生活中去过沙漠吗？他想到沙漠时有什么感觉？

过了一会儿，我帮助布雷特探索，肯定他强烈的想象力。我请他充实自己的设想，使之更加丰富。布雷特把自己想象成在戈壁沙漠中的旅人之一。我们讨论了三种冲突：与他人的冲突，与自然的冲突和与自己的冲突。他可能会面临哪种冲突？布雷特兴奋地告诉我，他的旅伴为水而争吵，然后他们遇到了强盗，因此不得不反抗。他们都感到害怕，但又必须保持坚强——最终，他们到达了目的地。

与此同时，我们评估了布雷特的想象力在什么时候对他有益，而不是影响他。我问：想象力何时会让布雷特分心，妨碍他与人交往，甚至让他受伤？我们决定，当布雷特发现自己“身处沙漠”时，他应当开始寻找需要对想象加以控制的信号。是老师在点他的名时，还是朋友在喊他去玩时？我们一起提出了两个口头禅：“调小”和“调大”。“调小”意味着在脑中关闭场景，至少暂时关闭；而“调大”意味着他可以自由地深入虚构的世界。这样的谈话可以提高孩子的自我意识，同时让你窥见他富有想象力的生活。在每天的忙碌中，许多孩子不会分享他们真正的想法。有了这扇窗户，你会加深对孩子的了解，和他更紧密地联系在一起。有时你会发现，自己确实会感到惊喜。

探索和拓展孩子的即时游戏，让游戏随着孩子想法的变化而变化。这样做同样可以带来惊喜。几周前，我亲眼看到了这一过程。晚饭后，保罗拿出我的瑜伽垫，举在手中说："这是机器人佐波。"（他指的是《乐高好朋友》中的一集）他目不转睛地看着它，宣称："佐波是一个摄像机。"他和索菲玩了好一会儿躲猫猫游戏。最后索菲累了，而保罗也开始发牢骚。

"佐波还能变成什么？"我问。

"一支矛！"

又过了一会儿，保罗和索菲开始玩拔河游戏，他开玩笑说这是"猴子攻击蜘蛛"。我几乎不用再说什么，他们就走开了。

这种开放式的游戏不需要太多：只需要有空闲时间和空间，以及有许多想法都能实现的感觉。当你有时间的时候，停下来并坐下，大声说你想知道接下来会发生什么。提出开放式问题，如"然后呢？"或者"好吧，还有什么？"让孩子来主导。使用探索性的问题：餐巾纸怎样才能变成直升机或冰激凌车？按孩子的想法动手试试，然后评估："最有趣的是什么？""你想再玩一次什么？"

记得把音调调得低一些，而不是更高；要制定计划并对多种想法进行测试。不要谈论谁失败了，谁得了第一。鼓励大家参与进来。提供进行不同思考的空间，将失败案例看作信息，再试一次。如果做的直升机飞不起来，或许可以把它改成潜艇；如果科学实验不成功，问问究竟发生了什么，探寻原因。游戏的态度会让孩子充满好奇，而不是竞相寻找正确答案，也能把失败看成机会而不是尴尬。

游戏的态度可以感染其他人

在游乐场和学校里观察孩子们的活动时，我隐约觉得，我们需要把游戏当作一件奇妙的事；而当我成为家长后，这种感觉变得更为强烈。在一个漫长的冬天，无休止地四处寻找游戏场所——弹跳屋，带有破旧厨房的室内游戏空间，过于简单的徒步小径——使我感到单调乏味。要寻找合乎传统观念的游戏场所实在太难了。

那时索菲 5 岁。在二月一个阴沉的下午，我决定带她去波士顿科学博物馆。显然，波士顿有一半的家庭有同样的想法。恐龙展览外面蜿蜒着排队的长龙。我们决定在外面等人少一些再去。我听到附近两个大约 4 岁和 6 岁的孩子猛拉他们父亲的手臂。

“我能玩电子游戏吗？”小一点儿的男孩问，“或者玩你的手机？”

“我们玩跳房子吧，”大一点儿的孩子跳进一个水坑里说，“水坑跳房子。”

“不能玩手机，”这位父亲皱起眉头，“不能跳房子。你们已经湿透了。”

“这太无聊了，”小一点儿的男孩更加用力拉他父亲，“我们走吧。”

“安静点儿行不行？”这位父亲说。当大孩子把水溅到他身上时，他躲开了。

后来，我的注意力转向了第二个家庭：一位爸爸和三个穿着雨靴的小男孩，他们的夹克湿透了。当孩子们跳上跳下溅起水花时，这位爸爸微笑地看着他们。

“我想知道如果你们把水倒进去，那水坑会变成什么，”他说，“或许会变成海？”

“别傻了，”大男孩笑了，“但我打赌它可能会变成湖。”

“里面还有青蛙？”年龄居中的孩子边问边跳来跳去。

“也许吧，”父亲揶揄地笑道，“也许里面有海怪！”

“啊哈。”最小的男孩说。年龄居中的孩子唱道：“海怪，海怪，一二三。你来和我一起玩吗？”

“我玩。”最小的男孩冲向一个水坑。

“好吧，”父亲用鞋子四处涂泥，“也许我们可以做一个泥怪？”

“一只恐龙，”最大的男孩一边说，一边往泥里添东西，“霸王龙。”

“一只海豚。”老二争辩道。

父亲把泥坑弄得更大，然后说：“这里有地方放一只霸王龙和一只海豚。或许还可以做一个适合它们的景观。”

“一块沙漠。”老大说。老二则说：“一个水族馆。”

“好吧，”父亲笑道，“一个沙漠水族馆。一层沙子，一层水……”

“越来越热了！”老二一边说，一边假装向里面喷火。

很快，排队的人少了，我们朝博物馆走去。就在此时，索菲一边在水坑里跺脚一边喊道：“等等，我也想做一只海豚。”

她的兴奋让我想起一个简单的事实：游戏的态度是会传染的。当你支持一个孩子的创造力时，你很可能也会感染周围的人。

参观博物馆的时候，我又回想起那两个家庭。我们只等了 10 分钟，但在这段时间里，一个家庭只是变得更加恼火，另一个家庭则把泥巴变成了喷火的沙漠水族馆。第二个家庭的互动更愉快、更有趣，更重要的是，孩子们运用了游戏思维，他们父亲的话起到了帮助作用。第二个家庭的谈话让我想起研究人员里克·托夫特·诺嘎德（Rikke Toft Nørgård）提出的两个问题：“可能是什么？”和“我们可能怎样做？”这些问题都在邀请你的孩子去探索各种可能性，发挥他的好奇心，进行开放式思考。

第二位父亲关注并引导了孩子们当下的兴趣。他倾听了孩子们的想法，并创造性地加以结合（“沙漠水族馆”），押韵地唱着“海怪”歌让他们都玩了语言游戏。这种语言游戏，包括押韵和双关语，听起来可能很傻，但它有助于建立联结，甚至促进学习。它使孩子锻炼了音韵意识——识别和运用语言声音结构的能力——这是学习阅读的重要基础。

同时，这位父亲对不同的想法表现出开放的态度。他鼓励孩子用多种花样玩耍，不规定某一个正确答案。通过对海洋的提问，他把孩子们的想法引到了此时此地之外。而且，他接受了孩子的建议，向孩子们展示了合作与尊重的态度。

注意你自己的游戏态度

公平地说，我们有很多原因无法像第二个家庭那样进行交谈。我们可能感到疲惫、沮丧、筋疲力尽或压力过大。我们脑子里可能还有其他事情。当孩子要求玩耍时，我们的反应不仅与他们有关，也与我们自身有关。几周前，当我注意到自己在晚餐时间对同样的情况做出了不同的反应时，我不觉笑了。一天晚上，两个孩子都在吹饮料中的泡泡玩，索菲问："牛奶泡泡和水泡泡看起来有什么不同吗？"

"问得好。"我鼓励她和保罗亲自测试一下。

仅仅过了几个晚上，我回家晚了，匆忙准备晚餐。当我终于坐下来，他们在晚餐上比赛吹泡泡时，我厉声说："晚饭时不能吹泡泡，知道吗？"

"但你说过可以吹。"索菲说，并吹了个泡泡以示强调。

她说的当然是实情，但我们自己对游戏的态度也会时起时落。只要注意到自己的态度（以及为什么会这样），就能有助于满足每个人的需求。当你没有心情的时候，试着用一种中性的语气解释为什么现在不是最好的时机。这是要关注自我的另一个原因：使你获得更多的精神空间。当你没有足够的精力或耐心开玩笑时，给自己一点同情心。

游戏式交谈可以打破争论

面临更持久的冲突又该怎么办呢？游戏式交谈也许会有所帮助。我喜欢《游戏力》（*Playful Parenting*）的作者劳伦斯·科恩（Lawrence Cohen）看待这个问题的方式。不要跟你的孩子对着干，而要试着消除矛盾的根源，用扩展问题的办法来应对孩子的烦恼。假如学龄前的孩子拒绝吃吐司，因为你不让他涂黄油（最近在我家就为此发生过争吵），大人很容易说："就吃这个吧，好吗？"但你可以不这样做，而是认可孩子欲望背后的想法，然后创造性地加以扩展。比如你可以说"试着给另一面涂黄油"或"假装你是海盗，用矛叉中吐司"，或者笑着告诉孩子，你抹黄油时做"错"了，因为吐司的角上没有抹到，问问孩子能不能帮帮你。

秉持合作的态度会让你拥有更多选择，而不会限于"不行"或"以后再说"。这也会让你的孩子获得掌控感。孩子保全了面子，不会觉得自己在争吵中输了。抚慰情绪也同样如此。假设孩子哭着来吃饭，因为一个玩具坏了，你可以把意大利面酱放在破损的地方，开玩笑地问："嗯……这样能解决问题吗？"一个假装的解决方案可以一步步推动他摆脱常规，同时提供给他一个机会想想新的主意。

游戏的态度也可以让双方都更容易开口道歉。比如你对孩子大吼大叫后，你向他道歉，但他还是不高兴。面对一个年纪还小的孩子，你可以假装成一只刚刚结束冬眠的熊，现在脾气暴躁。问他："当你脾气暴躁时，你感觉自己像什么动物？"这种谈话提供了一个新的话题和重新建立联结的机会。

更广泛地说，尝试以下原则，它们会让游戏在你的生活中发挥作用。

帮助孩子高质量玩耍：将谈话作为"气压计"

谈话可以成为游戏的气压计。正如气压计可以测量气压，"谈话气压计"可以让你感受到孩子的压力有多大，以及有哪些方面需要改变。

◆ 鼓励孩子反思他们的游戏。

——关注感受。可能一个孩子做得最不好的活动恰恰是他最喜欢的，也可能某项活动做得不好时，他会讨厌这个活动。注意孩子在谈话中提到“我必须……”和“我想要你怎样”的频次。孩子在多大程度上专注于获得赞扬，又在多大程度上单纯享受某项活动。

——将新的活动当作一面崭新的镜子。假设孩子想开始一项耗时的新活动，回想一下他的日程安排和优先事项，然后问问自己：这项活动对孩子有什么吸引力？他想获得哪些技能？如果孩子已经开始新活动，就定期评估他的感受。他是在寻找挑战还是刺激？有支持他的朋友吗？他经常会抱怨什么：感到身心疲惫、满怀沮丧，还是只是有些疲劳？看看这个例子：

做出小调整：游戏气压计

“我足球踢得很糟糕，”你的孩子说，“我不想踢了。”			
不假思索的回答：	促进探索和思考的回答：		
“好吧，你才刚刚开始踢。继续努力，好吗？”	“你什么时候开始有这种感觉的？”	“你更喜欢哪些活动？为什么？”	“现在放弃的话，你会感觉如何？你可能会错过什么？”

如果孩子对最初的尝试没有成功而感到灰心，那就提醒他，我们都有一个学习曲线。支持孩子坚持这项活动并练习足够长的时间，让某些方面变得容易。

◆ 重新考虑运动专业化的问题，尤其是如果这项运动不契合孩子的情况。如果孩子对一项运动有强烈的情绪，注意一下他是否有疲惫的迹象，孩子是否需要休息或改变节奏？不时进行评估，尤其是当他还参加了别的活动。

为其他方面的交谈留出时间和空间。如果你的孩子不间断地谈论他的运动或活动，温和地引导他谈论其他话题。

注意你自己对孩子从事的运动的感受，以及如果他减少运动量你会有什么感觉。你在高中或大学时参加过他现在做的运动吗？如果参与过，那么孩子的参与会给你带来什么感受？问问自己，你对孩子的运动感到兴奋是因为他本身，还是因为你希望他像你曾经那样耀眼。

◆ 帮助孩子在比赛中合作。我们经常把孩子的游戏想象成合作，或者想象成竞争：孩子们要么是在一起搭乐高，要么就是在乐高比赛中相互竞争。但其实并不一定非此即彼。当关注竞争中的合作时，许多孩子都会感到更有动力——例如，作为团队的一员，与另一个团队进行比赛。为了两全其美，详细讨论鼓励队友的有用方式，比如，称赞另一个孩子的踢球技巧或体育精神。

◆ 在游戏中，鼓励孩子们轮流制定和测试新规则。评估哪个是他们最喜欢的，他们下一步想尝试做什么。

做出小调整：谈论包容性游戏

“我不想和他玩大富翁游戏，”
你 10 岁的儿子谈到他 4 岁的弟弟时说，“他根本不懂规则。”

不假思索的回答：	鼓励大家参与的回答：		
“你们两个，别吵了。让他玩吧。”	“不玩钱的怎么样？”	“我们轮流看谁先走怎么样？”	“你们各自制订一条规则，然后进行测试怎么样？”

围绕游戏的交谈：保持开放心态

在某些类型的游戏中，这种反思性的对话尤其具有挑战性。以电子游戏为例，大多数父母都想知道是否应该禁止孩子玩电子游戏。他们的争论通常围绕游戏内容展开。关注游戏内容虽然可以理解，但并没有触及真正重要的东西：孩子们从这些游戏中获得的意义。也许你的孩子害怕电子游戏里一只看起来吓人的熊，但他并不害怕战斗机；也许他过于关注流血和杀戮，只是想积累分数。考虑这些差异非常重要，它关系到游戏对孩子的影响，以及哪些类型的帮助对他最有利。

正如我与《游戏改变人生》一书的作者、电子游戏研究人员简·麦戈尼格尔讨论的那样，与其关注游戏内容，不如注意孩子是如何利用电子技术的，关注他们对电子游戏的理解。与其看到游戏名称就禁止游戏，不如问问你的孩子游戏吸引他的是什么：是游戏里的图案，游戏的级别，还是游戏能让他和朋友保持联系。只要你不一开口就说玩游戏“不好”，孩子就不太可能采取自我防御的态度。你会更好地理解为什么游戏对他来说很重要，他需要什么样的谈话。也许是一场关于暴力的讨论；也许只是一场关于什么真实、什么不真实的讨论，或者他是否真的会在现实生活中看到僵尸的讨论。

如果一个电子游戏看起来很恐怖或暴力，问问孩子你在玩之前和玩之后感觉如何？详细讨论孩子的看法，指出他感到压力或焦虑的迹象。这有助于提高孩子的自我意识。某天，他可能对这个游戏感到不安，从而停下不再玩。

公平地说，一些青少年过度沉迷电子游戏，甚至上瘾，需要给他们制定玩游戏的界限和规则。即便如此，我们还是要用合作的态度开始交流，冷静地陈述证据。问他：你因为玩游戏而错过了哪些事情？制定出孩子能接受的家庭作业时间和游戏时间。把这个过程视为持续的讨论。如果你感到无力应付，或者觉得还有更大的问题，那就要向儿童心理学家或治疗师进行咨询。

适合所有年龄段的孩子：围绕游戏的习惯交谈

如果你的孩子还不到玩游戏的年龄怎么办？虽然每个孩子看待游戏的角度大不相同，但有一些关键的交流习惯可以帮助所有年龄段的孩子。它们强调，从多个角度探索用词、想法和感受，鼓励每个人参与。

交谈习惯 1　寻找规律：语言游戏

要探索如何开展与语言相关的游戏，请遵循以下原则：

- 鼓励孩子和你一起玩语言游戏：
  ——从观察开始。如果你仔细听就会发现，孩子们已经在玩语言游戏了。即便是婴儿床上的幼儿，也会在没有任何人提示的情况下安排自己的一天，唱童谣或讲故事。把它作为你们交谈的跳板，请孩子再多说一些。

——试着用一些好笑幽默的词。比如对年幼的孩子，可以唱："划呀划，划呀划，划小船，轻轻划到湖里边；看到鳄鱼，别忘摇晃你的船。"这可以给孩子提供学习押韵的机会，同时也会让他获得有趣的社交体验。对于大一点的孩子，可以玩一些常见的俗语，例如"棕色是新的黑色，嘻哈是新的摇滚，香蕉是新的木瓜。"

——允许你的孩子（包括你自己）挑战逻辑，想出那些没有明显意义的元素和规律。事后讨论你的推理过程，并鼓励他们也这么做。例如："人们称某些东西为新黑色是因为它很时尚。什么是电子游戏的'新黑色'？什么是指甲油的'新黑色'？"

◆ 将语言游戏与现实生活体验联系起来：

——走出去，听一段新音乐，或者尝试一种新食物。用具体的、感官的语言谈论细微的差异。用具体的语言关注你能体验到的东西：人、地方、艺术形式、事物。用感官的语言强调你如何去感受、体验：例如，与咔嗒声相比，嘎吱声听起来像什么？音乐什么时候听起来是悲伤的，什么时候是热烈的？

——强调所有五种感官。尝试视觉描述（红褐色与紫色）和触觉描述（黏滑的与黏滞的）。问你的孩子喜欢哪些纹理、景观和声音？哪些会让他恼火？你的回答呢？

这个过程会提高孩子对外部世界的注意力，同时帮助他们的语言变得更加精确。获得切实的感官体验也能让孩子们的头脑平静下来。

交谈习惯 2　用不同语言玩游戏：交谈促使改变

为使谈话激发好奇心，试试以下策略：

- 探索用多种方式去看待同一问题、物体或想法：

——探索物体可以如何变换。假设你的孩子在玩橡皮筋，试着问问他："你能一直打结，直到它打满结吗？"或者"如果你把它打成结然后扔出去会发生什么？"或者让他把橡皮筋变成一只鸟或一面旗帜。鼓励他补充自己的想法或给你提出一些挑战。

——考虑同一个物体的多种可能性：一根棍子有多少种用法？水桶怎么能变成火箭船？你能为太阳能屋顶发明多少种设计？一个球在月球上会如何弹跳？或者想象一下某种情形在未来或过去会是什么样子。你怎样建造一座没有电的房子？提些问题作为示范，鼓励孩子自己提出问题。

培养科学思维：玩"相信游戏"

在理想状态下，科学就是一个受到好奇心激发的游戏思维过程。当你面对新的经历或重温旧事时，你可以问"为什么"和"怎么样"之类的问题。测试各种观点、假设和想法。试着按照下面说的做：

- 反思你对任何一个想法的直觉反应。它"看起来是对的"吗？
- 考虑新的想法与孩子已经知道的内容有何关联。
- 以游戏的态度面对棘手的问题。

斯坦福大学研究人员建议：试着相信一个想法，看看你能从中得出什么结论；然后再试着相信另一个。你可以提问：哪个想法更胜一筹？两种思维方式各有什么问题？假设你的孩子问他的石膏船会不会沉没。

一起详细讨论每种可能性，例如，“假设它会浮起来。”

1. 扩展这个假设。为什么它会浮起来？多大的重量会让它下沉？提出问题：“假设它浮不起来，为什么呢？”如果孩子说“太重了”，那就再进行扩展，问：“这种材料是什么？为什么会导致船变重？”

2. 围绕这个想法和相关的想法进行探讨，例如，“在上面挖个洞能帮它浮起来吗？”

3. 评估哪一个想法是正确的，哪一个你更相信。

交谈习惯 3　重新将游戏视为好奇心的表现

当你好奇的时候，你会全神贯注，用一个全新的视角探索普通事物的奥秘。尝试以下策略：

- 推动开拓性的思维方式。在钢琴上测试音阶，试验用新材料建树屋，去越野滑雪，或者去操场，注意鞋子在泥土和冰上发出的声音。将你和孩子对声音的描述进行比较。也许你觉得冰激凌车的歌听起来尖细，孩子却觉得美味可口。注意反应是如何演变的。在学习识谱后，孩子听到的歌曲与以前有什么不同？下雪时声音会发生什么变化？挡风玻璃被花粉覆盖时是什么样子？

- 珍视直觉。如果觉得一个新的解决方案可行，就对它进行探索，然后讨论为什么可行。举例来说，如果炉子打不着，你可以问：是点火器坏了吗？你认为接下来应该做什么？为什么？试试孩子的解决方案，然后再试试你的。这样做可以提高孩子帮助别人的热情，也鼓励他珍视自己的发散性想法。

- 观察什么想法行不通。对怀疑、挫折以及积极方面发表看法。螺丝刀为什么打不开这个隔板？是螺丝刀太大，还是螺丝刀的头不合适？测试、反思，然后再次测试并反思。

- 强调并反思日常生活中的奥秘。为什么有些岩石更轻，有些更重？如果你不拿出食物，为什么微波炉会发出哔哔的提示音？从日常问题开始，逐渐提出更加复杂的问题。微波传感器是以重量为基础运作的吗？你能设计一个“知道”微波炉里什么都没有的设备吗？

交谈习惯4　促进以孩子为主导的游戏

你需要精力，也需要心理空间，而且不可能对孩子所做的一切都感兴趣。以下是一些建议，可以让你远离“时刻都在”的状态：

- 试着保持沉默并留心等待。请孩子来主导他的游戏，然后你按照他的规则参与其中。如果你累了或者“被劝离了”，就坐在他旁边，睁开眼睛，竖起耳朵，以开放的态度留意他。鼓励孩子一个人玩，在他需要的时候随时提供帮助。你留心等待——以及你可以随时帮助——对孩子就已经够了。

- 给予无声的鼓励。当孩子感受到你的认可时，他们往往会玩得更起劲，从中受益更多。一项研究发现，父母对游戏的态度可以预测孩子的想象力水平。给孩子提供时间和空间，并根据孩子们建议的场景提供道具。如果孩子总是扮演消防员，请他为消防站涂绘一个纸箱。

- 使用“三个 E”原则：
  ——试着问一些扩展性的问题。比如，“你建那座桥的时候在想什么？”或者“是什么让你选择了这些颜色？”
  ——用探索性问题将游戏扩展到极限。例如，“如果你拥有世界上所有的颜色，你会选择哪种？”想象一个更大或更小的舞台：“如果每个街区都和这个房间一样大呢？”
  ——游戏结束后，使用评估性问题帮助孩子判断他们的进步，并说出他们的好恶。例如，“你搭的东西里你最喜欢哪样？”

- 寻找替代方案。偶尔全神贯注地听，比总是在听但心不在焉要好。如果你没有心情和孩子玩游戏，试试以下策略：
  ——请孩子完成他的项目或活动，然后给你看他都做了什么。
  ——鼓励孩子教兄弟姐妹或朋友玩游戏，让他们一起玩。
  ——搭好某个结构的第一部分，然后挑战孩子让他独自完成。

归根到底，这样的对话没有万能秘诀。你要用自己独特的方式来关注和回应孩子的个体精神。

对游戏重新进行思考，这并不是一个让人感觉良好的倡议，也不是解决社会所有问题的办法。但它可以挑战我们文化中的主流思维，让孩子敞开心扉接纳他们的内在创造力。正如玛丽亚·蒙台梭利所说：“游戏就是孩子的工作。”她的意思是，游戏和工作可以相互交织，让孩子的潜能得到拓展，开花结果。好好玩游戏是深入学习的一种方式。我们以适合的方式与孩子一起玩耍，是表达爱的有力方式。

在最好的情况下，我们的交谈可以成为一种邀请。通过提供具有启发性、拓展性和创造性的开头，让孩子最出色的创意灿烂绽放，让他们的梦想熠熠生辉。

Tips

交谈策略

试试用以下策略来开启交谈：

从幼儿到学龄前

从孩子正在玩的游戏开始，比如他在玩橡皮筋：

- 我们怎么才能把它打满结？
- 如果你打很多次结会发生什么？
- 我们怎样才能把它变成一只鸟或恐龙？它还能变成什么？

探索使用自然材料：

- 你可以用多少种方法使用这根棍子？
- 只用手的情况下，我们怎么才能在沙滩上堆出一只船？
- 你能用土和石头做出的最酷的东西是什么？

小学生

从孩子正在学校学习的内容或感到好奇的事情开始：

- 水桶如何成为火箭船？
- 一个球在月球或遥远的行星上会如何弹跳？

- 我们怎样设计一个更好的鸡蛋箱？

探索材料和情境的局限性：

- 怎样设计才能让行李箱自我推动？
- 我们怎样做才能让一顿美味的早餐过一个星期仍不变质？

中学生

探索假设或不真实的情况：

- 如果没有电，你会用怎样不同的方法来建造一个房子？
- 你如何设计一辆语音控制的汽车？

研究涉及未来或历史的观点：

- 如果在虚拟现实中打篮球会是什么样子？
- 如果小行星撞上我们的星球会发生什么？
- 我们该如何为听力不好或视力不好的人设计博物馆？

今天就可以试试：

进行“基于游戏”的交谈，相互问答：

1. 对你来说，什么游戏、玩具或爱好是最有趣的？为什么？
2. 如果你能发明一款新游戏，会是什么？
3. 假设你有一整天的时间除了玩什么都不做，你会如何度过这一天？

第 7 章

培养开放心态的交谈：做全球公民

Conversations for Openness: Raising a Global Citizen

那些无法改变自己头脑的人无法改变任何事情。

——乔治·伯纳德·肖

“我不喜欢有口音的孩子。”

“你说什么？”我问。我和 8 年级学生威廉坐在办公室里，当时我做语言病理学工作还不满一年。威廉在语言表达上遇到了困难，无法大声口头表达或书面表达自己的想法。就像许多有这种情况的孩子一样，他在语法和句法方面的困难尤为突出。也就是说，他有很强的词汇量，却只能用简单的句子说话和写作。在小学，许多孩子都使用简单的句子，他的问题没有那么明显。但作为 8 年级学生，他现在要写更复杂的文章。有时，威廉被要求使用有说服力的文字来进行论证，使读者相信某个论点。威廉觉得这个要求特别有压力。因此，我通过广播、播客或视频等媒体集思广益，以激发他的兴趣。我们研究出了磨炼威廉论证能力的具体方法，比如用“然而”和“尽管”等词来连接他的观点。他似乎很喜欢我们的见面。而我呢，也很高兴能找到让他感兴趣并与当前主题相关的视频和节目。

这天早上，我们刚刚看了一段视频，视频里一个来自墨西哥城的男孩正在谈论这个城市的变迁。威廉本要写一篇关于城市化的文章，但这似乎并不是他此时头脑里最关心的。

“他的口音，”威廉模仿那个男孩讲话，“沃（我）在这里的生活不怎么样。”

“他不是这样说话的，”我回答，“他有口音也很自然，英语不是他的母语。”威廉已经开始抱怨这段视频，说对其他人的生活方式不感兴趣。

“所以呢？”他迎着我的目光，“他应该练习，他真是个输家。”

“输家？”我停顿了一下，试图充分理解这个词，“在我看来，他听起来并不差。”

“他是制作这段视频的人，他的任务就是让自己听起来得体，不是吗？”我尽力冷静地跟威廉讨论为什么说这样的话，告诉他对与他不同的人持如此消极的态度是错误的。威廉的双脚动来动去，咕哝着道了歉，然后我们继续谈别的话题。当时我意识到，他这样的态度实在太常见了。这部分源于他的环境，他的刻板印象又因为在人际互动中没有被质疑过而变得固化。正如心理学家玛格丽特·赖特（Marguerite Wright）所说，不宽容是后天习得的。

但很快就到了家长会时间，我和威廉的老师坐在一起等他的父母过来。老师告诉我，威廉一家在他 2 岁时从波兰移民过来。虽然威廉英语学得很流利，说话也不带口音，但他的父母学起来就难多了。最近几个月，威廉不再请朋友去家里，因为“朋友们”取笑他父母说话的方式。

突然，我明白了威廉对视频的反应。他受到过恶劣的对待，于是就以同样方式对待他人。当孩子们感到不安全和受伤时，他们往往会攻击比自己更脆弱的人。否则，他们就会把这种不安全感转移到内心，变得焦虑或沮丧。这并不是说威廉这样说是合理的，恰恰相反，这是错误的。尽管如此，了解威廉的情况让我明白了为什么他会这么说。

但我的回应又如何呢？我只是专注于向他说教。这样做很可能对改变他的想法没有帮助。我没有让他质疑自己的看法，而他也可能已经对我心生排斥。

那么，我本来可以采取什么不同的处理方式呢？更广泛地说，我们如何才能帮助孩子改变根深蒂固的想法，变得开放和好奇呢？如何才能不满足于只是教孩子学会“说正确的话”，而是帮助他们容忍那些与自己不同的人，并以积极的态度采取行动呢？

在上一章，我们希望孩子保持游戏的态度，但这不仅限于他和朋友、家人在一起的时候。理想情况下，我们也希望孩子能理解并欣赏与他们不同的人。我们希望孩子对差异保持好奇，对那些背景和个人特点与他们不同的人产生同理心。尤其是在一个复杂又相互联系的社会中，教育孩子保持开放心态，用感兴趣的眼光看待差异，是帮助孩子茁壮成长的有力方式之一。这种开放性能够使孩子们更具有合作性，跨越国家和文化差异建立友谊，适应工作、学校和社会中必然会经历的巨大变化。甚至创造力也源于富有成效的思想碰撞，而不是源于相同的思想。

是的，这种开放性是雇主要求的品质。但更深刻的是，这种品质将帮助孩子学习，培养同理心和创造力，积极地去体验多元化社会，而不是将它看成一个问题。如果我们能帮助孩子更好地对待差异，那么它就是一种强大的天赋。

但如何做到呢？首先，让我们弄清楚差异的含义。

差异究竟意味着什么

差异并不仅仅表现在孩子的外表、行为或他们所说的语言。的确，种族、民族和语言是差异的一部分。但实际上，差异和多样性体现在更多方面。孩子家庭的富裕程度不同，孩子的年龄和性别不同，家庭结构类型不同。也许有的孩子有亲妈和后妈，有的孩子和单亲妈妈住在一起，有的孩子与祖母、父母和姑姑生活在多代同堂的家庭里。差异也可能与能力有关。比如说，有些孩子在运动方面表现出色，但在阅读方面却力不从心；有的孩子正好相反；还有的孩子身体、心理或情感上都有欠缺。

并非所有的差异都显而易见，有些差异可能很容易被忽视。差异还体现为思维方式或学习方式的不同，或者个性的天差地别——研究人员称之为“深层次的差异性”。每个人大脑的工作方式不同，这种所谓的神经差异性对孩子们理解事物来说也至关重要。也许孩子的一个朋友患有自闭症，也许孩子对声音异常敏感。当孩子认识到这些差异并以同情的态度面对它们时，他就能够与朋友建立更好的关系。更重要的是，他就会更了解朋友，也更了解自己。孩子对与他不同的人会做出什么反应？哪些差异会让他感到兴奋？哪些让他感到沮丧或者不舒服？这些态度会随着时间发生怎样的变化？对态度进行反思是改变态度的第一步。

表面上看，把所有这些差异罗列在一起，听起来让人不堪重负。这些差异有些会带来好处，另外一些则会带来污名或偏见，让孩子遭受打击。在美国，有色人种在以白人为主的学校上学就是一个明显的例子。公开的种族主义和隐含的偏见历史悠久，并且以明显和微妙的方式持续存在着。2017 年，一项针对约 10000 名高中 2 年级学生及其教师的研究发现，教师对有色人种学生的期望低于对白人学生的期望。这些较低的期望继而与学生在多大程度上相信自己会成功有关。这些偏见会渗透到孩子的相互交谈以及对自己的看法中。

所有这类偏见需要具体地解决。我们的交谈至关重要。我们需要进行有来有回的对话，并随着时间进行调整，以培养能接纳差异性的孩子。这些对话应侧重于培养一些关键技能：知识，即对世界的洞察力；道德，即辨别是非的伦理意识；社交技能，即与不同背景的人相处的能力；经验，即把所学的知识付诸实践。

孩子只做到“容忍”是不够的。当然，容忍比残忍好但只强调容忍不过是在做最基本的事情。甚至“容忍”这个词本身也隐含着否定的意味。

设想在公交车上，一个人坐得离你太近。你可能会说：“我不喜欢这样，但我会容忍。”知名的多元文化主义学者索尼娅·涅托（Sonia Nieto）认为，容忍是对差异性的“低水平”支持，它并没有真正改变孩子们的世界观。我在很多教室里也亲眼看到过这一点。教室外墙上的公告栏里张贴着“我们都很好”的宣传标语，自然而然地配着不同种族孩子的剪贴画或照片。

这当然比不容忍或仇恨要好。然而，在我咨询过的所有孩子中，没有人只满足于此。孩子们想要感受到真正的关心和了解，感受到因自己的独特性而受到喜爱。他们希望得到欣然的接纳——不是生日派对上那种郑重其事的祝贺，而是对他们真实的自己感兴趣。

一天早上，在5年级的教室里，我看到一个孩子问另一个孩子：“患自闭症有什么感觉？”第二个孩子刚刚在课堂上介绍了她最近接受自闭症诊断的情况，并回答了同学的提问。她带着灿烂的笑容讲到，自己的大脑里会出现“隧道视野”，此时她变得非常专注，会把其他人都屏蔽。“我对人感兴趣，”她说，“只不过在一个短暂的时间里，其他的一切让我感觉更有趣。”提问的孩子点点头说：“我明白了，这种事有时会发生在我身上。”

在两个孩子的互动中，患有自闭症的孩子感到被理解了，别人不再只将自闭症当成一个诊断结论，而是看到了这个女孩大脑独特的运作方式。她感觉自己受到了赏识。同样的赏识也适用于各种差异。无论是性别、种族、民族、语言还是思维方面的差异，无论是明显的差异还是看不见的差异，孩子们都可以学会用一种欣赏的角度来看待。这是一种深刻的方式，将孩子们团结在一起，在学习过程中联系到一起。

对于差异性，涅托的主张不是容忍，而是“肯定、团结和批判”。在这种心态下，孩子们会将差异视为积极因素，并将差异视为学习的过程。孩子们肯定彼此的不同，让它们公开表现出来，而不是设法隐藏。孩子们会团结那些不同于他们的人，通过同理心意识到我们是在一个团结的整体里。孩子们会批评社会的不公，而不是简单地接受现状。

要做到这一点，孩子需要积极谈论差异，需要进行艰难的对话，挑战彼此，超越本能反应，思考自己为什么会有这样的反应。我们可以帮助孩子，让他们知道，我们正与他们同行。敞开心扉，审视我们自己的假定，让孩子们知道脆弱是可以接受的。与其他任何领域相比，我们对差异的态度影响更广。这不仅关乎我们说什么，还关乎我们如何说；关乎我们的肢体语言，声音的语调和热情度。这也关系到我们结交什么朋友，不结交什么朋友；也关系到我们与可能成为朋友的人的接触方式。

要消除偏见，首先要弄清楚孩子对他人的了解程度；识别先入之见，然后对它们进行审视。当你公开谈论差异时，你会帮助孩子区分事实和假设。当孩子的理解不是基于恐惧时，他们会更加好奇，也更愿意刨根问底。这类对话可以从很小的时候开始。要主动适应孩子的认知水平，对他们会有哪些问题做到心里有数。这可以让你的谈话更有针对性。你无须给偏见下一个字典般精确的定义，只需简单地告诉孩子，偏见就是只根据一个人的特点或所属群体来定义别人，如“你就是金发女郎”或“你就是墨西哥佬”。界定偏见可以作为讨论的出发点。孩子知道什么是“刻板印象”吗？什么是“假定推断”？他听到这些术语时是怎么想的？

超越这些刻板印象，会让孩子学会享受新奇带来的惊喜，并向那些可能感到脆弱的人展示出同理心和同情心。当孩子听到一种不熟悉的语言时，不再会觉得“哦，听起来很奇怪”，而会说“哇，跟我们的语言不一样，我想知道这些词是什么意思”。孩子会为意识到一个人的思维方式与他们不同而感到高兴。一个 10 岁的孩子告诉我，听到他的表弟是色盲时，“我想知道他能看到什么，不能看到什么，我一直拿着东西看他怎么说”。

这并不是说我们应该对自己的互动方式保持高度警惕，而是通过关注我们与孩子的讨论和我们的信仰，提高孩子的自我意识，并且一直朝着自然接纳差异的方向前进。

“孩子看不到差异”的谬论

“小孩子注意不到差异。”我经常听人这么说，但这是一个错误的假定。

事实上，孩子高度关注语言、种族、性别、社会阶层，甚至学习、思维和社交技能上的差异。以性别为例，研究发现，孩子通常在 18 个月到 2 岁左右，开始使用“男孩”和“女孩”这两个词；到了学龄前，他们往往表现出对同性别玩伴的偏爱；3 岁时，许多孩子会获得基本的性别刻板印象，比如男孩意味着粗野；4 岁半时，这些刻板印象会变得更加复杂。种族差异也是如此。一项研究发现，刚满 6 个月的孩子就可以根据种族和性别对人进行基本的区分。是的，他们不会说话，但他们看到熟悉的种族的脸时，目光停留的时间比看不熟悉种族时更长。研究人员认为，幼儿还可能更早就意识到了种族差异。甚至小到 3 岁到 5 岁的孩子，他们不仅会根据种族对群体进行分类，还会对自己的种族群体表现出偏好。这一定程度上是由于他们所处的成长阶段。学龄前儿童通常一次只能处理一个类别的东西，比如“红色的东西”或“圆圈”。对他们来说，要看到细微差别要困难得多。但这意味着，在没有得到任何直接教育的情况下，幼儿就已经开始根据所看到的东西去推断结论。如果不讨论这些差别，只会导致孩子头脑中的结论更加固化。

随着孩子的成长，这种意识会变得更加细微。例如，许多 2 岁到 3 岁的孩子能够注意到文化影响的差异，比如美国的男孩常常玩卡车玩具。从 3 岁到 4 岁，孩子的思维变得更加微妙，他们可能会问，为什么我们对人们肤色的描述与他们的实际肤色不匹配——比如：“为什么一个白人不是真正的‘白’？”很多孩子会对他们的身体和父母的身体感到好奇，想知道有哪些部位会发生改变，例如，“你会一直长高吗？”或者“长大后我的肤色会变吗？”到 5 岁时，许多孩子开始要求用科学解释他们的问题，例如：“为什么她的眼睛是绿色而你的眼睛是棕色？”

5 岁以后，孩子的思维和问题会变得越发微妙，因为他们开始在学校、家庭和社区看到差异的表现。关于种族主义和仇外心理的讨论可能会变得更有影响也更加复杂，但没有理由等到中学或高中再讨论这些问题。从很小开始，孩子们就知道别人和他们不一样，他们想知道为什么。

熟悉原则

然而，大众常常认为不应该谈论差异，觉得孩子们无法理解或者不感兴趣，这类谈话可能会让人感觉不舒服。一些父母担心孩子会说错话，或者自己会说错话。因此，我们没有提出讨论这些话题，而是将它们弃置一旁。

我们想保护孩子，最终却让他们活在与世隔绝的泡泡中，导致他们更可能做出错误的假定。我们没有发挥孩子的好奇心，也没有对他们成长中的一个客观事实做出回应：他们偏爱熟悉的事物，倾向于回避未知的事物。

事实上，即使是年幼的孩子也有默认的“熟悉”偏好。例如，5 个月大的婴儿更喜欢说母语的人而不是说外语的人。这种偏好可能是一种进化功能，声音听起来像母亲的看护人可能来自家庭圈子，不太可能是会伤害你的陌生人。种族也是如此，婴儿看到与他们种族相匹配的面孔时，眼光会停留得更久。孩子倾向于与长得像的成年人进行互动并模仿他们。

但这并不意味着婴儿是种族主义者，他们只是对自己所知道的东西感到舒适。相比之下，孩子后来形成的偏见就不太针对个人了。这些偏见往往针对一个群体的所有成员，例如“所有说西班牙语的人”或“所有坐轮椅的人”。这类偏见最适合通过深度交谈来消除。

偏见和歧视意味着只对群体内部的人持正面态度，而对其他所有人都持负面态度或采取负面行动。它不是基于个人的，而是基于群体的。

偏见与信仰和观念有关，而歧视指的是基于这些信仰和观念采取的行动。任何群体都可能产生偏见，例如“体育生”或“金发女郎”。不过，一些偏见显然更多地植根于历史和数百年来的不公正，就像种族偏见。

在 20 世纪 50 年代一项著名的研究中，心理学家戈登·奥尔波特（Gordon Allport）指出，偏见是随着大脑学会分类和依赖类别而缓慢发展起来的。将事物分类可以让我们人类在世界中发挥作用。孩子们知道有四条腿和毛茸茸尾巴的动物是“狗”，有树皮和树叶的东西是“树”。孩子需要这种能力来帮助他们理解所看到的东西。如果必须从头开始自己决定每个物体的名称，孩子就会不知所措。但当孩子对人进行类似的分类，对整个群体形成笼统判断时，问题就来了。

我们每个人的刻板印象互不相同，孩子们眼中的“不同”也是如此。假设你的孩子是班上唯一的波兰男孩，或者是唯一的非裔美国女孩，或者是唯一一个父母说西班牙语的孩子。一个孩子看起来究竟有多与众不同取决于许多因素：班上其他人之间的差异有多大？他们认识来自其他国家的孩子吗？老师和其他孩子的父母态度如何？这些假定会随着时间发生变化，因为孩子们通过与朋友的交流，会凸显或者消除这些差异。

并非所有的差异都会被同等对待。社会教育我们，有些东西是“好的”，有些是“坏的”，还有一些介于两者之间。举个简单的例子，戴眼镜通常被认为是中性的，除非一个孩子是他所在年级或班级中唯一一个戴眼镜的，他可能会被称为“四眼仔”并遭人戏弄。戴牙套也是如此。但坐轮椅的孩子往往面临更多的偏见和污名，戴助听器的孩子也是如此。当然，这不公平，而且通常会导致孩子遭到冷落或遭受取笑。这些信息需要被批判性地看待。如果听之任之，就会导致孩子们做出大量错误的推断。他们可能会不公平地对待他人，甚至不知道自己为什么这么做。

带着明显偏见的孩子会说，他们不喜欢某个群体的成员；而带着隐性偏见的孩子甚至意识不到自己存在刻板印象。其实大多数孩子两者都有。许多研究发现，各个年龄段的孩子往往都偏好来自同一语言体系，同一性别和种族的孩子。他们指望向群体成员学习信息，更喜欢奖励团队成员，倾向于认为来自同一群体的成员更加忠诚。我们可以围绕这些隐性的或明显的偏见与孩子进行交谈。

偏见与好奇

指出他人的不同之处并不意味着孩子有偏见，他们可能正在试图了解世界。有时，孩子不具备有效做到这一点的社交语言技能。“我在抚养什么样的孩子啊？”一个朋友和我在街区散步时问道。她 4 岁的儿子刚刚指着一个坐轮椅的男人问：“他是马戏团的吗？”因为问得太大声了，坐轮椅的人显然听到了。

我们经常拿这些令人尴尬的例子证明孩子有道德问题。当然，问这样的问题是不礼貌的——如果提问的是成年人，至少要用不礼貌来形容。但孩子并不是小一号的成年人。在任何年龄段，他们都在试图了解自己世界的边界，根据自己的所见所闻做出假设。恰恰是我们自己，把孩子的好奇与“粗鲁”或“刻薄”联系了起来。

讽刺的是，我们越是试图压制孩子的问题或评论，就反而给这些问题和评论赋予了更多的分量。回避问题会传递这样的信息：这个问题很可怕。事实上，孩子只是好奇——尽管用了一种令人尴尬的方式。冷静地给出真实的答案，更能满足孩子的好奇心。例如，你可以讲讲一些人的腿为什么不正常；你可以问孩子为什么会认为那个人是马戏团的，并讨论他的推理；你也可以给他有关社交方式的反馈，建议他悄悄地提问；如果觉得没有什么不妥，鼓励孩子走到那个人面前跟他谈话，也许对方会欣然满足孩子的兴趣，如果是出自真正的好奇。

但是，我们可以做得更多，而不是对每一种偏见或假设逐一进行分析。相反，我们可以从总体上关注差异。对于与我们不同的人，作为父母的我们和孩子会有什么反应？我们会开启或结束哪些对话？哪些问题让我们高兴，让我们不安，或者让我们感到压力？回答上面的问题意味着了解我们自己的差异“故事”，包括我们的偏见和假设从何而来。

理解差异性：我自己的道路

作为一个 20 世纪 80 年代在美国南方腹地长大的孩子，我对差异的理解是逐渐觉醒的。在很多方面，我并不知道我不知道什么。回头翻看我在游泳队和童子军的照片，我没有想过为什么我们几乎是清一色的白人孩子，都出生于中产家庭，都以英语为母语。直到上了中学，我才接触到来自不同种族、民族、文化和家庭背景的孩子。

当时，我所在的公立磁石学校（指通常设在贫困地区，以特色资源吸引外地学生以提高学校业绩的特色学校。——译注）按照一项绝对过时的“配额”政策在全县范围内招生。据回忆，学校要招收大约 30% 的“白人”，30% 的“亚裔”，30% 的“黑人”，最后 10% 为“其他”。我没有考虑过这一政策存在的问题，也没有考虑过用校车把孩子们拉走而不让他们就近上学所引发的争论。在我看来，这一切都很自然。从积极的一面来看，这项政策确实意味着我的朋友来自全县各地，而且在种族和宗教上都是多元化的。但我的大多数老师却教我们做个“色盲”，假装我们看不到任何差异，尤其是在种族方面。不仅我的学校这样做，这种哲学在全美范围内都很普遍。

从表面上看，假装“色盲”可能是出于好意。初衷是只要你简单地说你看不到任何差异，孩子们就不会成为种族主义者。但如果你看不到差异，你就不能谈论它们，也不可能得到这类讨论带来的巨大收获。无论如何，不可能有人真的注意不到种族差异。“色盲”只是虚构的景象，不是有用的办法。事实上，这个办法甚至可能是危险的，它让遵循这个观念的人无法注意到不平等、歧视和偏见现象，也无法对此进行讨论，尽管它们在日常生活中随处可见。

令人尴尬的是，直到我上了大学，重新与高中朋友联系，我才看到自己错过了他们生活中的许多精彩之处。一位朋友正在庆祝印度的排灯节，一些人给我讲在中国过年的故事，还有一些人讲在牙买加和越南家乡度假的事，其他朋友则参与了与他们背景相关的政治和社会公正运动：教育来自墨西哥的移民了解他们的投票权，或帮助贫困家庭的孩子申请大学。

在这些朋友身上，我看到了高中时代的自己从未注意过的激情和投入。当然，这些激情可能在大学期间得到了进一步发展。而让我惊讶的是，我对他们的背景竟然如此不了解，甚至都没想过去问他们。事实上，我会认为，去问他们是粗鲁的，不合理的。因此，我没有与我的朋友进行更深层次的交流，只是在越野练习和学习大厅里认识他们。假装我们都是一样的——古老的美国同化梦——实际上把我们分开了。这也让我没有意识到种族、民族和文化是不对等的。

事实上，即使是同一个种族，其内部的文化差异也和相似之处一样多。例如，一个来自美国南部农村的白种人和一个来自夏威夷的白种人，可能有不同的说话方式和不同的观点，也许还有不同的宗教信仰。每个种族的人都是如此。不深入了解他人的风险在于，孩子们会对那些“他人”产生恐惧。或者，他们可能会过度概括，认为同一个群体的所有人都是一样的。例如，在我观察过的一所小学里，一名俄罗斯学生在年中才来，孩子们纷纷向他问问题。“现在我知道俄罗斯人是怎样的了！”其中一个孩子随后喊道。拥有这种热情很了不起，但仍有很大的发展空间。

我们都有自己的历史。谈话可以发掘这些历史，更重要的是可以帮助我们探索其他人怎样理解这些历史。我们可以促使孩子深入了解他人，而不是满足于只根据自己对他人的推想就将某个国家的人都分成一个类别，甚至分成一系列类别。即使孩子了解了某个人所处的背景，但如果不了解这个具体的人，也无助于他们建立关系。当孩子说“那是个墨西哥女孩”或“坐轮椅的孩子”时，他们对对方的了解并不比以前更深。对于被污名化的差异来说尤其如此。关于污名的微妙信息会慢慢渗透扩散。

给威廉提供咨询后不久，我遇到了 5 年级的学生阿德里亚诺。他的家人来自巴西，他自己会说英语和葡萄牙语。我知道阿德里亚诺是个爱玩的男孩，他和哥哥以及他在国外的大家庭关系非常亲密。他经常跟我谈起家里的传统和节日，有一天阿德里亚诺甚至给我带了几片巴西炼乳蛋糕。我用了几周时间帮他学习写作和词汇，其间，他饶有兴趣地谈论英语、西班牙语和葡萄牙语之间的差异——他似乎对学习这三种语言感到兴奋。

但有一天，阿德里亚诺皱着眉头走进我的办公室，怒气冲冲地把书扔到桌子上。我问他怎么了，一开始他不想说。不过他看起来有点分神，所以我再次温和地问他，并强调他不是非说不可。很快，阿德里亚诺告诉我：“我哥哥昨晚带了朋友来我家。他们都只会说英语，这太离谱了。我哥哥跟他们说我们也只会说英语。我想说点什么，但没有开口。”

哥哥的朋友离开后，阿德里亚诺和哥哥讲起了这件事。事实是，他哥哥一直想融入朋友的圈子，他们的母语都是英语。我感觉到，阿德里亚诺会在内心对自己的语言背景感到羞愧。孩子们常听说某种语言比其他语言好，或者某些群体比其他群体更优越。在这样一个世界里，阿德里亚诺的反应太普遍了。

正如我和阿德里亚诺讨论的那样，产生加入强势群体的冲动天经地义，但这并不意味着这种冲动是正确的。当孩子们觉得他们必须隐藏自已身份的某些方面时，就意味着他们的内心会产生更大问题。孩子们从环境中习得的假想和偏见，很可能已经渗透到了内心。交谈无法消除所有这些假想和偏见，但可以帮助孩子批判性地对它们进行质疑，重新获得对自己背景的自豪感。公开讨论刻板印象会削弱它的生命力，让孩子意识到刻板印象并不是自然而然存在的。相反，它们是人类创造出来的，就像楼房或工厂一样，它们也可以被推倒。

如果你发现你的孩子正在形成刻板印象，或被灌输刻板印象，遵循“三个 E”原则采取行动。

打破刻板印象的“三个 E”原则

◆ 拓展孩子说的话：

——问：你从哪里得到这个想法的？你有什么证据或具体事实？

——当你的孩子听到别人说起负面的刻板印象时，问：你认为这种刻板印象来自哪里？它的历史是什么？每个人都这么想吗？

◆ 探索事情之所以如此的可能原因：

——问：那个人那样做或那样说可能有什么原因？

——从孩子认识的人或媒体图片中寻找反例。如果你听到一个人做出笼统的概括，可以问：谁不这样行事或说话？为什么呢？

◆ 评估。与你持有成见的人交谈，或阅读关于这个问题的书籍：

——问：在和那个人交谈（或读了那本书）后，你意识到了什么？有什么让你惊讶的地方？请参见以下示例：

做出小调整：消除刻板偏见

“我的朋友露西是金发女郎，”你的孩子说，“所以她不是很聪明。”			
不假思索的回答：	帮助孩子反思和学习的回答：		
“这样说不友好，也不是事实。”	“你什么时候听过这样的说法？谁说的？”	“你认为这种刻板偏见是怎么来的？”	“如果有人这样说你，你会有什么感觉？你会怎么说？”

不仅仅是受到刻板偏见攻击的孩子需要进行这类讨论，与那些没有受过攻击的孩子进行讨论也同样重要，因为这是纠正错误的起点。帮助孩子留意他用刻板印象看待别人的时刻，无论这种刻板印象是正面的还是负面的。你可以问：这个刻板印象忽视了什么？为什么笼统地看待一个群体中的每个人是不对的？我们可以怎么说来替代？

谈论反映偏见的措辞

与来自各种不同背景的父母交谈时，我听到了很多他们为什么不愿意与孩子讨论这类措辞的原因。对一些家长来说，鼓励孩子对差异保持沉默——尤其是涉及种族和血统等敏感问题——就等于教他们懂礼貌。这些讨论确实要求我们准备好接受批评，质疑我们自己的假想推断，而这并不是那么容易做到的。并且，如何指出差异性也是个问题。“色盲”的旧观念依然在我们头脑中挥之不去。正如一位母亲问我的那样：“难道谈论差异不是只会让孩子更在意差异吗？”在她看来，最好的解决办法是保持沉默，回避任何问题，并抱着最好的希望。

我与安德鲁·格兰特–托马斯（Andrew Grant–Thomas）和梅丽莎·吉拉德（Melissa Giraud）这对夫妇进行过讨论，他们是非营利组织“拥抱种族”的创始人。他们2016年创办这个非营利组织正是为了解决这些问题。这对夫妇一个是黑人，一个是混血。作为家长，他们在与孩子讨论种族复杂性的过程中感到孤立无援。他们希望创建一个社区，收集资源，帮助各种背景的父母以细致微妙的方式公开讨论种族问题，而不是去回避。

正如我们所讨论的，假想推定可能固化为长期偏见。有时，这些假想推定源于缺乏接触，比如说，一个孩子从未见过德国人，所以他对德国人的所有认知都来自看过的卡通片。有的时候，偏见来自孩子在周围环境中听到的话，有时候会反复听到某些话。与阿德里亚诺进行更多交谈后我发现，他和哥哥对成为美国人意味着什么有很多假定，这些假定深深地影响了他们的人际关系。阿德里亚诺对我说：“说一种以上的语言并不酷。我的朋友说，这甚至会让你看起来很傻。”

这些假定实在太普遍了，与我们所知道的双语能力是一种“终生塑造大脑的体验”的说法截然相反。后者是加拿大蒙特利尔麦吉尔大学教授吉吉·卢克（Gigi Luk）提出来的，他曾与我在哈佛教育研究生院共事。说两种或两种以上的语言似乎能让孩子更富有同情心，这种同情心甚至早在孩子3岁的时候就有所体现。当孩子需要考虑伙伴说的是哪种语言时，他们就需要从伙伴的角度看问题并注意社交线索。这样做还会给大脑的执行功能和注意力方面带来好处。在用两种或两种以上的语言说话时，孩子需要注意语言的转换。如果看到需要说另一种语言，他们会停止只用一种语言说话的初始冲动。更重要的是，在现实生活中，双语能力为扩大孩子的社交圈创造了机会。在塞内加尔、西班牙、墨西哥或印度，能用当地人的母语与他们交谈是一种天赋。

诚然，寥寥数次谈话并不能消除多年来在社会影响下形成的判断。但谈话可以帮助孩子质疑自己的判断立场，探索他们的偏见来自何处。

阿德里亚诺对做美国人意味着什么的理解，让他把所有美国人归为一类。这也意味着他对自己做出了负面的结论。当他以后遇到另一个说双语的人时，他很容易这么想："哦，他可能不聪明。"他可能会寻找证实自己偏见的证据。这是假设推断带来的棘手问题，如果不加以控制，偏见便会越来越深。

但谈话也有积极的一面。深度对话使孩子接近不同于他们的人：以富有同情心、反思和微妙的方式向他人学习，而不是只去打听他人。通过交谈，孩子可以把人与人之间的差异视为值得庆祝的事情，对广泛的背景产生同情，提高对他人的能力和需求的认知，以及对自己的能力和需求的自我认知。我们的对话是帮助孩子保有这种同情心，保持参与和好奇心的关键方式。而其中的关键是帮助孩子超越容忍和接受的观点。我们应该挑战自己，去培养全球公民。

培养全球公民的力量

正如非营利组织牛津赈灾会（Oxfam）定义的那样，一个全球公民会意识到一个更广阔的世界，会将自己视为世界公民，对不公正感到愤怒，更看重多样性。他也会采取行动：承担责任，积极参与社区事务，努力使世界变得更加平等，持续发展。全球公民的视野超越了家庭和学校的界限，乐于接受新观点，同时也不会忽视自己的观点。面对新的事实时，他们允许自己改变观念，教他人理解差异性而不会疏远他人。因此，他们决心成为真正的领导者，灵活的思考者，以及积极参与各种事务的公民。

显然，培养出这种开放心态并非易事。认为孩子们可以一直保持这种心态的想法是天真的，尤其是在一个倾向于鼓励封闭心态的世界里。但哪怕只培养出一点点开放心态，也能极大增进孩子的人际关系。开放心态会像滚雪球一样成长。了解得越多，孩子们就会对他人更感兴趣，对方往往也会变得更开放。

不宽容带来的风险

如果孩子们没有成为全球公民会怎么样？答案是有空前的风险。当偏狭、种族主义和仇恨的信息充斥于广播节目、在线论坛和电子屏幕时，孩子们会开始慢慢对这些信息司空见惯。偏狭不会安于一隅，而会导致霸凌和歧视，甚至导致家庭亲情疏离。一个 12 岁的男孩告诉我，他觉得说阿拉伯语是“愚蠢的”，而他的母语就是阿拉伯语。这个想法让他无法与海外的表亲交谈。他的假定导致他无法沟通，使说英语和说阿拉伯语的家族成员之间产生不和。

当然，要围绕差异性这个话题展开讨论可能困难重重。但如果我们忽视或推迟这种“差异讨论”，就会让偏见和误解加深，导致孩子的人际关系受到限制。我们整天奔波忙碌，无暇交谈以抚慰受伤情愫或排解不适；我们埋头疾进，片刻不停，没有交谈所需的停顿或思考时间；我们常常腾不出时间观察，看不到人们对待差异的态度如何相互关联。孩子看待长相或声音的观点与对待不同之人的态度，往往与看待他人的思维方式或学习方式的态度相一致。

我们不能忽视或推迟“差异讨论”，而要把差异视为一个更宏大的主题。它是一个涵盖诸多元素的总体，涉及语言、种族、宗教、能力、个性，甚至学习风格。看到这个总体并加以讨论，是培养孩子正面对待差异的关键。和大多数复杂的话题一样，我们需要从具体的角度出发，宏大而抽象的思想与原则难以与孩子的生活联系起来。帮助孩子接纳差异的最深刻方式，是着眼于小事的谈话。这种交流是个人化的，能够满足孩子的理解水平。

讨论差异使孩子敞开心扉

索菲上小学后，我亲眼看到了这种对话的运作。在索菲的艺术课上，老师要求孩子们调颜色，将颜色混合成自己的肤色，再用它画肖像，并写出联想到的东西。我参观时看到了从浅棕色到黑色的一系列颜色，以及潦草的文字：蜡烛、蜂蜜、咖啡和木炭等。和孩子们交谈时，我惊喜地听到他们公开而自豪地谈论“他们的”颜色，毫无负担地加以比较。一个孩子说：“她的皮肤更像橄榄色，我的像焦糖色。”

这类练习深具教育意义，差异并非“与己无关”。哈佛大学教授托德·罗斯（Todd Rose）在 2016 年出版的《平均的终结》（*The End of Average*）一书中写道，每个人都会在某些方面偏离平均水平。与朋友、同学或社区成员相比，每个孩子也会在某个方面属于少数。也许孩子的亲戚会说双语而他不会，也许情况恰好相反。也许孩子所属的宗教派别和大多数同学不同，也许孩子的身体或学习能力与大多数孩子相异。尽管并非所有差异都分量相同，但每个人都各不同是不争事实。为帮助孩子理解差异，请遵循以下原则：

谈论差异：关键原则

◎先从乐观的态度开始。你可以问：孩子的话是出于刻板偏见，还是出于真正的误解？

——留意与刻板偏见相关的表达：“所有人”“那些人”“总是”“没人”和“从不”（例如，“所有中国人都擅长数学”或“墨西哥没人会说英语”）。

年龄较大的孩子可能会使用更加微妙的语言，例如，“显然”或“当然”(例如，“她当然不擅长足球，她是个女孩”)。

——当你听到这样的看法时，帮助孩子修正。鼓励孩子使用更具体的语言，讲出背景，侧重积极的方面。例如，“我的朋友马特擅长数学，他来自中国。”用绘画打个比方：孩子使用的笔画过于粗犷，实际上他需要看到每个类别中所有颜色的变化和范围。

可以结合现实生活提出这类问题。假设你的孩子说：“所有穷人都吃快餐。”先别生气做出回答，稍做停顿，试着用中性的语气说话。

◎先具体观察，再探询原因。孩子注意到了什么，才让他得出穷人都吃快餐的看法？谈谈你为什么吃你现在所吃的食物，以及为什么有些家庭可能买不起这些食物。问问孩子“贫穷”是什么意思？你认识穷人吗？我们穷吗？为什么？

◎利用亲身经验。探究加工食品通常比新鲜食品便宜的原因。将所在社区或城镇与邻近社区或城镇进行比较。所在社区或城镇的服务处于哪个水平？例如，你家到食品零售店有多远？

◎批判性看待媒体广告。它们是否宣扬或强化消极的刻板偏见？问问孩子某则广告传达了什么信息？如果孩子能指出其中某个刻板偏见，他就可以与之保持一定距离，而不会不假思索地相信它。

孩子从我们身上了解差异

所有围绕差异的讨论需从我们自身开始：我们自己的假定和偏见。为帮助孩子接纳差异，我们需要反躬自问。当孩子指出某个人与他们不同时，我们会如何反应？我们表现出来的是平静还是沮丧？

在 1997 年的经典著作《黑人孩子为何会聚在食堂一角？》（*Why Are All the Black Kids Sitting Together in the Cafeteria?*）中，作者贝弗利·丹尼尔·塔图姆（Beverly Daniel Tatum）教授说："许多人紧张得无言以对，不知道如何回应。这传递给孩子的信息就是，凡有差异皆是问题。"我们感到尴尬不适，或者觉得孩子的看法反映了我们是如何抚养他的。所以我们要么压制孩子的看法，要么干脆停止讨论。塔图姆提到一个白人孩子的例子。白人孩子问："妈妈，为什么那个人这么黑？"他的母亲回答："嘘。"

当孩子收到这种反馈时，他们就错过了深入理解的机会。塔图姆建议，正确的反应是向孩子解释，人的皮肤有不同的颜色，就像头发和眼睛一样。客观地进行回应，表明我们愿意探索各种细微差别，不会回避他们的问题，也不会因为他们的提问而感到羞耻。留意我们自己的假定也是如此。如果不这样做，我们就可能陷入偏见之中，而这些偏见往往是从幼年逐步形成的。对于被污名化的差异尤其如此。

一天下午，布兰登的父亲到学校会议室参加一个团队会议。我们计划讨论布兰登在阅读和学习等方面的进展。布兰登的父亲来得很早，看上去神情紧张。会议开始前，我问他是否想谈谈。

"我儿子很难过。"他告诉我，感觉快要哭出来了。最近，布兰登被诊断出患有诵读困难症后变得很孤僻，不想出门。

"他说他的脑子坏了。"他父亲擦了擦眼睛。

"您跟他谈过诵读困难症吗？"我皱着眉头问道。

"我告诉他会治好的，但他不相信我。"

“您这么说是什么意思？”我迎着他的目光问道。

“你来这儿不就是这个目的吗？帮我们找到治疗方法？”

我意识到，这次谈话体现了一个普遍的模式。2017 年一项全美国调查发现，33% 的美国教师认为，孩子存在学习问题或注意力问题通常是由于“懒惰”；43% 的家长表示，如果孩子有某方面的学习障碍，他们不会想让别人知道。我也亲身经历过类似的情况。很多父母低声对我说孩子“可能有诵读困难症”。这些问题让人感到害怕或羞耻。想象一下如果孩子得到这些信息，他会怎样痛心。

我意识到，布兰登和他的父亲会从更多的教育中受益。诵读困难症是一种神经系统的差异，而不是一种疾病。因此，它无法“治愈”。虽然诵读困难症有许多组成因素，但它最笼统的定义是，在学习解码（大声朗读）和拼写方面存在困难。随着时间推移，患有诵读困难症的孩子即使学会了很好地阅读单词，还是难以做到流利阅读，也就是无法用正确的语调流畅而适当快速地阅读文本。

诵读困难症很常见，约有 5% 到 10% 的人受其影响，但它与智力无关。事实上，高达 15% 至 20% 的人会有某些诵读困难的表现，包括阅读速度慢或发音不准确，弄混单词，在拼写或写作时感到吃力。一些极具创造力的成年人如华特·迪士尼，历史名人如达·芬奇，都患有或曾经患有诵读困难症。事实上，新的研究显示，诵读困难症和创造力之间可能存在关联。尽管研究结果喜忧参半，但教育方法似乎在其中起到了重要作用。患有诵读困难症的孩子可能只是学习方法不同。

同时，几十年的研究表明，你可以教患有诵读障碍的孩子阅读。这可能永远都不是他最喜欢的科目，但依然可以收效显著。诵读障碍可以通过使用结构化的阅读方法进行矫正。我们现在已经非常清楚哪些阅读教学方法可以帮助诵读困难的孩子取得进步。

除了这方面的教育，布兰登还需要把自己视为完整的个体：一个了不起的朋友，出色的足球运动员，好奇的思考者；也是一个在面临学习挑战的人。不能用诵读困难症来指代他。探索孩子身上的多个方面会让他们意识到，他们并不等同于任何一套技能。看待孩子时，不能只看他们获得了什么成绩，取得了多大成功，也不能只看他们在学习上多费力或多轻松。

不能断章取义

在与布兰登的父亲交谈后，我与布兰登见了面，并与他讨论了他的诊断结果。我本来预计这次谈话会很困难，所以当布兰登说他松了一口气时，我感到惊讶。“我还以为我不聪明，”他对我说，“我告诉自己我什么都不擅长，不过我的阅读的确有困难。”这样的诊断可以明确指出孩子多年来面临的困难到底是什么。在与布兰登的谈话中，我还着力说明，为什么诵读困难的问题在此时此地很重要，除此之外都无关紧要。这有助于对这个问题进行恰当定位。

我请布兰登做了一个试验。让他想象回到了 120 年前，那时许多男人都干体力活，不用读书就能挣到稳定的收入。接下来，我让他想象自己回到印刷机发明之前。如果那时他是个修道士，也许他会觉得有点费劲，但如果他是个农民或工匠呢？

然后，我又让布兰登想象自己在另一个地方。由于英语中有许多不规则的单词，其发音规律很难掌握。但如果他住在西班牙呢？由于西班牙语远没有英语复杂，患有诵读困难症的孩子不会有太多阅读困难，只是阅读速度慢一点。西班牙孩子和美国孩子没什么不同，但他们的处境不同。在那里，有诵读困难的孩子与能正常阅读的同龄孩子之间的差异，可能没有在美国那么明显。

这个思维试验的灵感来自我在波士顿儿童医院的同事德博拉·瓦伯（Deborah Waber）和艾伦·布瓦塞勒（Ellen Boiselle）。他们合著了文章

《儿童与世界的互动》（“Child-world Interaction”）。我们经常认为孩子的某个学习障碍是与生俱来的。实际上，它与孩子和周围世界的互动有很大关系。也就是说，学习障碍是在某个给定的时段内，外界对孩子的要求与他的能力之间存在的差异。这个模型可以带来强有力的认知。布兰登描述说，他意识到，自己之所以觉得与其他同学的学习差异是一个更大的挑战，是因为他所处的地方和时代都认为读写能力最为重要。更重要的是，他班上的大多数同学阅读能力都很强，相比之下，他就显得很弱。造成差异的不仅是宏观上的时间和地点，还有他所在的班级这个特定群体。与身边的人进行交谈可以让布兰登更好地理解这些方面。

如何不同，何时不同，何地不同：谈论差异的具体表现

帮助孩子理解学习上的差异和更广泛意义上的差异，意味着揭示造成差异的背景。问问孩子你的“差异”在此时此地更重要还是不重要？如果换个时间或地点，这个“问题”的影响有多大？诵读困难症只是一个例子。为进行这些对话，请试用以下方法：

◎拓展孩子的思维。他对别人贴的标签或医生做出的诊断是如何理解的？他是否注意到他和其他人学习方式的差异？如果是别的孩子看起来“与众不同”，他对那个孩子做过什么或说过什么？他为什么要这么说或这么做？留意贴标签的用词，比如“笨蛋”或“无用”，用事实挑战这些标签。如果有必要，也要挑战自己的观念。

◎找出适应的方法。问问孩子哪些方法有助于他的学习？哪些事情让学习变得更难？也许是要完成多门作业，也许是要读完更厚的书，又或许是老师希望孩子们能自己阅读。

寻找解决措施。如果他读书常常跳行，可以试试使用阅读跟踪器；如果他坐不稳，可以试试有弹性的椅子。与老师合作，与老师形成伙伴关系。

◎鼓励行动和评估。我看到许多孩子在公开讨论他们的学习困难后进步飞快。试着采取更小的步骤，比如，让孩子和朋友聊天，之后问问孩子感觉如何，他的朋友反应如何。如果孩子了解到朋友面临的困难，评估他与朋友交谈后的感受。他现在明白了什么？他还想了解什么？这一过程同样适用于兄弟姐妹之间。

建立开放性：从你的态度开始

并不是说这样的讨论很容易。我们可能会将不舒服的感觉隐藏起来，这样做有时是为了推动孩子，有时是为了避免大惊小怪。我发现自己也做过这样的事情，而且不只是在讨论学习差异的时候。性别问题会让人感到特别不安。索菲 4 岁时，她参加了一位朋友的“公主”派对，派对上摆满了陶瓷茶杯和粉色蜡烛，女孩们穿着闪闪发光的衣服。索菲从来都不太喜欢闪闪发光的东西，她指着架子上的几件海盗服装对我说：“我想穿一件。”

“你想扮海盗吗？”

她点点头。

“嗯，好吧。”我开始把海盗服装往下拿。很快，一位商店女服务员经过。

“那些是给男孩的，”她搭了话，不耐烦地盯着我，“你女儿不想与众不同吧？”

其他女孩在跑来跑去。我问那个女士有没有其他型号的海盗服装，她说没有。我感觉自己越来越恼火。的确，打发索菲去找公主服装是很简单的事。但我已经跟索菲讨论过做女孩意味着什么。她担心自己不喜欢玩偶（这种偏好会改变），她喜欢弄得乱七八糟（这个习惯暂时改不了）。我们已经讨论过为什么她的这些偏好是正常的。

索菲坚持要海盗装。最后，那位女士让步了。接下来的几个小时，索菲愉快地扮了海盗。这件事让我想起了一个更广泛的观点。我们受文化影响在性别问题上形成的刻板偏见，会在孩子们互相玩耍的方式上体现出来，会在他们看待自己和彼此的态度上体现出来。即使是年幼的孩子也会羞辱那些不合群的同伴。我们最常听到的抱怨是“那是男孩的颜色”或“那是女孩的颜色”。

过去 20 年来，这类刻板偏见比之前的 30 年更加僵化和倒退。部分原因可能是，自 20 世纪 80 年代以来，营销策略强调类别化。虽然在 20 世纪 70 年代，女权主义兴起第二次浪潮，催生了一系列挑战性别刻板印象的广告，但这些挑战都很短命。1984 年，社会学家伊丽莎白・斯威特在《大西洋月刊》（*The Atlantic*）上写道：“取消对儿童电视节目的管制，使得玩具公司得以放手为他们的产品制作整期整期的广告，性别成为这些节目和玩具广告越来越重要的区分因素。”她指出，到 1995 年，按性别分类的玩具约占西尔斯百货产品目录的一半，与早前几十年的比例相同。这一数据与 1975 年的数据形成鲜明对照，当时西尔斯百货目录的玩具中，只有不到 2% 有性别倾向。

当然，广告并不是造成孩子偏爱某种玩具的唯一原因。其中存在复杂的文化因素和生理学因素，科学家们仍在为此争论不休。一项研究发现，儿童从很小的时候起就倾向于玩按性别标记的玩具。这一现象也在多个国家 1 岁到 8 岁的孩子身上有所体现。这并不是说孩子应该玩这样的玩具，而是说他们经常会这样玩。这项研究的发起者，伦敦大学学院的约翰・巴里（John Barry）说："在现实生活中，性别行为是生理学和社会因素相互影响的体现。"先天因素和社会因素对此都有影响。

考虑到所有这些，值得思考的是，你对孩子选择的玩具和游戏类型所作出的反应，以及孩子对朋友的选择所作出的反应。观察谈话中表现出的倾向，是开放和探索，还是轻蔑或羞耻。如果是后者——无论是你，还是你的孩子——就要观察为什么你或孩子会对某种玩具或游戏持负面态度。看看你是否可以开始更轻松的对话，强调游戏中的乐趣和创造性，而不是过分关注孩子具体在玩什么。

在交谈中，将游戏视为探索人类意义的一种方式。你的孩子在游戏中培养了哪些积极品质——或者可以培养哪些积极品质。强调我们每个人都有多重角色和品质，它们不一定相互冲突。例如，你可能既是一个尽职的父亲，又是一个高水平赛车手；你可能既是一位杰出的科研人员，又是一位喜欢参加戏剧团的女士。帮助你的孩子从一个角色自由转换到另一个角色，而不是非此即彼。

具备这种转变的能力尤其重要，因为文化信息往往会固化对性别的刻板偏见，如：男孩更活跃，女孩会捂着脸咯咯笑。这类刻板印象会让孩子的思维更加僵化，让他们相信事情应该是某个特定的样子。对一些孩子来说，这些联系似乎一成不变。他们首先进行纵向的联系，将一个类别与一个习惯或特征联系起来，例如"男孩喜欢卡车"。后来会进行横向的联系："男孩喜欢卡车，所以他们也喜欢怪物车和飞机"。僵化思维往往在五六岁左右达到顶峰。许多孩子有这样一个阶段，容易接受常见的刻板偏见，例如，相信男孩涂指甲油或女孩踢足球是"错误的"；但对文化信息不加质疑、照单全收的心态往往到孩子上小学的时候就消失了。

了解孩子处于发育过程中的哪个时期，可以让你在质疑他的假定的同时，观察这些假设是不是阶段性的。记住，孩子的刻板偏见一旦形成就很难改变。你可能需要进行多次讨论。

幸运的是，在学龄前和十几岁的时候，孩子们可以学会用更加微妙和批判性的视角来看待类别。向孩子强调不要以己度人，无论你对儿童性别认同这个热门话题有什么看法，都要强调这个问题涉及是否尊重他人。许多青少年在谈到性别差异时，会使用他们在年幼时根本不会使用的语言和术语，而许多年幼的孩子也已经在探究他们所听到的语言了。引导孩子理解这些语言，不仅对希望弄懂的孩子来说至关重要，对所有孩子都至关重要。理解这些语言，可以使孩子帮助朋友一起感受到接纳与关心。

讨论性别和相关偏好，使用“三个 E”原则

1. 拓展孩子对性别的理解。“假小子”是什么意思？“萌妹”通常是什么样的？

2. 探索这些想法来自哪里。寻找反例：他们知道谁“女孩气”十足，谁少了一些“女孩气”吗？在媒体或书籍中找例子。

3. 帮助孩子评估他们的判断。强调不要急于下结论。注意孩子何时偏好典型的“女孩”从事的活动，或“男孩”从事的活动。也许这能让你了解到一些孩子关于性别认同的信息。保持对话的开放性，可以让孩子们在不受束缚的情况下测试自己的选择。

建立理解：鼓励现实生活中的见面

从长远来看，为加深孩子的理解，要做的不仅仅是交谈。现实生活中的见面举足轻重——不是只见一次的活动。孩子需要了解各种不同背景的人。

开始的时候，只要让孩子去接触“他人”就够了。“他人”就是那

些在能力、种族、民族、宗教、阶层、性别或语言等方面与自己不同的人。着重参加积极的活动，比如派对或郊游。在这些活动中，孩子们为相处做好准备。尽可能客观地回答关于差异的问题，树立积极的态度。

此外，请注意你自己的倾向：淡化问题或将一个中性问题视为评判性的问题，例如她的头发为什么看起来是那样？考察孩子的理解能力，提出诸如“你觉得他说的是哪种语言”之类的问题。拓展孩子的思路，澄清误解，比如孩子抱怨另一个孩子英语说得“不好”，然后澄清说：“他说话时总是把英语和西班牙语混在一起，这毫无意义。”

从积极倾听开始。从惩戒性的角度来开展讨论似乎颇具诱惑，但这只会让孩子心存戒备。我们可以使用“代码转换”进行讨论。“代码转换”是指根据你的情况或谈话对象的情况，转换你使用的语言。例如，一个孩子可能在家说西班牙语，在学校说英语。有时，哪怕是一次对话或者一句话也可能出现代码转换，这称为“代码混合”。例如，说双语的孩子可能会在一个句子或短语中从一种语言转换到另一种语言，或从一种口音转换到另一种口音。我遇到的许多老师和家长都担心这种代码混合情况。他们说，这意味着孩子没有学好语言。事实上，许多研究发现，这种代码混合非常常见，使用代码混合的孩子和不使用的孩子一样，对两种语言都非常熟练，他们不会“搞糊涂”，只是用一种不均衡的方式发展技能。

也许你的家人会进行这种代码转换或代码混合，或者你认识的某个家庭会这样做。讨论为什么这样做不是“错误”或“有害”的，而是展示两种语言的技能。它是语言创造力的一种表现形式，也是灵活应对社交场合的方式。研究发现，人们经常会在不经意间切换语言。有时候人们这样做是为了适应当时的情况，比如要说一些秘密，或者更准确地表达想法。

如果你的孩子因为被认为有差异而受到负面评论，你该怎么办？

1. 将评价展开说明。另一个孩子具体说了什么？

2. 探索孩子的情绪。孩子是感到伤心还是尴尬？他是否觉得这些评论有道理？

——把事实和假定分开。也许孩子确实有口音，或者长得和朋友不一样，但这并不意味着他有什么错误。

——寻找积极的榜样。也许孩子的叔叔或堂兄弟的口音跟他相似，或者他在他最喜欢的节目中听到过人们像他这样说话。

3. 通过角色扮演决定如何反应，然后评估孩子的感受。直接说“那不是真的”，然后改变话题，可能比大声反驳更有效。教孩子起身走开也是如此，强调这样做不是软弱的表现。尤其是如果一个“朋友”总是用消极的态度或挑剔的眼光对待他，问问孩子是否还愿意和这样说他的人继续做朋友。

增强意识：讨论先天优势

基于所处的社会，有时，孩子的出生地就会给他们带来一些优势。讨论这种天生特权有助于孩子们认识到，这些优势并不是“天空是蓝色的”自然规律。根据你在某个群体中的成员身份，你会得到特殊待遇。这种待遇带来的后果可能是巨大的。我认识的许多黑人父母告诉我，他们之所以谈论种族问题和为什么会“一直”成为攻击目标的问题，是因为系统性的种族主义和警察的暴行。

在其他情况下，特权和歧视问题可能要微妙得多。不过，这些问题可能会产生持久的影响。例如，我认识几个亚裔美国学生，他们已经内化了“模范少数派”的刻板偏见。“我必须擅长数学，”一名 9 年级学生给我看了一个不及格的分数后告诉我，“所有亚洲孩子都这样想。”这种信念会使孩子产生自我怀疑或羞耻感。当他们确实遇到困难时，老师往往会忽视。他们也不太可能在学业或心理健康问题上寻求帮助，而这又可能导致问题变得更糟。

如果孩子不考虑这些不公平或刻板偏见的来源，他们就不太可能产生质疑。为支持他们，请尝试以下步骤：

消除刻板偏见：注意，反击，具体化

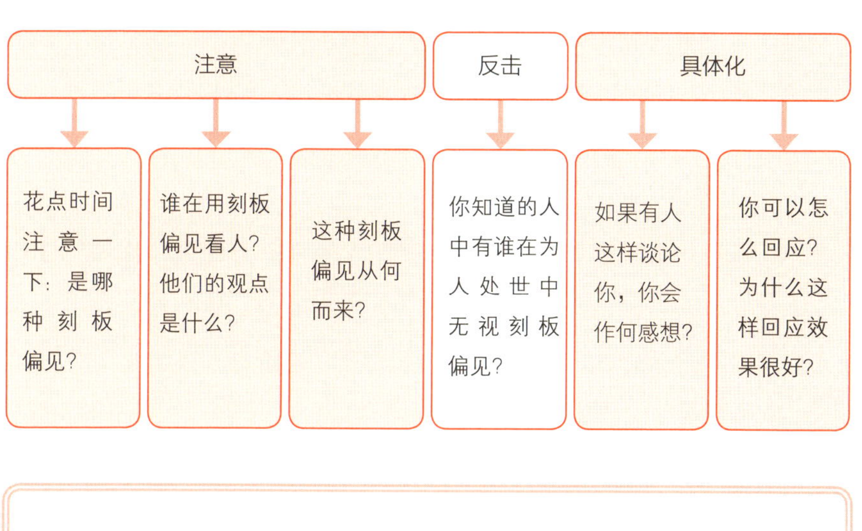

交谈小贴士

在讨论差异时，着眼于小步骤前进，随着时间的推移进行多次对话。表扬孩子参与讨论的意愿。

先天优势取决于孩子的家庭、学校和社区的具体情况。每个人的感觉都不一样，这要取决于获得过这类优势的人。也许金发在你的社区里有一些优势，或者有英国口音也有好处。鼓励你的孩子始终将背景纳入考虑之中。

更广泛地说，为了培养全球公民，你可以试着培养孩子以下习惯：

交谈习惯1　鼓励就地取材进行探索

重点围绕身边的事情进行讨论，将孩子的亲身经历当作通向更广阔世界的窗口。尝试以下方法：

- 从你周围的环境开始。不断扩大圈子，和孩子一起探询这类问题：隔壁邻居和你们的生活有什么不同？邻近城市的人呢？邻国的人呢？他们在生活中有哪些共同之处？

- 探索你的家族史。这可以让孩子了解他来自哪里，认识到自己的家庭可能比想象中更多元。更重要的是，对青春期和准青春期的孩子来说，对家族史了解更多，孩子会表现出更高的幸福感和更强的自我意识。

- 随时抓住机会，考虑与祖父母共度周末、度假或与朋友重聚。讨论你的家人从一个城镇到另一个城镇，或从一个国家到另一个国家的旅程，关注亲友是如何应对挑战的。谈话可以培养孩子的韧性，激励孩子向老一辈学习，并以类似的方式迎接挑战。

- 考察语言和行为的代际变化。为什么孩子的匈牙利祖母还在做甜菜汤？问问词汇和传统是如何演变的。“酷”这个词来自哪里？韩国流行音乐呢？了解自己的语言、文化和社会的独特之处，有助于孩子积极探索其他方面的差异。

- 强调使用具体的，非评判性的语言。不仅要问“我们管它叫什么？”还要问“他们管它叫什么？”比如说，你的邻居喜欢肉馅卷饼，但你称它为“肉馅点心”。讨论哪些文化传统流行吃哪些食物。关注食物背后的人：是谁最先做出的比萨，为什么？是意大利移民做出来的，还是比萨根本就不是来自意大利？

- 探索群体内部的差异性和群体间的相似之处。找出不符合刻板偏见的人。或者以地图为跳板，调查一个国家或地区内的差异。从你自己的国家或地区开始。像在波士顿，北部区被称为“意大利人区”，但许多中国人也住在那里。突出其中的差异和共性。也许你的孩子和他来自孟加拉国的朋友都喜欢汉堡和奶酪，朋友还喜欢孟加拉菜。

- 将对话中的角色换位。如果你的孩子提到朋友时说“她喜欢奇怪的东西”，用开玩笑的口吻问孩子，朋友喜欢的东西有什么“奇怪”之处。午餐吃蔬菜汤的人会怎么看待吃巧克力冰的？如果别人对孩子说“你很奇怪”之类的话，通过角色扮演做出恰当的回答，可以帮助孩子感到被赋能。强调我们在某些方面都是“奇怪的”或独特的，谈论差异的方式不必那么伤人。

- 关注对群体的正面评价，尤其是如果孩子做出的评价是负面的话。同时，别逼自己太紧，认识到你只是整个拼图中的一块。如果孩子一直不停地听到关于某个群体的负面信息，仅靠你的几次交谈不可能改变他的总体态度。

通过对比，欣然接纳差异

用积极的态度谈论差异。你可以问你的家庭传统与周围的家庭传统有何不同？朋友们是否庆祝不同的节日，是否吃你不认识的食物或播放你听不懂的音乐？朋友的传统从何而来？不要满足于做出笼统猜测，比如“我想这是亚洲传统”。到底是新加坡还是阿富汗传统？体现在哪个方面？这是生日时流行的做法吗？是在年轻人中流行，还是在年长群体中流行呢？

帮助孩子们质疑文化和一成不变的传统观念。也许在尼泊尔有运餐车，也许你所在城市的泰国餐馆已经被麦当劳取代，也许印度朋友的家人根本不吃印度菜。为什么？这类讨论可以提高孩子的认识，即差异也是不断演变的，人们并非总是像我们假定的那样行事。

交谈习惯 2　探究差异的方式和原因，了解其复杂性

着眼于围绕语言、文化和传统方面的差异，提出“如何”“为何”的问题，让孩子了解差异有多么复杂，又在怎样不断演变。试着这样做：

- 调查现在的原因和过去的起因。重点关注你的语言与其他语言中的同源词、联系和共同点。同源词是指在多种语言中发音相似的词。真正的同源词有相似或相同的含义，如德语单词 essen 和英语单词 eat（吃）；而发音相同意思不同的词，不是真正的同源词，如西班牙语中的 caliente（热）和英语中的 cold（冷）。

- 探索造成语言差异的原因。为什么表示“妈妈”的这么多单词中都有字母“m”，如：mama, maman, mère？哪个单词的发音让人觉得舒服，又有哪个不讨喜？

- 运用类比法，对比不同的传统和习惯有什么相似的功能。莎丽服和裙子有什么相似之处？包头巾和帽子呢？辨识其中有意义的差异。为什么戴包头巾很重要？对谁来说很重要？在探索传统时，可以请教那些遵循这一传统的人。强调听取相关人员回答的重要性。

- 鼓励孩子采访家人、朋友和邻居。发挥幽默，使每个人都感到宾至如归，愿意敞开心扉。让你的孩子扮演记者。

- 拓展孩子的“差异味蕾”。食物、音乐、庆典和表演等带来的感官体验可以成为通往历史和抽象思想的大门。为什么人们在新年时要吃豇豆？弗拉门戈音乐起源于哪里？体验之后，讨论孩子喜欢哪些，不喜欢哪些，对哪些感到惊奇。

- 利用旅行来拓宽视野。旅行不需要太远。开车到不同的社区，讨论你们注意到的东西。你们也可以回到过去。年龄大一些的孩子，可以去调查所住的社区发生了哪些改变，以地图和历史图片为起点，尝试与年长的邻居交谈。假设发现你们的社区曾经住过东欧移民，那么可以问问孩子，是否在餐馆或路标上看到过能够关联这一点的证据？在过了几周或数月后，再回到同样的地方，尝试观察一些新东西。即使是最熟悉的地方，也写满了历史变迁。

与孩子讨论有关差异性方面的问题并非易事。要让孩子理解这些差异性，消除习得的刻板偏见，可能需要很长时间，也需要大量的讨论。但如果我们想让他们成长为有同情心、有爱心的人，这个过程就至关重要。要知道，依恋情结的影响远远超出幼儿阶段。每个人所处的历史、文化和传统都是复杂的。我们可能会依恋许多人、许多概念和许多身份，而依恋的表现方式会随着时间的变化而变化。学习关心不同的人，孩子们会在这个过程中建立起重要的依恋。这就是帮助他们合作，弥合分歧，与他人友好相处，并最终拓宽世界边界的秘诀。

Tips

交谈策略

试试用以下策略来开启交谈：

从幼儿到学龄前

从孩子看到的世界开始：

◆ 你和你朋友的相貌或说话有什么相同之处？有什么不同？

◆ 你认识其他这样念一个词或短语的人吗？

讨论熟人的出生背景所蕴含的历史和文化：

◆ 你朋友的家人来自哪里？我们还认识哪些来自这个地方的人？

◆ 我们庆祝的节日有哪些是一样的？哪些不一样？你认为这是为什么？

小学生

从孩子认识的人开始，探索更抽象的历史和文化：

◆ 这种食物来自什么文化？那里还有哪些受欢迎的食物？

◆不同的文化如何庆祝生日？问问你班上的同学或邻居。

◆ 我们家庆祝节日的方式为什么是这样的？

保持开放的好奇心：

◆ 你最想学哪门新语言？

◆ 如果你能在另一个国家待上一个月，你会去哪里？为什么？

中学生

探索不易察觉的差异：

◆ 你和朋友的学习方法有何不同？你们的观点或信仰有什么不同？

◆ 是什么让你（或你的朋友）难以融入大家？你如何帮助你的朋友被大家接受？

强调同情心并接纳差异：

◆ 你如何帮助其他人理解为什么这种技能对你或你的朋友来说很难？

◆ 什么可以让你的社区或班级更乐于接受差异？

◆ 你和朋友之间的这种差异如何让你们的关系更加深厚？

今天就可以试试：

进行一次“培养开放心态”的交谈，相互问答：

1. 是否有人对你的第一印象有误？这是怎么回事？

2. 你第一次遇见某人时，是否对他有错误的第一印象？这是怎么造成的？

3. 随着时间的推移，你对一个人的看法发生了怎样的变化？你觉得为什么会这样？

第 8 章

塑造性情的交谈：挖掘孩子最好的一面

Conversations for Temperament: Bringing Out Your Child's Best

建立充满爱意的亲密关系，最能充分地揭示我们是什么样的人。这个过程会带给我们最深刻的觉醒。

——塔拉·布莱克

在波士顿附近的游乐场，我见到了朋友 2 岁的孩子罗茜，她正在大发脾气。我认识罗茜和她母亲雅尼娜很久了，但从未见过她这个样子。罗茜皱着眉头，手紧紧攥着一辆特大型滑板车的把手。从她那脏兮兮的衣服和红红的脸上看，她明显已经哭了一阵了。

“我自己骑，”她前后摇晃着滑板车，“我能骑。”

“你还骑不了。”她妈妈雅尼娜说，“丹妮尔的滑板车对你来说太大了。你可以在大人帮助下试一试，但不能一人骑。”雅尼娜温柔地试着指导罗茜如何握车把。

“不行……”罗茜声嘶力竭地哭喊起来，游乐场的人都能听到。

“不是我不让她骑，”她母亲叹气说道，“我让她骑了，相信我。但她老是从滑板上掉下来，她会摔坏的。她怎么就不放弃呢？”

罗茜抢过滑板车，骑上去滑了起来，结果马上又摔倒了。很快，她开始抽泣，身上脏兮兮的，脸上气呼呼的。雅尼娜叹了口气，说她们得回家了。

那之后，我们没有再见面。半年后，在罗茜过完 3 岁生日后，她跟着父母还有姐姐丹妮尔一起来了我家。刚开始，我以为罗茜可能又会像上次那样大发脾气。但令我惊讶的是，罗茜径直走进游戏室，要了蜡笔和纸开始上色。没过一会儿，她开始对索菲的毛绒玩具下令，让大象坐下，并提醒小马：“保证不乱叫，好吗？”

罗茜两次的表现天差地别，使我震惊。她的肢体语言甚至也发生了变化：她不再握紧拳头站着，而是抬头挺胸，眼神充满骄傲和满足。我对这种变化感到吃惊，心想这也许只是自然发育的结果，或者是她去了一家新幼儿园的缘故。我完全知道，永远不要指望有解决这个问题的灵丹妙药。因此，当雅尼娜毫不犹豫地说“她肯定已经长大了，但我们也学会了适应她的个性”时，我再次感到惊讶：“你说的是什么意思？”

“我过去常让她玩姐姐喜欢玩的东西，”雅尼娜看了孩子们一眼，“然后我会教她怎么玩。丹妮尔小的时候一直喜欢有人帮助，我小时候也是如此。就是到了现在，我还喜欢有人指导。但罗茜一直拒绝我帮她，她总是不停说‘不，不，不’。所以我决定不再坚持要帮她。”

在罗茜试图一个人玩姐姐的玩具时，她常常会感到沮丧。雅尼娜注意到，自己的心态就是想拿出家长的架子阻止罗茜再玩。她想告诉罗茜，这些东西太难了，她们应该找点更好玩的。雅尼娜意识到，作为一名家长，她对罗茜的沮丧感到沮丧！从孩提时代起，雅尼娜就不想尝试做那些力所不及的事情。她对罗茜与她小时候大不相同感到惊讶。同样重要的是，她注意到她们之间的这种差异越拉越大。罗茜哪怕不断失败，还是想继续尝试；而雅尼娜则想让罗茜做一些更简单更容易获得成功的事。

但是，有了新的处事方法后，雅尼娜注意到了罗茜的毅力，意识到罗茜并不在乎困难。下一次罗茜想玩“过难”的游戏时，雅尼娜同意了。她以积极的态度对待这个情形，把它视为一种对她自己和罗茜的挑战。她提出了一些基本原则：不能伤害自己或他人，如果你需要帮助，就来找我；如果你想一个人尝试，就说“我明白了”或类似的话。然后雅尼娜就真的不管了。

“这样做带来了巨大的变化，”雅尼娜告诉我说，当时罗茜仍在学前班，“我想这是因为她感觉到我们了解她，了解了她与姐姐的不同。她看到了我们正在适应她，这也让她更愿意适应我们。”

这样做并没有让罗茜不再发脾气，但它在另一个方面收到了奇效。罗茜独立、执着的性情在她更小的时候一直是个问题，那时许多事都超出了她的能力范围。她的性情也被当成一个问题看待——尤其在雅尼娜试图强行让罗茜接受实际上行不通的做法时更加如此。但雅尼娜已经开始采取更审慎的立场，她注意到了她和罗茜在挫折承受力和毅力方面存在的差异，然后她对自己的反应做了一些微调，并对罗茜的行为和自己的反应进行了反思，从而越来越意识到她们两者之间的不协调。雅尼娜调整后的反应既不是惩罚，也不是愤怒，而是强调罗茜继续努力的意愿为什么是积极的。

雅尼娜意识到，过去她一直说罗茜“固执”，现在则开始认为女儿是“执着”，并且在与别人谈起罗茜时也使用这个词。用词的变化使雅尼娜对罗茜的尝试做出更积极、更有益的回应，并为罗茜提供适当的支持而不是过分的干预。

这只是一个很小的例子，证明为什么了解孩子的性情可以促进交谈的效果。你极有可能在自己的生活中找到类似的例子，表明考虑性情因素可以使孩子和父母都有所裨益。也许你比你的孩子活跃得多，而他只想轻松一点。每逢周六早上，你都早早准备出门，他却想懒洋洋地待在家里。我们很容易认定自己的习惯天经地义。但这两种习惯都不能用是否“正确”来判定。孩子起床慢并不等于他“懒惰”。如果你用更中性的眼光来观察这种差异，就可以通过交流来寻求折中。哪怕孩子还小，注意到他们的气质特点并善加利用，也可以帮助他们茁壮成长。

罗茜的故事让我想到了医生亚历山大·托马斯（Alexander Thomas）和斯特拉·切斯（Stella Chess）的研究结论，他们认为，孩子和父母的性情会相互影响。两者性情的匹配度会影响交流，把父母与孩子想象成拼图上的两块，加上兄弟姐妹或其他家庭的话，就是两块以上。匹配意味着孩子的气质与你的气质很契合，不匹配意味着你们可能会发生冲突。

但冲突并非不可避免。如果我们耐心一点，看到孩子的方方面面，就可以获得足够的余地换一种态度对待他们。在你和孩子的气质不匹配的情况下，这样做尤为重要。和孩子们讨论有关性情的问题——包括他们的性情和我们自己的性情——会让我们的头脑随时意识到这个问题，然后才能够共同进步，欣然接纳孩子与我们之间的差异，找到让每个人都茁壮成长的方法。

深度交谈因人而异：交谈的无方之方

在上一章中，我们探讨了如何围绕孩子之间的差异进行交谈。而孩子自身的特点存在非常大的差异，与孩子的基本性情有关。你的孩子有多活跃？有多顽皮或好学？他在多大程度上可以接受风险？对每个孩子而言，这些问题的答案都不一样，一定程度上也会随着时间的变化而变化。

从表面上看，从最大的话题（培养全球公民）转到最小的话题（了解每个人的性情）似乎有些奇怪，但这两个维度的联系远比看起来要紧密得多。无论交流的话题有多么宏大，我们都是从自己的独特视角去看待世界的。随着孩子结识新朋友，上新学校，参加新活动，或者纯粹只是长大了，情况会发生不可预测的变化。注意到孩子的短期成长和长期成长情况，能有效地满足她的需求，帮助她适应周围的世界。日积月累，孩子在成长的过程中会变得更加灵活，与父母的关系更加亲密无间。她也更具自我意识，欣赏自己个性中的积极方面，并在必要时找到与人相处的恰当方式。

实际上，认为孩子注定“就是”这样或那样，意味着你没有抓住要领。我们可能会说孩子“就是害羞”或者“就是容易激动”，再或者“就是很难相处”，而常常忽略细微的方面。我们也往往忘记，对孩子性情形成感知并给它贴上标签的，正是我们自己。这些标签打造了我们的交谈，在经年累月中会影响孩子成为什么样的人。如果雅尼娜一直纠正罗茜的做法，罗茜的脾气也会因此越来越大，她们之间的互动可能会变得非常消极：罗茜可能开始把自己视为一个“坏孩子”，而雅尼娜开始把自己看成“唠叨的妈妈”。雅尼娜的转变使她们母女的关系朝着更加积极的方向发展，她们都获得了更好的自我感觉，没有陷入不知所措的困境中。

就这样，深度交谈使你更加密切地了解孩子，也让他们更了解你。这种了解不是一次性的，而是一个持续的过程。尤其是在如此注重效率和成功的文化中，这种知识让你走上了另一条道路。它鼓励人们用不同的眼光看待成功，专注于建立真正心心相印的关系，让双方都能茁壮成长。这种成长在每个孩子和家庭身上的体现都不一样。这就是重点所在。如果你开始着手去了解每个孩子的个性，你就已做好了帮助他成长的准备；而所有这些，都要从理解性情的本质开始。

性情究竟是什么

性情与孩子情绪反应的强度、情绪状态，以及自我调节的难易程度有关。当孩子看到陌生的东西或听到不熟悉的声音时，会有多吃惊？当孩子心烦意乱时，需要多长时间才能平静下来？他的总体精力和情绪如何？性情可以说是孩子如何进行言谈，继而如何行动。性情不同于能力（做得怎么样），也不同于动机（他为什么这样做）。大多数科学家认为，性情从婴儿时期就开始显现，它有一定的生理学基础，并保持一定的稳定性。

很早以前，人们就开始思考有关性情的问题。公元 2 世纪，哲学家盖伦（Galen）根据身体的“体液”类别划分出四种性情：忧郁质的人黑胆汁过多，寡言少语但善于分析；多血质的人血液过剩，充满希望并无忧无虑；黏液过多意味着性情平和；而黄胆汁过多则意味着性情易怒。

理想的性情意味着四者达到了平衡。这些概念很久以前就已被驳倒，听起来老套蒙昧。尽管如此，我们的语言中仍然保留着盖伦哲学的蛛丝马迹，如我们会称某人为“忧郁质”。

现代对于性情的思考则成型于 20 世纪 50 年代，当时，医生亚历山大・托马斯和斯特拉・切斯对 100 多名婴儿进行了研究。他们发现，有些婴儿“随和”，有些比较“难处”，还有一些“慢热”。到 1970 年，他们创建了一个至今仍然很流行的性情模型，即将性情分为 9 个要素：孩子的身体活跃程度，清醒和睡觉等生理机能的规律性，适应能力，对新环境的接纳或抵触程度，敏感性，反应强度，分心程度，情绪状态，以及坚持和专注的时间长度。后来，心理学家玛丽・罗斯巴特（Mary Rothbart）将这些要素归纳为三个方面：第一，孩子的外向程度；第二，整体情绪的消极程度；第三，调节自己行为和情绪的难易程度。例如，孩子在安抚自己情绪这方面做得如何？

你可以看到这些要素在日常生活中的体现。设想校车路线改了，孩子必须早起，和一群不认识的孩子一起坐车。一年前，我认识的两个 10 岁女孩就碰到了这种情况，她们两家离得很近。我在附近的一个公园里见到了她们，听她们讨论学校的情况。其中名叫玛丽的女孩说，她这一周过得很糟糕。她每天早上都起得很晚，不得不急急忙忙去赶车。赶上校车时她几乎筋疲力尽，然后静静地坐在车上，吃着没来得及烤的面包，车上也没有认识的朋友。站在她旁边的瑞秋则讲了一个完全不同的故事。当她讲到自己冲在哥哥前面离开家门，在校车上坐在友好的青少年旁边时，眼睛里放出了光彩。

用什么来解释她们视角的不同之处？瑞秋更乐观，没错，但她的乐观来自哪里？我很快意识到，这与性情有关。瑞秋习惯了早起。从蹒跚学步开始，过渡期对她来说都比较容易适应，比如刚开始上学前班的时候。她的适应能力更强，至少在挑战对她来说不太难的情况下。

对玛丽来说，睡眠不足让她心情不好，她从婴儿时期开始就睡眠不好。她很适应固定的日常安排。一旦适应之后，她在学前班便非常顺利。但如果有新情况出现，她就可能会感到痛苦，甚至不知所措。

虽然总体情绪是性情的一部分，但其他因素也在起作用。也许瑞秋更容易去接触新朋友，而玛丽则经常回避。也许玛丽对噪音更敏感，所以校车上的喧闹使她感到压力很大。最有可能的是，瑞秋更外向，更易受到较大群体的吸引，而玛丽则需要更多的安静和休息时间。

我们经常不会去考虑这些因素，只看到结果——玛丽在抱怨，瑞秋在兴奋地说着——并最终得出这些女孩是什么样的结论。局外人可能会推定“玛丽不友好”，或者问她：“你为什么不能像瑞秋一样？”如果你本人更像瑞秋，结识新朋友似乎轻而易举，那你更有可能会这么想或这么问。

我们的交谈往往是出于帮助孩子适应环境的需要。我们用心良苦，但是像上面这样的评论，对玛丽没有帮助，对你和孩子的关系也可能没有多大帮助。相反，如果你能从孩子的表现中看出她的独特气质，你就可以帮助她展现自己的个性风采。

性情投下的长影

了解孩子的性情就像看着一个谜团逐步揭开。你可以隐约看到它，即使你不知道它最终是什么样子。性情并不是固定不变的，它不像蓝色的眼睛或其他一些很早就确定下来的特征。相反，性情是个持续变化的过程，一直延伸到成年。我在成为母亲之前就对这个过程感到着迷，随着孩子们的成长，我仍然为此着迷。特质紧随着孩子的成长，也可能会慢慢演变。用美国著名心理学家杰罗姆·卡根（Jerome Kagan）的话说，性情会投下“长长的影子”。哭个不停的婴儿到 10 岁的时候可能会变成一个手不释卷的孩子。

索菲3岁时，她求我每天带她玩攀爬架。她刚开始时努力想够着第一根横杠，其间摔倒了几十次。她反复练习，直到她能爬过这根横杠。然后她继续往前爬，直到她可以跳过一根横杠。

“我做到了！”最后，她挥舞着拳头说。

“她是练体操的吗？”另一位母亲问我。我摇了摇头：“她只是喜欢不断尝试。”

几年后，当我和8岁的索菲坐在一起，看她第三次读同一本书时，我在想，她是不是在用另一种形式表现5年前的那种坚持。但她已经变了，所处的环境也变了。她的朋友和老师开始发挥比父母更重要的影响——她的兴趣也不同了。正是这种稳中有变的过程吸引了我：过去的那个婴儿是如何变成这个儿童，然后又变成这样的青少年的？

有时，这些变化很微妙，也很难看到。这很像身高，你往往会注意到不常见面的孩子长高了。看到朋友的孩子，也觉得他的性情在一年一年地改变。很多时候，我所预期的会让我感到惊讶，因为孩子的某种特质发生了意想不到的改变，或者某种曾让孩子受益的特质开始引发问题。

性情的美妙之处也是它的挑战所在。以我认识的15岁孩子丽莎为例，她非常勤奋，不用父母唠叨就完成家庭作业，提前制定项目计划。从表面上看，她已经打好了基础，会获得更好的学业成绩和更强的社交技能。但这种性情有什么缺点吗？这类孩子可能是完美主义者，缺乏灵活性和自发性。我记得曾听说过，哪怕她的作业是单调乏味的苦差，她也会照样完成，而不去注意她喜欢哪些部分，不喜欢哪些部分。后来，当给丽莎机会让她选择要做的项目时，她却抱怨说不知道对哪个项目感兴趣。

《儿童气质》（*Child Temperament*）一书的作者、精神病医生戴维·雷特（David Rettew）向我讲述了“不过”的现象。我们希望孩子们友好，“不过”不要太善于交际；希望孩子们活泼，“不过”不要太冲动。“我们两方面都想要，”他说，“但这是不可能的。”更糟糕的是，如果你试图“修复”孩子性格中不太好的部分，你就有可能压制它积极的部分；如果你坚持让孩子在玩伴聚会中冷静下来，他可能会变得不那么善于交际。

这说明性情并不像看上去那么固定。性情在孩子每天和环境的互动中演化。作为成年人，我们在这一演化过程中扮演着重要角色。卡根发现，恐惧、谨慎的婴儿往往会在成年后变得害羞，尤其是在父母过度保护的情况下。不过，他在一项研究中发现，如果父母鼓励婴儿参加社交活动，这些婴儿在青少年时期会变得不那么拘谨。早期的支持为孩子交朋友奠定了基础。适合孩子性情的交谈可以让你们在当下更好地沟通，从长远来看，它也会使孩子的强项得到发展，弱项得到提升。所有这些要从孩子出生后的最早几年做起。

性情差异很早就会体现

我知道不止一位家长，他们在自家的婴儿出生后会端详孩子的脸，同时心里感到好奇：“这孩子是谁？”确实，性情的因素很早就会显现，随着孩子的成长，性格特征也会体现出来。从早期开始，一些生理因素会让孩子处于危险之中。早产儿在蹒跚学步时期，往往会在调节情绪上面临更多的困难，对新情况的反应更加强烈，注意力更难集中。他们也会遇到说话和听力方面的风险，这可能是因为他们的注意力持续时间比较短。但这些趋势并不是普遍存在的，也并不会一直持续下去。我在临床工作中，曾经查看过一个孩子厚厚的资料，他是个难产儿，并且出生时需要重症监护；结果实际见到时，他却是一个充满活力、健谈的孩子。这让我感到惊讶。

与此同时，即使是 9 个月大的婴儿也会表现出巨大的气质差异。以任何一个新手父母的聚会为例，你可能会看到一个婴儿急不可耐地要玩，而另一个却哭个不停，哄也哄不住。一个婴儿快乐地叽叽喳喳，让你感觉自己是个成功的家长。你的自我语言变得越来越积极，你会觉得“我能做到”。后来，你可能会感觉到孩子的气质和你完全相反，或者惊人地相似。“我每天会读几小时书，”一位有3个孩子的父亲说，“但他们从早到晚都在到处跑。”或者，正如一位有几个青春期孩子的母亲告诉我的那样：“当孩子们抱怨时，我听到了我母亲的声音——还有我的声音。”

这是真的，孩子说话的方式为了解他们的性情打开了一扇窗。有些孩子迫不及待地动手，不担心犯错；另一些孩子则要等到有把握的时候。性情深深地影响着孩子说话的方式：语气的柔和度，声音的大小，语速的快慢，语调是活泼还是阴郁。这些都会影响孩子与陌生人交流的方式，唱歌或端坐的次数，孩子结交的朋友类型，老师与孩子互动的方式，甚至孩子对自己的看法。

更重要的是，正如我逐渐发现的，听孩子们说话可以教会我们很多关于气质的知识。相比于不口吃的儿童，口吃的学龄前儿童往往有更多的负面情绪和更多的适应性困难。我见过一些人，他们仅仅根据孩子是否会说话，就给孩子戴上不聪明、不合群的帽子。我们经常将沉默视为缺乏兴趣或冷漠的表现，把“他不说话”看作“他不想说话”。这些假定会影响我们与孩子的关系，以及孩子如何看待自己。我们与孩子的关系会改变他们与他人互动的方式，并改变别人对待他们的方式，如此不断循环。

尽管如此，教养和天性的相互作用会影响性情的表现，有些孩子比其他孩子更爱说话。家庭结构——比如孩子是“独生子女”或者有很多兄弟姐妹——也会影响孩子的性情。我认识的一个家庭有6个孩子，每个人都在争着说话。要是某个孩子不拼命抢话头，就很可能没人管他。不过，这种情况对每个孩子的影响是不同的。在谈话中挑战一个孩子可能会使另一个孩子受到打击，鼓励一个孩子的话可能又会让另一个孩子感到崩溃。

更复杂的图景

事实证明，性情的“长影”并不总是固定不变的。新的情境可以使孩子展现出性情中新的方面，或者改变他们性情的表现形式。当孩子还是婴儿的时候，性情的有些方面还看不出来，比如在控制冲动方面。即使到了蹒跚学步的阶段，孩子也仍然处于掌握情绪控制的早期——混乱阶段。保罗在秋千旁边耐着性子等了一会儿，然后尖声叫道：“该我了！”索菲用圆滑的腔调评价道：“他做得很好……就他的年龄而言。”

保罗是耐心还是冲动？事实上，特质并不都是非此即彼。它们表现得像光谱或阴影，会随着时间而变化，而这取决于孩子如何与周围的世界进行互动，以及其他人会如何反应。你的儿子也许在 4 岁的时候很拘谨，但到 7 岁的时候只是稍微有点拘束。更重要的是，性情的每个方面都会影响其他方面，从而塑造了我们最终看到的孩子。

比如说，有两个婴儿“爱闹腾”，而且经常情绪消极。几年后，第一个孩子马修学会了合理地控制自己的冲动，比如生气的时候不扔玩具（至少有时能做到）；第二个孩子维克多却没能做得那么好，他兴奋时会把椅子翻倒过来，不高兴时会推搡别人。到了学前班，马修常常会听到家长和老师的积极反馈；维克多则经常被批评搞破坏，并被勒令面壁思过。他不像马修那样经常去见朋友，也没有花很多时间学习。曾经充满好奇、趣味十足的他，变得内向害羞起来。

用性情的术语来说，马修的负面影响已经隐藏起来，而维克多的负面影响则更为明显。这种差异可能会导致两个孩子在学习、人际关系和幸福感方面产生越来越大的差距。这是一个螺旋式的过程：父母对孩子的行为表现得越高兴，谈话就会越愉快，也就越会注重孩子性格的积极方面。“很棒，你会和朋友分享。”我们可能这么跟马修说，这会鼓励他更愿意与人分享。或者，我们可能一边把维克多关到他的房间里一边说：“你总是表现得很糟糕。”当维克多独自坐在房间的时候，他不会去学习如何停止糟糕的表现，而只是沉思。他性格中消极的一面可能会胜出。

当然，有些特质会让孩子面临身体方面的危险和社交方面的挑战。更冲动、更外向的孩子往往会高估自己的能力，也更容易受伤。当他们看见一道非常适合攀爬的高栅栏时，会说：“我能爬过去。”成年后，更冲动的孩子陷入法律纠纷的可能性较大；而非常拘束的孩子可能会受到焦虑、抑郁和恐惧症的困扰，他们需要得到特别的关注和支持。

然而，如果只关注孩子的行为，就只看到了一半的画面。除了自身因素，一个孩子表现出来的性情，与父母的关系同样重要。

对于气质和性别来说尤其如此。我们往往认为这两者相互关联。当然，这有一定道理。在一项研究综述中，平均而言，女孩比男孩更容易调节情绪；男孩往往更活跃，不那么害羞，更喜欢高强度的体验，比如赛车。但两者涵盖的差异范围很大。你可能有一个大嗓门的女孩，也可能有一个井井有条的文静男孩。你对那个“大嗓门”女孩感到惊讶的程度，会改变你与她的互动方式。你是让她压低声音，还是鼓励她？她如何反应：是安静下来，还是更大声地嚷嚷？你的反应会改变她的行为，后者反过来会改变你对她的看法，如此螺旋式循环往复——这个循环将对你们两人都产生巨大的影响。

关于性情的交谈有助于孩子认可自己

在过去，我对性情这个问题了解得不多，也不了解这些螺旋式循环的重要性。直到开始进行临床工作，我才真正注意到它们的表现。

在一次学校会议上，一位名叫加布里埃拉的母亲，谈到了她对 9 年级儿子吉姆的担忧——吉姆表现得很拘谨。她自己小的时候也同样害羞，虽然她有了成功的职业生涯，成了一名商业顾问，但她仍然会觉得很难与人合作。作为一名成年人，加布里埃拉在公开演讲方面的严重问题让她的职业生涯面临着极大的压力，并导致她拒绝了有益的机会。“我不想让吉姆有像我一样的问题。”她说，并指出她和吉姆都患有诵读困难症。

在接下来的几周里，我帮助吉姆接受了他的诊断，并让他为自己鼓劲。我不想“让他变得”外向。相反地，我想对他的气质表示尊重，同时帮助他测试自己的极限。正如苏珊·凯恩（Susan Cain）曾在 2012 年出版的《内向性格的竞争力》（*Quiet*）一书中描述的：美国的学校大多鼓励外向性格，忽视内向性格带来的深思熟虑和创造力等特质。事实上，吉姆虽然有很多好主意，但他不想引起人们的注意。老师抱怨吉姆没有为班级出力，这增强了他的挫败感和对自己能力的负面评价。

运用“三个 E”原则，我首先扩展吉姆的视角，问他为什么不想引人注目。

“我想先确定我确实有好主意。”吉姆告诉我。

我们讨论了这种感觉，并认为它是自然的，可以接受的，也有助于确保他做好准备。然后，我们探索了让这种品质为他服务的方法。我请吉姆描述他理想的回应方式。“我需要做计划。”他说。我们选定了一个方案：他会在桌上放一个便利贴，当他有想法时，他会草草写下来，仔细阅读，选择一个，然后举手。事后我们将讨论这个方案的效果，并根据需要进行变更。

这一过程让吉姆能够以同情的态度看待自己的习惯，认识到这些习惯并不“糟糕”。新的方案使他能够评估自己的想法，提高自己对想法质量的认知。还有一个额外的好处是，吉姆也由此得到了练习写作和阅读的机会，这对一个患有阅读障碍的孩子来说尤其有用。吉姆可以用符合自己性情的方式去适应环境，同时保持良好的自我感觉。

学校和孩子性情之间的契合度

吉姆的咨询证明了性情与环境相互“契合”的重要性。我在接受临床医生培训时，每隔几个月就要换一所学校实习，因此我对这两方面的重要性深有体会。这些公立学校招收的是来自不同种族和经济背景的学生。在其中一所学校，每节课的铃声都非常响亮，以至于课桌都会被震得摇晃，学校广播里也会不时高声发布通知。

“乔斯·R，到校长办公室来一趟。”广播嗡嗡作响。乔斯假装躲到课桌下面，“不是我，好吗？”他红着脸爬出来。

下午，孩子们叽叽喳喳地向操场涌去。这种嘈杂混乱的景象让我受不了，我感觉幽闭恐惧症都要发作了。我向来内向，对噪音敏感，我还以为只有我一个人有这种反应，但我看到乔斯和其他几个孩子一直往后缩。我问他是否有事，他黯然笑了笑说：“如果可以的话，我需要一些时间待一会儿，什么都不干。”

当时，我并没有多想，但后来反思发现，乔斯的话揭示了一个更深层的问题：许多孩子都需要“什么都不干的时间”，但这是我们的学校和家庭不允许的。当老师用连珠炮似的语速讲课时，那些反应较慢和更具被动反应气质的孩子可能会被甩在后面。我们的成功文化只会加剧这个问题：敦促孩子快速作答，而不是关注孩子的学习风格或气质需求。

在马萨诸塞州温斯罗普的另一所学校，我看到了不同的景象。我乘坐地铁到这所海边学校去，一路上感觉精力充沛。孩子们分成小班，他们可以分组学习，各小组之间有很大的空间；他们也可以单独学习。午餐时间各班错开，让他们可以与更少的朋友交谈。上课铃也没有那么大的声音，就连走廊也感觉更安静了。

我感觉平静了好多，提的问题也少了，但问题的针对性更强了。我没有问他们“听懂了吗？”而是注意他们的反应：他们听了笑话后笑了吗？他们朗读时有表情吗？

慢慢地，我意识到，环境会在很大程度上改变孩子的表现，甚至改变他们给人的印象。一些孩子在小组学习中一言不发，但在一对一时能绘声绘色地复述故事；有些孩子在我仍在思考的时候就急忙插嘴，但在解答难题时却认认真真。这些孩子成了我的老师。不久，我开始关注孩子的老师、同学，以及我对他们的反应，探究这些反应是如何在一定程度上使孩子变得更自信或更消极的。我开始猜想，在对话中提出哪些问题会让孩子滔滔不绝地作答，哪些问题会让孩子只回答一个词，比如“好”，哪些会让他们根本不回答。我也开始注意自己在谈话中的感受。我问自己，什么时候我会感觉压力更大，什么时候会感到更放松？我开始关注谈话的情境——谈话的时段、季节，甚至当时的天气状况——因为它会影响孩子们的情绪、学习方式和人际关系。如果孩子们在午饭前饥肠辘辘，或者在暴风雪前焦躁不安，我知道这时很难吸引他们的注意力，至少对大多数孩子来说是如此；还有些孩子对日常生活中的任何变化都特别敏感。

我和这些孩子一起学习，重点关注他们的性情。交谈使我主动适应他们各方面的情况，我不致力于改变他们，而是突出强调他们的独特个性、偏好和个人需求。

在这些互动中，我们并不总能看到自己应该扮演的角色。事实上，气质会影响我们的情绪和日常用语——我们选择的词语，使用的场合，甚至语气——并会改变孩子们做出的反应。例如，从很小的时候起，看起来更易怒和更焦虑的孩子往往会使我们表达出更多的负面言论，反之亦然。偶尔表达不满或沮丧没什么问题，影响最大的是长期的模式。正面循环也是如此。

后来我做了母亲，才真正了解了这种互动的重要性。多年来，索菲一直对声音很敏感。尽管我知道这一点，但还是很难记住——直到那个事实再次摆在我面前。

有一天，菲利普用客气的口吻第三次让当时 7 岁的索菲穿好衣服，索菲说："别朝我喊叫！"她的反应显然太夸张了。但她的话使我意识到，对一些人来说，一个轻声的请求听起来就像吼叫。

不过，正如我慢慢看到的，性情并不是一成不变的。多年来，索菲的老师一直说她安静，有独立性。她常常在玩伴聚会中缩手缩脚的。保罗不一样，他 2 岁时就会向陌生人挥手，并称我家窗外的建筑工人为"朋友"。人们很容易称他为"社交达人"。但只要你将这些特质视为静态的东西，孩子们就会让你大吃一惊。慢慢长大后，索菲变得更加善于交际，现在她比保罗还会说，话多得能让人耳朵起茧。在上次的家长会上，索菲的老师说："她总是能让我们笑。"她在家里也变得更爱开玩笑了。联想起她对菲利普说的那句话，我看得出她有了很大的变化，我对她的看法也是如此。

通过这些年对索菲的观察，我亲眼看到了我从研究中了解到的东西：孩子的性情会从环境中汲取特质。你对孩子的社交能力和毅力给予的鼓励越多，对这些特质越是加以强调，他就越有可能朝这个样子发展。反之亦然。孩子发牢骚，你易怒的情绪就会恶化；对他唠唠叨叨，他的反应是牢骚更多。如果孩子的话里没有那么多怨气，你可能都不会留意他的话。你看到的都是你预计会看到的。

背景很重要。假设一个非常安静的家庭里有一个安静的孩子，在家里，他看起来很正常；但在学校，他的朋友们会让他说话时大点声。一个悠闲的家庭里有一个非常活跃的孩子也是如此：他在家里会显得与众不同；但在攀岩营里，他就和其他孩子看起来一样。你的性情也会影响你对孩子性格的看法。你可能会问他"你为什么不去交更多的朋友？"而他其实觉得有几个好友就够了。

这就是不过早给孩子贴标签的原因，这么做是明智的；如果你不这样做，也要小心行事。你可能会很自然地说“这是我家的冒险家”或“那是我家的小丑”，尤其是当你有不止一个孩子的时候。我们经常给孩子贴标签以支持他们。我们可能会说“他需要控制冲动”。这些简便的做法并不一定是坏的，但如果过度依赖它们，就会出问题。

事实上，孩子的性情是复杂多面的：他可能有合作精神但容易情绪化，他可能气质忧郁但有点拜物主义；他可能在家里这样表现，在夏令营那样表现，而在学校时又有不同的表现；他哥哥害羞的性格可能会传染给他，也可能他会大声说话以证明自己跟哥哥相反。到后来，由于孩子可能会隐藏更脆弱的情绪，气质就会“遁形”。十几岁的孩子在她朋友看来可能显得很恬淡，但在你看来她一直都有压力。你不可能为这种复杂性造出只贴一个标签的“盒子”，尤其是造出一个能够体现时间带来的所有细微变化的盒子。

不同的性情意味着不同的教养方式

的确，性情是一条双行道。虽然基因是根本，但性情可以演化，而这种演化部分取决于我们和其他人的反应。你用同样的语气对两个孩子说话，一个可能会咯咯笑起来，另一个可能会呜呜哭起来。

基于孩子的变化，以及你看到他们正在变成的样子，你也会改变。通常，这些改变是无意识的。我的朋友凯蒂说：“在我家三个性情各异的孩子眼里，我和我丈夫都有三种不同形象。”她在性情沉稳、富有同情心的大儿子面前经常没有那么爱说爱笑。

这种改变是好事，孩子们不需要一刀切的方法。注意到孩子们的细微差别可以让你在育儿方面更具前瞻性。一项研究发现，自控力强的孩子会从更少的安排和监督中受益，自控力较低的孩子则会在有较多的安排下表现更好。另一项针对 8 岁到 12 岁孩子的研究发现，当母亲的育儿风格符合孩子的气质时，孩子患上抑郁和焦虑的概率，只有母亲与孩子契合度不太理想的孩子的一半。也就是说，已经有很多自控能力的孩子不需要更多的控制。更开放、更宽松的方法会使孩子们受益良多，即父母给予更少的指导，但给予更多的选择机会。这项研究的发起者之一、华盛顿大学心理学教授莉莉安娜·伦古阿（Liliana Lengua）认为："对于那些已经有自我控制能力的孩子来说，给予大量指导和安排的父母实际上是在过度控制或过度安排。"但自控力不强的孩子需要额外的指导，至少在他们培养出更强的自控力之前需要这样做。

在这种情况下，并没有一个适合所有人的统一做法。适应能力最为重要。在与孩子互动对话中，要重点了解你的孩子，也让他们了解你，这是适应变化，实现与孩子共同成长的关键。

在这个既有"虎妈"也有"撒手不管的父母"的世界里，重要的是记住这一点：不存在一种"正确"的育儿方式。最好的方法是既能适合孩子又能适合父母的方法，这个观念有助于每个家庭找到恰当的"契合状态"。

好的契合状态是什么？在最佳状态下，你和孩子可以有天衣无缝的配合。你喜欢在孩子坐着涂色卡的时候在旁边看报纸；或者你们都喜欢冒险，喜欢尝试在新的滑雪场滑雪。契合状态较好时，孩子往往会表现出更强的自尊心，更灵活的思维和更强的归属感。另一方面，契合不好的话会妨碍孩子的茁壮成长，尤其是在你没有意识到这一点的情况下。这对于有可能出现行为问题的儿童，或者那些发育迟缓的孩子来说尤其如此，因为你可能不会用那么轻松的态度对待他们的言行。你的无意之举会让孩子得到一个信息，那就是他有问题。他可能会试图隐藏或压制自己的某些方面，或者如果他认为自己需要"修复"自己，那可能会导致他给出消极的自我暗示，最终陷入焦虑或沮丧中。

假设你的孩子非常活跃和冲动，而你生性谨慎。当你们去瀑布景点旅行时，你看到他俯身靠近瀑布的边缘。

“小心。”你说。他回答道：“但我什么也没做呀。”

“你想进急诊室吗？”你一边抓住他的夹克一边说，声音高了八度，“我真不敢相信你从来不动脑子。”

他暴跳起来，你大声呵斥，如此反复。很快，他要求回家去。

当然，孩子是需要小心，但你也可能过于谨慎了。就是在这些方面，注意到你们之间不契合的地方并注意你的反应，可以有所帮助。

在孩子发育的过程中会经常遇到这样的情况。假设你习惯了早起，而你的孩子起床却慢慢吞吞。你们早上总是在吵架，到了孩子十几岁的时候，你们吵得更凶。他到了这个阶段自然需要更多的睡眠，但你不禁会想：“他太没动力了。”但孩子并不是比以前更没有动力。事实上，他从来就“没有动力”，这是你给他贴上的标签。当然，他可能一直难以按时起床，但你们之间的不契合则会让情况变得更糟。对这种不契合进行反思可以帮助你们。不要大喊大叫然后痛责自己，而要想一下你可以如何与他合作来满足彼此的需求。注意观察你自己的气质，为何你很难理解他，并试着把你的情绪和事实分开。

这也有助于解决更大的问题。为了让孩子变成某个样子，或让他选择某条职业道路，我们可能会把孩子的兴趣和天生的气质抛在一边不加考虑。我曾听别的父母这样说，“你要像你爸爸一样成为律师”，或者“我打赌你会像你表哥一样成为工程师”。可能吧。但如果你的孩子没有爱辩论的气质，或者不擅长细节呢？或者如果他就是不喜欢这些科目呢？只要我们注意到每个孩子不断变化的气质，并对此抱以同情的态度，我们就不太可能试图把孩子塑造成一个不是他的人。如此，便更有可能培养他天生的品质，并在他较弱的方面给他提供支持。

这与心理学家艾莉森·高普尼克（Alison Gopnik）关于两种育儿方式的观点相呼应：“木匠型”认为，孩子可以被塑造成我们喜欢的样子；

“园丁型”则认为，我们的角色是为孩子创造开花结果的空间。她写道：“与一把好椅子不同，一座好花园不断在变化，因为它在适应变化不定的天气和季节。”一个有空间安心做她自己的孩子，“比受到最精心照料的温室花朵更健壮，适应性也更强。”当我们顺应她的气质而不是与之对抗时，我们就是在承认她的个性，赋予她能力让她创造只属于她的生活。

“性情谈话”面临的困难

那么，既然孩子的性情如此重要，我们为什么没有注意呢？答案是，我们的默认规则和文化传递出来的信息常常促使我们不去注意。我们总是匆匆忙忙，没什么时间支持孩子适应新环境，错过了帮助他们将性情转化为优势的机会。在某种程度上，我们是在响应许多学校强调成绩的做法，优先考虑前进而不是深入。我在评估或教学时，经常会看到多年来一直被“帮助”推动的孩子。他们已经学会了应对，但他们性情的细微之处却被人忘记：比如，他们会如何处理任务，如何学习与交友，以及怎样才能感到自在。他们最终感到，虽然得到了帮助，但他们的心声却无人聆听。

并非只有学校的教育结构让我们难以真正地了解每个孩子，现代社会对消费者关注点的引导也有所助力。很多人都在谈论打造“个人品牌”，即用一项说明或描述来总结自己的特点。这便是鼓励成年人展现出某个单一的身份，你是一位企业家、健康专家，还是一位高水平的工程师？这种做法，以及相关的言语，逐渐渗透到孩子身上。网络媒体上充斥着某个 9 岁网红的视频，自然而然地，孩子们便会开始相信他们应该“按照品牌”的规则行事。在一次玩伴聚会上，索菲看了一些视频博主的表演，回来后，她告诉我：“我要发财的话应该学他们哪一个呢？”

当事关一个价值数百万美元的产业帝国时，为什么要保持真实呢？它看重的是表演得好，并借此挣钱，而不是让孩子做自己。

在次要一点的层面上，我们经常鼓励孩子们前进，但这仅仅是为了获得时间上的利益。我们不想做过头，去深入探究每一个想法或担忧。有时候，这是有道理的。但重要的是要鼓励孩子去冒险，直面恐惧，尤其是当你感到他们能够应对的时候。我做过这样的事。索菲 3 岁时，我第一次带她去看木偶戏。演出前，她哭了起来，说她不敢去看，因为她怕黑。

“你会习惯的。”我说。她还在哭哭啼啼的时候，我拉着她的手进了剧场。

我的话显然不是最友好的，但却符合事实。节目一开始，她就没事了。如果我匆匆把她带回家，我们就会错过这场演出——她也会错过挑战“木偶剧很可怕”这个想法的机会。她会让自己的恐惧占据上风。

是的，孩子们精力充沛，会“习惯”很多事情。我们不想夸大其词，也不想告诉他们，如果感到有点害怕，就转过身去。但即使是面对这些小挑战，事后反思也是有帮助的。反思事情的难点在哪里，为什么难，为何能够培养他们的自我意识，哪些需要他们去适应。孩子将学会抓住机会，解决自己的担忧，而且必要的话，你可以扩展孩子对“太危险”或“太难”的事情的理解。

如果把注意力集中在琐碎平凡的事情上，我们就会错过观察孩子如何理解世界的机会：他们如何看待他人，以及如何被看待。我们就会忽略孩子话语背后的深层含义。比如，你告诉你的两个孩子：“明天会下雨。”他们说：“知道了。”哥哥感到兴奋，期待着舒舒服服在家待一天；而弟弟本来想去踢足球，听了这个消息他垂头丧气。如果你自己本来希望明天出太阳，第一个孩子的兴奋之情可能会让你感到烦躁，而到吃晚饭的时候，你发现自己已经怒不可遏了，与孩子的心情正好相反。

但总是忙忙碌碌意味着我们不会注意到这些不契合的现象，有时是因为有些品质不是我们轻易能帮上忙的。参加完一个繁忙的聚会后，我的朋友玛丽想要休息一会儿，而她的女儿劳雷尔却想跟她聊聚会中的每一件事。

“卡罗琳的匡威鞋不是很酷吗？你喜欢那些热狗吗？你觉得我们很快就会有新的派对吗？”劳雷尔一口气不停地问。

“我不知道，行了吗？”玛丽厉声说道。

“你为什么这么暴躁？”劳雷尔回答道，“我说错了什么？”

玛丽抬起头，惊讶地看到劳雷尔在流泪。玛丽开口的时候还没有感到自己越来越恼火。当她意识到的时候，已经太晚了。即使是成年人，也很难注意到这些模式。对孩子们来说就更难了，尤其在他们情绪高涨的时候。如果玛丽说她需要休息一会儿，或者建议劳雷尔打电话和朋友聊，可能效果会更好。

同时，孩子的性情可能不同，在所处环境中的表现也不同。这完全取决于我们重视什么，对他们提出了什么样的要求。

环境塑造性格

以耐心这项品质为例，它是一种美德吗？你的答案基于你在哪里长大。冒险这项品质也是如此。在美国这样一个崇尚个人主义、竞争激烈的社会里，我们通常认为耐心是一种积极的品质，但并不是全世界都这么看。这些大的问题会影响到孩子性情的发展，因为他们会重视自己受过赞扬的品质。

这些规律在不同的环境中如何体现呢？为获得更多信息，我联系了波士顿学院的博士后多尔萨·阿米尔（Dorsal Amir）。阿米尔专注于研究厄瓜多尔土著部落舒阿尔人，但她为了研究有关性情的课题，在世界范围内都进行了调研。我联络她之前，她刚旅行回来。她笑着说，波士顿的一切看起来都那么“明亮”，零售店有十几种牛奶供人挑选。

我们觉得商店琳琅满目是一件很正常的事情，因为我们生来看到的就是这个样子。性情也是同样道理。我们很容易推定，我们所看重的品质，其他人也同样看重。阿米尔的研究颠覆了这个观念。她去了 4 个不同的国家，研究耐心这项品质在孩子身上的表现。她发现，比起逛市场和商店更便利的工业化国家的儿童，生活在偏远地区的舒阿尔儿童更厌恶风险，也更缺乏耐心。这有没有可能是一种文化差异？

为找到答案，她研究了两个舒阿尔人群体，其中一个比另一个更加与世隔绝，而这个群体也更缺乏耐心，更不愿意冒险。

“对这里的孩子来说，耐心没有什么用。”阿米尔告诉我。当食物难以获取时，你会抓住一闪即逝的机会。这些孩子并不是天生就性情不同，他们只是对自己的环境做出了反应。当你与世隔绝，没有很多机会获得食物时，那你可能更关注今天能否填饱肚子。但是如果你确信能在附近的商店里找到食物，那你就不急于找吃的，也就有时间和心情去冒险。这些差异也适用于父母的期望。许多舒阿尔人的孩子做“成人式”的工作——做饭，用刀切东西——并且几乎没有大人看着。在许多波士顿或纽约的中产阶级家长看来，舒阿尔人的孩子似乎相当独立；但在这些孩子的父母看来，他们做的不过是寻常小事。

当然，波士顿或纽约的孩子，在冒险意愿上显然也有很大的不同。在某种程度上，这个问题涉及个人气质，但同时也取决于大人对他们的要求。例如，如果孩子的父母希望孩子能够用刀切东西，那孩子便更有可能这样做；如果父母都工作到很晚，需要孩子准备晚餐，孩子便更可能用刀切菜。

也就是说，性情取决于环境和我们做出的假定。在假定孩子应该具备什么样的品质之前，先看看你或其他人现在对他们有什么要求。

交谈对塑造性情有什么作用

每个家庭都有自己的性情组合，家庭成员的性情，有的彼此契合，有的不契合。契合度会随着时间变化而变化。如果我们不加留意，也没有灵活应对，就可能会落入俗套，造成更大的隔阂。比如，你的儿子性情不急不慢，喜欢按照自己的节奏做事。如果你催促他完成作业，他就会故意慢下来。你可能心生沮丧对他唠叨，或降低你对他的期望。过了几周，你大概能预计到会与他发生争执——甚至开始认为自己过于易怒。也就是说，你的评论会改变你对自己的看法。

但事情并不是非得如此。认识到你与孩子之间的相互影响并妥善处理，是实现积极转变的关键。不是强行要求孩子做出改变，而是更加留意你们的性情如何给予对方支持或互相贬损。孩子将不会以“好”或“坏”的角度去看待性情，而是将性情看作他可以加以改造的品质，并且可以随着自己的成长更加独立地去进行改造。

要帮助孩子从这个角度去看问题，意味着你应该好好利用交流机会去讨论关于“性情”的话题。通过交谈强调你们的性情相契合的方面，一起努力消除不契合的方面。不断了解孩子的性情有助于你更有针对性地进行交流，并做出更有效的妥协。这并不意味着允许孩子为所欲为，也不意味着坚持要求他不停地改造。而是说，只要你思考一下性情差异造成的恶性循环是何时以及如何形成的，你就可以在恶性循环成为常规之前去终止它们。这可能意味着改变孩子所处的环境，鼓励他改变他的行为，或者改变你的反应方式。

同样重要的是，这种交流使孩子不被标签束缚。如果你不加注意，就很容易用寥寥几个事例来证明孩子存在某种基本的特质。你可能会试着用她不需要的方式保护她。我自己就干过不少这样的事。索菲 4 岁时，有次我带她去看电影。正片之前的广告一响，她就开始尖叫。

“我要走，好吗？”她捂住耳朵，“声音太大了。”

“我们为什么不再看几分钟再说？”我说道。

“不行！”她开始抽泣。

事已至此，我就带她离开了影院。我在心里说，她就是这样敏感。我还想到，可能以后要看电影的话只能暂时在家里看了。没想到几个月后，在一个下雪的上午，索菲又恳求我带她去电影院。

索菲仿佛不记得上次的事似的，“在电影院看电影对你来说太吵了。”我说。

“这次不一样了！”她怒气冲冲地说，“去嘛。”

“这样的话，我们至少戴上耳机吧，”我说，“或者坐在后排。”

“我又不是婴儿！”她说。

令我惊讶的是，当开始播放广告时——和以前一样大声——索菲只是笑了笑。

帮助孩子拓展：注意你的标签

人们容易养成不符合孩子实际情况的言行习惯。你可能会沿用与第一个孩子交谈的方式和第二个孩子交谈，或者以孩子不再需要的方式帮助他。要留意你是否给孩子贴上了某种固定特征的标签。扪心自问：我是在回应此刻在我面前的孩子吗？检查你的语言，你是否常说“她就是这样？”注意孩子正在做的新选择。也许你送她上学的时候，她已经不需要你一直送到楼上了。注意是不是你自己想让孩子有求于你。试着放手，秉持一种更加开放的观念。

保持开放，抛开负面联想

秉持一种更加开放的观念特别有助于更改负面标签。我认识的一个名叫蒂姆的 18 岁青年，他有诵读困难，但从没做过诊断。他的材料上写着，需要采取重大的补救措施。蒂姆已经是高中生，但只有基本的阅读技能。我想，他需要一个根本性的补救计划。但在我们第一次见面时，他昂然挺立，气定神闲地与我握手。

“我一直在忙，”他说话时眼睛亮了起来，“我在辅导一支 5 年级的足球队。”

在识字室，我为只能给他看幼稚的书表示道歉。

“我得练习，”他耸耸肩，“我们开始吧。”

在接下来的几周里，我们一起解决他的阅读问题，同时为他制定毕业计划。他去见了学校辅导员。通过与行动相结合的对话，他掌握了自己的未来，认识到自己必须付出什么。蒂姆的成熟帮助了他，但坚持不懈的性格也有所帮助。他遇到的困难并没有把他打垮。需要改变的是我对他的看法，而不是他对自己的看法。

讨论性情问题的四个步骤

当孩子有疑问或遇到问题时，可以采取以下步骤：

1. 倾听。带着两个问题去倾听：“他的性情在其中起了什么作用？”和“我的性情对他有何影响？”我们每个人都有潜在的倾向。一个孩子的常态可能与他朋友的常态不同。比如说，你的孩子性情随和，但此刻却在营地哭泣。哭泣本不是奇怪的反应，但对他来说就是了。意识到这个表现不同于他的常态，意味着你不太可能对他的恐惧不予理睬。

2. 注意。留意性情上的不契合如何使现有的问题变得更严重。假设孩子生性拘谨，他向你讲起他与一位更爱吵闹的朋友拌嘴的事。在争吵当中，他的朋友喊道："你为什么不回嘴？"这位朋友把孩子的沉默理解为消极被动的应付，这让他更恼火。

3. 拓展。让孩子详细讲述他当时的想法。是争吵让他感到紧张吗？还是他觉得自己无话可说？

4. 探索。探究你自己的反应。你对孩子当时不反驳朋友感到恼火吗？注意你是否在用不符合他性情的方式来"帮助"他。也许你想给他提供解决问题的办法，但他或许更喜欢你倾听就好。

做出小调整：消除不匹配

"他早上总是慢吞吞的，"孩子这样说他的弟弟，"他什么时候才会改？"

不假思索的回答：	帮助孩子反思和调整的回答：		
"嗯，他就是那个样子，说够了吗？"	"那是什么烦到你或者影响了你呢？"	"我们每个人的节奏都不一样，你觉得这是为什么呢？"	"你觉得他在早上感觉如何？你问过他吗？"

四招消除不匹配

消除这些不匹配意味着与孩子们一起反思。一位名为妮可的家长朋友告诉我，她的孩子鲁迪和朱莉在餐桌上打架，到了晚上还越吵越凶。妮可用吼叫来结束他们的争吵，小鲁迪却又开始扔食物。为了让晚餐吃得更顺心，之后妮可使用了一种我称为"房间（ROOM）"的流程。它有四个要素：辨识（Recognize），组织（Organize），坦白（Own Up），以及针对孩子具体情况进行交流（Match Talk to Your Child）。

首先，妮可要辨识出孩子吵架背后的根本问题。她意识到，虽然她想亲近孩子，但她经常只会问朱莉在学校的表现。本来心情不错的朱莉则会无视妈妈的问题，结果两人都会感到沮丧。妮可之后围绕三个要素来组织她的回应：与孩子亲近，一起反思发生的事情，抚慰受伤的感觉或消除误解。她先从亲近孩子开始。第二天晚饭前，她坐下来给孩子们读了几个故事。然后，她对前一天晚上的事进行反思，讨论有哪些方面可以做得更好。朱莉说她想要制定规则：不能抢菜或扔食物。经过一番讨价还价，鲁迪同意了。

接下来，妮可专注于抚慰受伤的感觉。吃晚饭的时候，她请朱莉每天讲一个笑话。包括鲁迪在内大家都被逗乐了，这使鲁迪分散了注意力，远离了一些滑稽的行为。妮可承认，自己也要对事态的负面发展负责。她解释说，下班后她经常精疲力竭。尽管她不想看到鲁迪扔食物，但也不必做出如此强烈的反应。她还设法用符合两个孩子年龄、阶段和个性的话来与他们交谈。妮可开玩笑地请朱莉教鲁迪餐桌礼仪。朱莉心情舒畅。睡前，朱莉平心静气地给自己的毛绒玩具读故事。

在上面的例子中，鲁迪天性活跃，朱莉天性更安静、更爱思考，需要用两种不同的方法来对待。反思提高了他们的自我意识，减少了他们的消极言行。

如何与敏感孩子交谈

生性敏感的孩子更容易受到压力和负面反馈的影响，所以父母尤其需要采取一些策略。加州大学旧金山分校的儿科教授 W. 托马斯·博伊斯（W. Thomas Boyce）在他的著作《兰花与蒲公英》（*The Orchid and the Dandelion*）中说，可以把大约 80% 的孩子比作“蒲公英”，他们更能适应各种情况；约 20% 的孩子则是“兰花”，对好的、坏的环境都具有天然的敏感性。这些“兰花”自然需要更多的鼓励和支持。过度竞争的环境可能会让他们感到不堪重负。从积极的一面来看，他们会从我们的关注和对他们个人风格的了解中受益。

这个提法建立在扎实的研究基础之上。2010 年，加利福尼亚大学的教授杰伊·贝尔斯基（Jay Belsky）和同事凯文·比弗（Kevin Beaver）针对 1500 多名青少年进行了研究，衡量母亲在孩子生活中的投入程度与孩子的情感调节、注意力和行为能力之间的相关性。他们根据已知的能影响行为和情绪的基因变异体进行了分析。其中一些变体是“可塑性的”，这意味着它们可能会根据环境（包括孩子的父母和照看者的输入）的变化而改变。携带更多“可塑性”变体的青少年，其自我调节的能力与母亲的投入程度存在更强的相关性；对于只有一种变体或没有变体的青少年来说，母亲的投入程度则没有多大影响。

你可能有一个“兰花”型孩子，或者认识“兰花”型孩子。对照以下几个问题：

- 她是否难以应对变化或意外情况？
- 她是否特别敏感、习惯沉思，以及消极应对？
- 她是否容易被新的声音、景象、味道或气味吓到？
- 当常规的活动被打扰，她是否反应强烈？

如果回答是肯定的话，寻找使她得以拓展的途径，但不要过多或过快，以免她无法承受。从最基本开始，博伊斯建议制定如每天按时吃晚餐的常规。定期沟通，找时间单独和孩子在野外或其他安静的地方相处。更安静或更内省的孩子尤其需要时间让更深的想法和感觉浮现。

与贝尔斯基交谈后不久，我意识到索菲就是个“兰花”型孩子。我想起了上个夏天某个周末的登山之旅。晚饭后，我们去了一个游乐场，这与我们通常的作息方式截然不同。

“这是什么？”索菲看到一根杆子上系着一个球，问道。

“绳球。”我告诉她，这是我童年玩过的游戏。

“荧光绳球。”她纠正道。此时天已变黑。

我们开始有节奏地击球。旅馆工作人员开始生火供客人烤棉花糖。我开了 3 个小时的车，中途还接到了很多电话，感觉疲惫不堪，但此时，疲劳似乎开始消失。

“我好奇保罗现在在干什么，”索菲一边说一边抬头看星星，“我猜是在睡觉吧。”

“希望如此。”我轻轻地拍了一下球。

“你知道吗？”她迎着我的眼光，放慢语速对我说，“这样的时刻真好。”

“我也觉得。”

“我们每年都这样做吧，”她拦住了球，“到这里来，一起吃晚饭，把保罗放在床上，然后一起玩。”

“我很乐意。”

“有时候，我会怀念过去，”她说，“我爱保罗和所有人，但我怀念我们过去这样度过的时光。”

不久，索菲走向火炉，我跟在她身后。火光把她的脸映红。孩子们在火炉前挤来挤去。寂静笼罩着我们。我真真切切感受到了那一刻，我有好长时间没有过这样的体会了。一直忙于应付杂乱的日程安排，我决心为我们俩腾出更多时间。我能想象到，在今后的岁月里，留在索菲脑海里的会是这样的时刻——不是某次重要的旅行，也不是某种巨大的欢乐，而是此刻这样宁静的相处。

建立这种亲密关系和相互信任的关键是：什么都不做，并将这种状态保持足够长的时间。找到一项令人愉快的活动，放松精神全心投入，争取达到让你们同时感到舒适的理想状态。

但你不必非要借助旅行来进行沟通，你甚至都不用耗费整个下午。这就是交谈习惯的用武之处。把交谈想象成短暂的休息时段，你停下脚步，审视自己。这些时段的效果日积月累，假以时日，可以为你和孩子提供一个更广阔的视角。

“有温度的”谈话：交流习惯

为鼓励孩子的适应性，要聚焦于富有同情心和细致入微的交流。这样的交流有助于探索每个人的性情，看到性情如何影响你们之间的互动和不断变化的契合度。

交谈习惯 1　弄清前因后果，妥善处理挫折感

- 从富有同情心的视角出发。如果孩子的表现令人惊讶或沮丧，可以问问：为什么他会在此时此地表现出这种行为？比如说他以前的学校要求穿校服，但新学校没有这个要求。现在，他就在挑选衣服方面遇到了困难。不过，他也许并不是优柔寡断，只是遇到了新情况。

- 注意家庭情况的变化。孩子的性情表现出某些“新”的方面时，尤其需要注意这一点。比如，你家蹒跚学步的孩子以前都很安静，现在变得缠人，或者开始大喊大叫。这可能是因为发生了什么变化？也许你的工作现在要求你经常出差，或者孩子开始上日托了。在做出反应之前，思考一下：这是他自身发生了改变，还是他的环境或生活常规发生了改变？

◆ 让孩子和你一起开动脑筋。通过提问来达到下述目的：

——展开问题："是关于弟弟的问题？"引入你自己的观点，比如"这很难，因为他需要更多的关注。"

——探索其他选择：比如，"你理想的早餐是什么？"也许你不能每天都跟孩子一起吃早餐，但你们可以每周一起做一次煎饼。或者，每个家长都要确保与每个孩子都有一对一的相处时间。

——评估每个人对这些变化的感受。审视一下哪些需要调整。强调适应新情况不是一劳永逸的事，每个人可能都需要做出让步。

交谈习惯 2　讨论微妙的问题，以提高自我意识

记住每个孩子都有一个气质舒适区。对一些孩子来说，这个舒适区可能很大，边界可以伸缩。他们和陌生人在一起就像和朋友在一起一样快乐。对另一些孩子来说，他们的舒适区范围要窄得多。注意他什么时候感到为难并以同情的态度做出反应，这有助于让他感到舒适和自信。试试以下办法：

◆ 活动结束后，了解情况。"我注意到你在聚会上不太说话。"

◆ 从开放式问题开始。例如，"你当时感觉如何？"如果她不知如何回答，就换个封闭式问题，比如，"是觉得人太多了，还是觉得累了？"问问她的身体感觉如何。例如"你有感到发抖或心神不宁吗？"将感官和情感语言联系起来。

或者试用以下策略：

- 用孩子自己的话。使用孩子描述自己和他人的词语，例如安静。探究他何时表现出这样的行为或如何表现，如“邻居在旁边的时候你表现得很安静”。问问孩子，他和 1 个月前或 1 年前相比有什么变化。尽量不要高声将孩子与他的兄弟姐妹进行比较，比如“我那安静的孩子”和“我那健谈的孩子”。这可能会导致孩子们习惯于自己身上的标签，或者封闭自己的某些方面。(比如，孩子觉得自己不可能“健谈”，因为他的哥哥很健谈。)为细微差别留出空间，让每个孩子的气质特征有更大的表现空间。

- 看到隐藏的宝贵品质。比如，孩子的朋友说他太谨慎，并称他为“胆小鬼”，孩子为此感到难过。探索积极的方面。也许谨慎可以让他避免麻烦，或者让他三思而行，让他从自己身上寻找这方面的例子，并且你要在生活中以身示范。也许你喜欢深思熟虑、善于分析，这样的天性使你难以进行头脑风暴，但却能帮助你做出正确的决定。也许孩子那位“爱吵闹”的朋友是聚会上的好伙伴。这样去思考可以培养孩子自我同情心和同理心，同时教会他辨别人与人的微妙不同之处。

- 提高自我意识。比如，孩子气质的某些方面会让他惹上麻烦。你可以问他：这样做为什么会让生活变得艰难？不要说他应该“改正”，而要说“适应”。假设你的孩子在舞蹈课上不停地聊天，这让她的老师感到沮丧。尝试遵循以下步骤：
  ——从好的方面说起，比如，她很幸运，有很多亲密的朋友。
  ——思考一下她健谈的天性会在何时给她造成不利，比如那些需要她安静下来集中注意力的时候。
  ——制定计划，在忠于孩子气质的同时进行改造。也许她可以和朋友聊 5 分钟，然后计划好在放学后再与朋友见面。

交谈习惯 3　以同情心面对差异，消除不匹配

证实家庭内部存在性情差异。指出大家性情不一致的方面。记下孩子与兄弟姐妹引起冲突的方式，以及他们的性情在什么时候能够彼此激励。也许女儿的气质属于被动反应型，她喜欢晚餐的时候大家保持安静；而你的儿子吵闹、冲动，喜欢开玩笑。你还没反应过来他们俩就吵上了。或者，按时就寝让你感到舒服，同时也会让你那性情活跃、刚学会走路的孩子安静下来。注意你的性情和伴侣或其他家庭成员之间的匹配和不匹配之处。标明差异可以让你们找到折中之道。此外，认识到性情的差异也可以相互取长补短。异性相吸是有道理的。如果你言行冲动，而你的伴侣生性随和，那么你们可能会在大多数时候采取让彼此满意的中间立场。

带着同情心进行交流，以满足每个人的需求。也许你刚进家门，需要安静休息，而你的两个孩子爬到你的腿上来了。找出能满足你们三个所有需求的创造性方法。也许你可以让孩子比赛，看谁可以在 10 秒内保持安静；或者让他们尽量安静地烧壶茶。也许，在保持超级安静之后，他们可以看出自己有多闹。提前想好多种办法，以免到最后你们都感到压力。

再比如，一个孩子的说话语速比他的兄弟姐妹都慢得多，在餐桌上交谈时他觉得很沮丧。帮助朋友和家人理解这个孩子的需要，而不是催促他说话更快一些，或者在他说不快的时候羞辱他。讨论如何设立“思考时间”。使用“三个 E”原则：

帮他说清楚自己的感受。探索应对新情况的策略：比如拿别人的话打趣，或发挥幽默感。示范如何对说话方式与自己不同的人表示同情。不用“更好”和“更差”这类的字眼，将它们换成“不同”。评估：观察什么时候你对某个孩子置身事外感到沮丧，或者对孩子喋喋不休的过度参与感到懊恼。问自己：什么事触发了你的情绪，为什么？做几下深呼吸。尽量把他的行为和你的反应分开看待。

引导孩子讨论：勾勒性情轮廓

试着勾勒孩子的性情轮廓，并将其作为交流的出发点。这样做有助于提高孩子对自己特质的自我意识，同时表明我们的性情都存在波动范围。

- 让孩子在每一行描述相符的地方标一个 x，然后填空：例如，“我什么时候更调皮？”具体说明：在学校还是在游乐场？如果孩子举例的描述与他选的不符合，那就试试别的描述。如果阅读和写作有困难，你也同样可以这样来讨论。

- 以这个性情轮廓为出发点，提出探索性的问题，例如：
  ——你最喜欢自己的哪些品质？最不喜欢哪些品质？
  ——哪些情况能让你表现出最好的品质？哪些让你表现出最差的品质？
  ——哪些情况对你来说最容易处理？哪些最难处理？
  ——你最欣赏别人的哪些品质？
  ——你最想培养哪些品质？

- 填写自己的性情轮廓表，然后与孩子和家人进行比较。讨论你们的相同点和不同点。以后不时回头看看你的轮廓表。哪些性情一直没变？哪些性情已经改变？

性情轮廓表

我通常处在哪个位置？

试着将自己放在每一行的合适位置。

1. 顽皮____________________严肃
2. 爱冒险____________________谨慎
3. 爱激动____________________忧郁
4. 自信____________________犹疑
5. 新鲜感强____________________追求一致性
6. 主宰谈话____________________畏缩
7. 有同情心____________________自我中心
8. 无忧无虑____________________焦虑
9. 和蔼____________________爱辩论
10. 冲动____________________爱沉思
11. 富于想象____________________缺乏想象或务实

一旦你掌握了这些策略，孩子们就会知道，你重视他们的性情，也重视他们适应和改变性情的能力。你认可他们的性情，也不会加以压制。这种交流不是在要求他们遵循假想出来的常规，而是为细微的差异和复杂性留下空间。孩子不用害怕或逃避自己的倾向，而是尊重它们，坚持立场，或者在需要的时候磨炼自己的反应。假以时日，他们可以学会如何适应社会的要求，茁壮成长又不失去自我。

Tips

交谈策略

试试用以下策略来开启交谈：

从幼儿到学龄前

从孩子熟悉的经历开始：

- 当你（疲倦、愤怒、孤独）时，你的身体感觉如何？
- 当你有这种感觉时，你能做什么？我该怎么帮你才最合适？

讨论性情匹配和不匹配的具体情形：

- 你和你弟弟什么时候相处得最好？什么时候觉得很难相处？为什么？
- 当你注意到自己开始争吵时，你能做什么？

幼儿园和小学

讨论性情如何影响孩子的日常生活：

- 什么时候朋友或家人会让你感到更冷静或更兴奋？
- 为什么你的朋友或兄弟姐妹会这样做？换作是你，你会如何做？

◆ 当你感到难过或压力大时，有什么办法可以帮助你平静下来？你的策略和你的朋友、兄弟姐妹或其他亲戚有什么不同？

支持接纳不同性情的态度：

◆ 在行动上或在对周围世界的反应上，你觉得自己与哪位家庭成员或朋友最相似？你与哪些朋友或哪位家人最不一样？

◆ 你能做什么来帮助你和最“不同”的朋友/家人相处？你们怎样找到中间立场？

中学生

探索如何调整你和孩子的性情，以便更和谐地相处：

◆ 什么时候或什么情况使你最难成为最好的自己？你是否对以下情况比较敏感：有嘈杂的噪音、有许多干扰项的地方、缺乏睡眠。

◆ 当你遇到这样的情况时，你如何帮助自己适应？过去的哪些策略是有效的？

鼓励孩子看到性情各方面的“好与坏”：

◆ 你和你的朋友喜欢这个样子（非常活跃，非常拘谨）吗？这会让你在学校很难相处或取得成功吗？

◆ 当你发现自己感觉失控、焦虑、不知所措或压力大时，什么样的活动可以帮助你放松或感觉更有控制力？

◆ 你最自豪或最喜欢自己的哪些方面？你在哪些方面感到不满意或尴尬？

◆ 你如何突出那些积极的方面？并改善那些不太积极的方面？你（在今天、本周、本月）可以采取哪一步行动？

今天就可以试试：

进行一次“理解我”的交谈，相互问答：

1. 你在哪些方面与家里其他人相似或不同？
2. 什么地方、什么人、什么情况能让你展现出最好的自我？
3. 对于我们之间的关系，你会在哪个方面做出改变？如何改变以及为什么改变？

结 语

内涵丰富的交谈具有永恒的价值

The Lasting Value of Rich Talk

个性碰撞就像化学物质相互接触：若有反应，两者都会发生变化。

——卡尔·荣格

2020年3月初的一天，索菲放学回家，晚餐时她漫不经心地说："我们今天玩了一种新的抓人游戏。"

"哦？"我问，"叫什么名字？"

"新冠抓人游戏，"她迎着我的目光说，"就像平时的抓人游戏一样，但大家不说'抓住你了'，而说'你染上新冠了'（双关语，原意是你抓住科罗娜了。——译注）。"

"然后呢？"

她耸耸肩："我猜这是'你病了'的意思，这个地方我还没弄明白。"

我们那天的谈话似乎平淡无奇。我听说冠状病毒是一种前所未见的病毒，也听说它传到了美国，但在其他方面没有太多关注。我猜可能索菲有哪个朋友的家长是科学家，她朋友用这种方式来学习了解病毒。我觉得这个游戏不过是自古以来小孩玩过的无数游戏之一。我根本就没有意识到，在接下来的几个月里，"冠状病毒"这个词会挂在我遇到的几乎每个人嘴边，我们很快就会出门要戴口罩，孩子的玩伴聚会将全部取消，全州的学校都将关闭。

回过头来看这段对话，我感觉它就是一个幼稚但强烈的预警信号，也是一个提醒：孩子们正在倾听。他们比你想象的更加关注周围的信号，能感觉到暴风雨来临前的隆隆声。

我是一位母亲、一位教师，也是一位临床医生，对与孩子交谈的艺术充满热情，我开始写作本书是希望将学到的东西分享给大家。我也将以同样的目标结束本书的写作，不过是从一个截然不同的角度。从2020年3月开始，随着波士顿冠状病毒病例的激增，我的家人按照州政府的建议，大部分时候待在家里。学校停课夏令营被取消。我们没有朋友来访，没有假期，没有探亲之旅。在短短一周内，我们当地的大学关闭，许多大学提前一周通知学生回家。我的临床工作戛然而止。我的教学技能转向了“家庭教育”，或者更确切地说是“危机教育”，辅导索菲功课，并与保罗玩耍。

我不再去办公室或咖啡馆等相对安静的环境中写作。安静已与我无缘：我在孩子上网课的间隙写作；索菲要问我两位数的加法问题；保罗让我和他玩躲猫猫；俩孩子争论意大利面和通心粉哪个好吃，上下铺的床怎么翻新，怎么玩乐高赛车；保罗请求我允许他使用“超级有趣”的真空吸尘器，与姐姐争论谁可以使用家里唯一的瓢虫盘子……我只能偶尔抽空写作。在笑声、提问、谜语和笑话中，我听到和看到的远不止往常的抱怨、愤怒和眼泪。自始至终，我听到了交谈：比我打算生孩子时预想的交谈还要多，甚至比能想起的家庭度假时的交谈还多。在我们的公寓里，从早到晚，我们一直在一起——聊天、争吵、玩耍。

和许多家庭一样，我们都感到神经紧张，受到隔离和压力的折磨。在生病和住院人数不断增加的情况下，我关掉了新闻，不以恐惧为出发点开始对话。有一位朋友在一周内失去了3位家人，有位急诊室的医生搬到了房车上住，以免家人生病。我很快听说，大多数朋友和同事都在尝试不可能的事情：在做全职父母的同时也做全职员工。我感觉，这是“战斗与逃跑”反应的再现。我研究过这种反应，它指人们的神经系统保持着高度的警惕。这种自动反应提醒我们的祖先注意危险。但是，对我们来说，它可能会使大脑超速运转，让我们和孩子都焦虑不安，无法很好地相处、学习或冷静下来。

不久，索菲开始发牢骚，保罗开始退步，他发脾气，扔食物。我认识到，学校教育提供的社交方面的功能，对他们的健康和幸福是多么重要——对我们的健康和幸福也是。几周后，保罗的学前班试行了虚拟的团团坐时间（指欧美国家的一种幼儿教育形式，孩子们坐在一起围成一个圈。——译注）。他一直待在屏幕前，直到我们把电脑关了。我在他身上看到了研究人员所谓的“视频缺陷”的具体表现：与现实生活中的互动相比，幼儿看视频时的理解程度要更低一些。许多孩子很快就厌倦了在屏幕上看老师讲课。他们倾向于关注所看内容中的视觉元素，但忽视其中的语言元素。一项研究回顾发现，这种“视频缺陷”在婴儿和学步期幼儿中最为明显，并随着儿童接近6岁而逐步减少。尤其是对年幼的孩子来说，技术手段无法取代面对面的交谈。近距离面对面的交谈，可以让你适应孩子具体的认知程度。

不过对我来说，冠状病毒的大流行也起到了催化剂的作用，让我看到日常交谈在多大程度上促进了我们的互动。在每个人都能感受到的压力、孤独和焦虑中，交谈会把我们拉到一起，帮助我们找到更深层次的联系，甚至给我们一个开怀大笑的机会。至少在最好的时候是如此。或者，我们也可能容易陷入不变的模式：一个孩子激怒另一个孩子，我们做父母的比平时更烦躁、更疲劳，因而在跟孩子交谈时不如平时那样有耐心。

我很快注意到，我们交谈的质量确实影响了日常生活。毫不夸张地说，我经常觉得，一天的好坏在很大程度上取决于我们已经进行过的对话。理想情况下，我们的对话就像航标一样。我的两个孩子比以往任何时候都更需要安慰。他们需要交谈来让他们感到自我同情和共情，并且获得控制感，毕竟孩子在太多事情上都失去了控制。甚至我们对郊游的看法也可能改变孩子的视角。索菲曾用“有史以来最糟糕”的夸张字眼来评价郊游，我们的看法可能会使她将郊游看成是亲近家人和收获开心的机会。

更重要的是，这段额外的时间使我对孩子的语言和思维更加关注，看到他们一天天地进步。在一个月的时间里，只会说简单句子的保罗就可以表演《好奇的乔治》节目来逗乐我们。他开始给索菲提建议，比如他用理发师说过的话对索菲说："如果你做得好，就可以得到一个棒棒糖。"（"谢谢你，保罗。"索菲用格外讽刺的语气回答。）

当然，我们并没有看到突然冒出来的独立或信心。成长过程本来也不是这样的。但我们确实开始更加注意现实生活的细节，注意到缺乏系统安排和刺激的后果。这个后果有时让我们陷入慌乱，但同时也为我们提供了关注新方面的机遇。

渐渐地，我们确实看到了新的品质在发展。我们看到保罗和索菲开始创建自己的迷你生态系统。在吵吵闹闹中，他们更加了解和关心彼此，协商决定哪个乐高是谁的，该谁去洗澡或发表其他意见。保罗每天都能学到新单词，有时他大声喊着说"突然"有一道闪电，或者他"认出"了一只流浪猫。我们也据此调整了我们的交谈。随着保罗表达得越来越清楚，和索菲的关系越来越和谐，他发脾气的次数也渐渐减少。而索菲也似乎更加关注他，并且改变了自己的谈话方式。

一天晚上，当保罗因为不得不穿睡衣而尖叫时，"来吧，小家伙。"索菲这样对他说，并狡猾地补充道，"我不太擅长挑睡衣，你能帮忙吗？"

保罗说他很会挑睡衣，然后就平静了下来。选择给了保罗一种控制感，"帮助"姐姐让他感到自豪。索菲培养了她自己的同理心。我和她一起反思了她的体贴之举，同时尽量不对她做的每一件小事都予以表扬。我注意到，当我们不再那么经常把"做得好"挂在口头的时候，两个孩子往往会做得更多。

一起度过的这段时间也让我们能够更仔细地倾听彼此，并针对每个人的性格调整我们的交谈，或者至少努力去这样做。我记得把保罗婴儿床的栏杆卸下来的那天晚上，他在他的"大男孩牌"床上跳上跳下。

"我不想睡觉。"保罗哀求道。

几年前，我们从索菲的床上取下栏杆时对她说："太好了，你是大姑娘了。你可以睡一整晚了。”索菲没吵没闹，乖乖照做。但保罗不一样。

“别离开我，”他提高嗓门说，“我害怕。”

“你会没事的，”菲利普说，“记住，你现在是个大男孩了。”

“我才 2 岁，”3 岁的保罗哀求，“我睡不着，别走。”

“给他读一本无聊的书，”索菲跑进来建议，“他可能会睡着的。”

“我不信。”菲利普虽然这样说，但还是转身去拿书。索菲也回去床上睡觉。我能听见菲利普在读书。然后，安静。20 分钟后，菲利普出来了。

“怎么样？”我问。

“我们读了书，”他揉了揉眼睛，“然后我抱着他。我们谈论为什么每个人都需要睡觉。然后我们就坐在那里，他躺了下来。他知道我就在那。我闭上眼睛，也许我冥想了一会儿。能像这样安静一次真好。”

他们的交谈没有说太多话，反而更为有效。没有劝说、惩罚或奖励。它只与调谐有关：注意到这一时刻需要什么，然后以一种适合两人的方式做出反应。保罗不想让爸爸强调他多大了，他希望被倾听，被抱在怀里；他希望父母看到自己仍然是个小孩而去安抚他。他需要知道爸爸就在边上。而菲利普呢？他需要的是片刻的宁静。他的做法满足了他们两人的需要。从长远来看，我希望能找到更多这样的时刻，这将有助于维系我们一家。

尽管“后疫情生活”面临巨大挑战，但它也是一堂持续不断的课程，教我们怎么倾听，并探索未知世界。你有多少种方式说“我不知道？”我也逐渐意识到，虽然疫情是新情况，但随之而来的这些变化和机会其实一直都存在，只不过这场危机将它们凸显了出来。

最后，内涵丰富的交谈，其真正的基础是沉默，或者说是我们给忙碌的生活留下的缺口。正是这些缺口让孩子们有机会去推动交谈：提出他们真正的问题，表达他们的梦想、希望、担忧和怀疑，给你提供一个简短的时间窗口去了解孩子们的内心世界。这个世界往往充满了我们从未想象过的想法和问题，它们体现出来的创造性会让我们感到惊奇。在最好的情况下，获准进入这样的世界是一种乐趣和优待。

在一个喋喋不休的社会里，很少能找到安静思考的时间。如果你有孩子，又有那么多日程安排和要求的话，情况就更是如此了。尽管如此，在这几个月闭门不出的日子里，我发现取消户外活动让我们得以关注彼此。我们驾驭着对话的浪潮，它将我们联系在一起，教育并培养我们。我很快发现，交谈和生活一样，都没有完美的答案。有时甚至没有一个说得过去的答案。让交谈顺利进行意味着为它们留下不顺利的空间，并不是每一次交谈都能让人感到满意或让人醍醐灌顶。很多时候，它会让人感觉像是在黑暗中跌跌撞撞，寻找着“下一个正确的”话题，或者试图安抚一个孩子，同时又不让另一个孩子难过。但即便如此，如果你愿意去留意的话，正是这种跌跌撞撞和凝神倾听可以为你指明方向。

有一段时间，每天晚饭后，索菲就会问一系列问题。我感觉这些都是“后疫情”问题，其主旨就是在冠状病毒相关的限制结束，我们不再害怕感染病毒之后会怎么样。随便举几个例子：“疫情之后，我的老师能来临时照看我吗？”“疫情过后，我们能在世界上最大的水上公园开放的那一天就去玩吗？”“疫情之后，你愿意和我在室外游泳池里玩炮弹跳水游戏吗？”

一天晚上，当我清理盘子时，我仔细地看了索菲一眼。她和我都知道这一切都是不可能的，至少现在不可能。但我感到，我们已有太多的“现在不能”和“不能”——不能举行玩伴聚会，不能去电影院，不能旅行——我们都被弄得疲惫不堪了。我厌倦了说不能，她也听烦了。于是我微笑着，拨弄她的头发，一个接一个地回答她的问题：一个“可以”接着一个“可以”。

这便是我希望这本书能够提供的：一个退后一步的机会，让我们仔细观察和倾听、被听见。这样做的时候，不必去考虑效率、正确或成功与否。这个机会允许你放松对完美的追求，在任何时候满足你和孩子的需要。这个机会让你珍视家庭已有的财富：你的知识和激情、问题和好奇、计划和恐惧，是它们界定了你，联结了你，提升了你。我希望这本书能促使你把注意力放在当下，并持续将注意力放在这里；促使孩子们表现他们的动力；促使你分享你所爱的一切。

诚然，高质量的交谈不会立竿见影。它可能徒劳无功或效率低下，尤其是当你精疲力竭或压力很大的时候。然而，它为你做出真诚的反应留出了时间和空间，这是帮助孩子茁壮成长的最可靠的方法。

詹妮·奥德尔（Jenny Odell）在 2019 年出版的《如何无所事事》（*How to Do Nothing*）一书中谈到了“注意力经济”。在一个时间就是金钱的世界里，一刻也不能失去。她认为，社交媒体使人们难以投入足够长的时间进行面对面的交谈。改变注意力使我们以一种新的方式重新调整关注点，更加关注眼前的人和事。

深度交谈意味着时刻调整谈话的内容或方式。我们不再需要秘诀、讲话稿或“要对孩子说的十件事”之类矫揉造作的清单。你的孩子不需要听你讲这十件事，他需要你在关注点不断变化的过程中与他在一起。你们的交谈将会教你接下来该做什么，该说什么。当你注意到哪些方式效果良好，哪些令人尴尬；注意到孩子在什么情况下缄默不言，在什么情况下敞开心扉——你自己也是如此——那么，你就拥有了使你们的交谈更加丰富，使你的孩子茁壮成长所需的一切。

这样的交流不需要花哨的词语或复杂的句子——尽管它肯定可以同时包含这两个方面。交流的力量在于它的简单性和真实性。它使你的天赋和才能得以发挥，同时也使孩子的天赋和才能得以发展。在最好的情况下，这样的交流可以让你不再需要去“做事”，而只需你“做自己”。这是一项艰巨的任务，因为你还要面对日常生活中大大小小的挑战，面对长期的担忧和恐惧。但真正与孩子在一起是加深理解的关键。在你在场的情形下，孩子可以展现出比你想象中更复杂、更神秘的面貌。

在过去的几周里，我放下手机拿出相机，这并非偶然。看和听是紧密相连的。当你从多个角度看孩子时，就是在用一种全新的角度倾听。争论过后，你会找到从零开始的方法。你在孩子的行为和你的反应之间留出空间。当你陷入陈规或状态消极的时候，你会很快意识到并调整方向，重新思考。你可以在孩子的成长过程中看到意想不到的曲折，在他从这样的孩子变成那样的成人的过程中看到令人惊讶的奇妙之处。

毫无疑问，有机会进行这样的交谈是一种幸运。深度交谈需要一定程度的身心安全做保障。如果你仍在为满足基本需求而呕心沥血，心神轻松的交谈就无法优先考虑。举个例子，截至 2020 年 4 月，马萨诸塞州有 38% 的家庭“食物得不到保障”，即无法可靠地获得价格合理、营养丰富的食物，而在冠状病毒流行之前，这一比例为 9%。即使你不用为基本需求而挣扎，太多的压力也会让你很难留出时间或精力进行轻松的交谈。

尽管如此，面对每天的挑战，我们不必举手投降。你仍有余地，用“的确……但是……”的角度来看问题：的确，这样的交流需要一些精力和时间；但是，并不需要太久。只需几分钟，你就能养成这些习惯。一旦你开始这样去做，孩子会全力接手后面的事情，取得让你备感惊喜的成果。

图书在版编目（CIP）数据

与孩子深度交谈：高质量谈话提升孩子的七大能力 /（美）丽贝卡·罗兰（Rebecca Rolland, EdD）著；谭新木，王蕾译. — 上海：上海社会科学院出版社, 2023
书名原文: The Art of Talking with Children
ISBN 978-7-5520-4173-6

Ⅰ.①与… Ⅱ.①丽… ②谭… ③王… Ⅲ.①家庭教育 Ⅳ.①G78

中国国家版本馆CIP数据核字（2023）第136323号

上海市版权局著作权合同登记号：图字09-2023-0578号

与孩子深度交谈：高质量谈话提升孩子的七大能力

著　　者：（美）丽贝卡·罗兰（Rebecca Rolland, EdD）
译　　者：谭新木　王蕾
责任编辑：杜颖颖
特约编辑：贺　天
封面设计：page11
出版发行：上海社会科学院出版社
上海市顺昌路622号　　邮编 200025
电话总机 021-63315947　　销售热线 021-53063735
http://www.sassp.cn　　E-mail: sassp@sassp.cn
印　　刷：天津旭丰源印刷有限公司
开　　本：710毫米 × 1000毫米　1/16
印　　张：22.25
字　　数：290千
版　　次：2023年10月第1版　2023年10月第1次印刷

ISBN 978-7-5520-4173-6/G·1270　　定价：59.80元